D1689431

Kristin Pauly

Die rechtlichen Rahmenbedingungen der Sterbehilfe unter besonderer Berücksichtigung der Sterbehilfe bei Minderjährigen

PETER LANG

Bibliografische Information der Deutschen Nationalbibliothek
Die Deutsche Nationalbibliothek verzeichnet diese Publikation
in der Deutschen Nationalbibliografie; detaillierte bibliografische
Daten sind im Internet über http://dnb.d-nb.de abrufbar.

Zugl.: Kiel, Univ., Diss., 2019

Gedruckt auf alterungsbeständigem,
säurefreiem Papier.
Druck und Bindung: CPI books GmbH, Leck

D 8
ISSN 0172-116X
ISBN 978-3-631-79158-5 (Print)
E-ISBN 978-3-631-79436-4 (E-PDF)
E-ISBN 978-3-631-79437-1 (EPUB)
E-ISBN 978-3-631-79438-8 (MOBI)
DOI 10.3726/b15827

© Peter Lang GmbH
Internationaler Verlag der Wissenschaften
Berlin 2019
Alle Rechte vorbehalten.

Peter Lang – Berlin · Bern · Bruxelles · New York ·
Oxford · Warszawa · Wien

Das Werk einschließlich aller seiner Teile ist urheberrechtlich
geschützt. Jede Verwertung außerhalb der engen Grenzen des
Urheberrechtsgesetzes ist ohne Zustimmung des Verlages
unzulässig und strafbar. Das gilt insbesondere für
Vervielfältigungen, Übersetzungen, Mikroverfilmungen und die
Einspeicherung und Verarbeitung in elektronischen Systemen.

Diese Publikation wurde begutachtet.

www.peterlang.com

Inhaltsverzeichnis

Vorwort 9

Einleitung 11

Erstes Kapitel: Sterbehilfe bei Volljährigen 15
A. Überblick zur Sterbehilfe bei Volljährigen 15
    I. Der Fall „Vincent Humbert" 15
   II. Abgrenzung verschiedener Formen der Sterbehilfe 16
        1. Aktive Sterbehilfe 17
        2. Beihilfe zur Selbsttötung 19
        3. Passive Sterbehilfe 23
        4. Indirekte Sterbehilfe 25
  III. Alternativen zur Sterbehilfe 26
        1. Sterbebegleitung 26
        2. Hospiz- und Palliativversorgung 27
            a) Palliative Care 28
            b) Palliativmedizin 28
            c) Hospizbetreuung 29
        3. Terminale Sedierung 30
        4. Gesetz zur Verbesserung der Hospiz- und Palliativversorgung 32
        5. Fazit zu den Alternativen der Sterbehilfe 33

Zweites Kapitel: Rechtliche Grundlagen der Sterbehilfe bei Volljährigen 35
A. Die bestehende deutsche Rechtslage zur Sterbehilfe bei Volljährigen 35
    I. Die Patientenverfügung 35
   II. Verbot der Tötung auf Verlangen gem. § 216 StGB 39

III. Die Rolle des § 217 StGB in der Sterbehilfedebatte 40
    1. Darstellung des § 217 StGB 40
    2. Kritik am § 217 StGB 42
       a) Notwendigkeit des § 217 StGB 43
       b) Dogmatische Kritik am § 217 StGB 44
    3. Zusammenfassende Stellungnahme 45
IV. Berufsrecht und Berufsordnung der Ärzte 46
B. Rechtsvergleichende Betrachtung mit ausgewählten europäischen Ländern 49
   I. Die polnische Rechtslage 49
   II. Die schwedische Rechtslage 50
   III. Die schweizerische Rechtslage 51
   IV. Die luxemburgische Rechtslage 52
   V. Die niederländische Rechtslage 52
   VI. Die belgische Rechtslage 54
   VII. Der Fall „Vincent Humbert" unter Berücksichtigung der französischen Rechtslage 56
      1. Die französische Rechtslage 56
      2. Rechtliche Einordnung des Handelns der Marie Humbert 57
C. Stellungnahme zur Sterbehilfe bei Volljährigen 58
   I. Stellungnahme zum assistierten Suizid 60
   II. Stellungnahme zur aktiven Sterbehilfe 63
   III. Lösungsansätze für ein Sterbehilfegesetz 64

Drittes Kapitel: Sterbehilfe bei Minderjährigen 69

A. Gesetzlicher, ethischer und psychologischer Konflikt 69
B. Der Fall „Hannah Jones" 71
C. Sterbehilfe bei Minderjährigen in Deutschland 72
   I. Lebensbegrenzende Krankheitsbilder 73
   II. Darstellung der deutschen Rechtslage 76
      1. Ausdrückliche gesetzliche Berücksichtigung Minderjähriger ... 78

		a)	Gesetzliche Grundlagen für die medizinische Forschung an Minderjährigen 80
			aa) Arzneimittelgesetz 80
			bb) Medizinproduktegesetz 81
			cc) Ethik-Kommissionen 82
		b)	Anwendung des Transplantationsgesetzes bei Minderjährigen 82
		c)	Medizinische Behandlungen unter Beachtung der elterlichen Sorge 83
		d)	Berücksichtigung in den Grundsätzen der ärztlichen Sterbebegleitung 84
		e)	Bedeutung der Gesetze für die Sterbehilfe bei Minderjährigen 86
	2.	Übertragbarkeit der Gesetze für Voll- auf Minderjährige 88
		a)	Schwangerschaftsabbruch bei Minderjährigen 88
		b)	Patientenverfügungen von Minderjährigen 90
III.	Alternativen zur Sterbehilfe bei Minderjährigen 94
	1.	Stationäre und ambulante Kinderhospizversorgung 95
	2.	Pädiatrische Palliativmedizin und spezialisierte ambulante pädiatrische Palliativversorgung 98
	3.	Pädiatrische terminale Sedierung 100

D. Sterbehilfe bei Minderjährigen in den Niederlanden und Belgien 102
I. Die niederländische Rechtslage 102
II. Die belgische Rechtslage 107

E. Rechtsvergleichende Betrachtung der deutschen mit der niederländischen und belgischen Rechtslage 112
I. Beginn der Volljährigkeit 112
II. Sterbehilfe als Straftat 113
III. Passive und indirekte Sterbehilfe 114
IV. Die Patientenverfügung 115
V. Die Kommissionen in den Niederlanden und Belgien 116
VI. Zeitpunkt der Gewährung von Sterbehilfe 117
VII. Sterbehilfe bei psychischen Erkrankungen und Demenz 117

VIII. Einordnung der Todesursache nach Sterbehilfe 119
IX. Fazit des Vergleichs der deutschen mit der niederländischen
und belgischen Rechtslage 120
F. Resumé des Falles Hannah Jones 122

Viertes Kapitel: Gesetzentwurf zur Regelung der Sterbehilfe unter Einbeziehung der Sterbehilfe bei Minderjährigen 125

A. Stellungnahme zur Sterbehilfe bei Minderjährigen 125
I. Erfordernis der Legalisierung des assistierten Suizids und
aktiver Sterbehilfe bei Minderjährigen 126
II. Stellungnahme zum assistierten Suizid 129
III. Stellungnahme zur aktiven Sterbehilfe 132
IV. Stellungnahme zu den Alternativen 132

B. Gesetzentwurf zur Regelung der Sterbehilfe unter Einbeziehung
der Sterbehilfe bei Minderjährigen 135
I. Gesetzentwurf zur Änderung des StGB 135
II. Gesetzentwurf „Gesetz über die medizinische Behandlung am
Lebensende" 136
III. Gesetzentwurf zur Änderung des Patientenverfügungsgesetzes 141
IV. Entwurf zur Änderung der Musterberufsordnung
für Ärzte und Ärztinnen 141

C. Begründung der Gesetzentwürfe 142
I. Begründung zu B I. 142
II. Begründung zu B II. 143
III. Begründung zu B III. 150
IV. Begründung zu B IV. 150

Anhang: Ausgewählte Gesetze im Zusammenhang mit Sterbehilfe 153

Literaturverzeichnis 157

Vorwort

Die vorliegende Arbeit wurde im April 2018 bei der Rechtswissenschaftlichen Fakultät der Christian-Albrechts-Universität zu Kiel als Dissertation eingereicht. Später veröffentlichte Literatur konnte vereinzelt bis Anfang des Jahres 2019 berücksichtigt werden.

An dieser Stelle möchte ich mich bei all denen bedanken, die zum Gelingen dieser Arbeit beigetragen haben.

Zunächst bedanke ich mich herzlich bei meinem Doktorvater Professor Dr. Rudolf Meyer-Pritzl für seine Unterstützung und die persönliche Betreuung. Die langjährige Zeit als studentische Hilfskraft im Dekanat der Juristischen Fakultät und am Lehrstuhl für Bürgerliches Recht, Römisches Recht, Europäische Privatrechtsgeschichte der Neuzeit und Rechtsvergleichung wird mir immer in sehr guter Erinnerung bleiben. Ich wage zu hoffen, im weiteren Berufsleben auf einen ebenso engagierten Vorgesetzten und genauso liebe Kollegen treffen zu dürfen.

Professor Dr. Sebastian Graf von Kielmansegg danke ich für das rege Interesse an meiner Arbeit und die damit verbundene aufmerksame Erstellung des umfassenden Zweitgutachtens.

Weiterhin gilt mein Dank den Herausgebern der Reihe „Recht und Medizin" des Peter Lang Verlages für die Aufnahme in ihre Schriftenreihe. Insbesondere danke ich Professor Dr. Andreas Spickhoff für den freundlichen Kontakt und die rasche Durchsicht meiner Arbeit.

Mein ganz besonderer Dank gebührt meinen Eltern, die mich seit dem ersten Tag des Studiums in meinem Berufswunsch gestärkt und sowohl durch erfolgreiche als auch schwierige Lernphasen getragen haben. Ihr habt es mir ermöglicht, meine Ziele zu verfolgen und zu erreichen. Danke, für Eure immerwährende Unterstützung und dass ihr stets an mich glaubt!

Kiel, Januar 2019

Kristin Pauly

Einleitung

Niemand fragt, wie oder ob man geboren werden möchte. Hat der Mensch dann immerhin das Recht, frei über sein Ableben zu bestimmen? Genau diese Frage bildet den Kern der Diskussion, ob Sterbehilfe verboten bleiben, geduldet oder erlaubt werden soll. Sobald das Wort „Sterbehilfe" in den Raum gestellt wird, gibt es kaum jemanden, der nicht seine Meinung dazu äußern möchte. Schnell entflammt eine emotionale Debatte, wobei oftmals außer Acht bleibt, dass es nicht „die eine Sterbehilfe" gibt. Der Begriff vereint vielmehr eine große unübersichtliche Vielfalt an Formen, das Lebensende zu begrenzen. Dabei spielt nicht nur die lebensbegrenzende Maßnahme an sich eine Rolle, sondern auch, wer Sterbewilliger ist und wer die Sterbehilfe gibt. Je nachdem, ob der Sterbewillige voll- oder minderjährig, ein kerngesunder Rentner oder Komapatient und der Sterbehelfer Arzt, Angehöriger oder Mitglied einer Sterbehilfeorganisation ist, ändert sich neben der medizinischen und ethischen Betrachtungsweise vor allem auch die rechtliche Lage. Die entscheidende Frage bleibt dennoch immer gleich: Warum sollte ein Leben vor seinem natürlichen Ende überhaupt beendet werden? Bereits in der Antike wurden Formen der Sterbehilfe entwickelt und über ihre Berechtigung diskutiert[1]. Von besonderer Bedeutung war zu der Zeit das Erlangen eines „guten Todes" im Sinne des Sterbens in Leidens- und Schmerzfreiheit[2], bevorzugt durch Einnahme eines Giftes[3]. Ebenso galt es als hohes Gut, wenn der Tod „rechtzeitig"[4] herbeigeführt werden konnte, wenn möglich durch eigene Hand, ansonsten mit Hilfe eines Arztes. Die Problemstellungen in ihrer heutigen Gestalt und Brisanz entwickelten sich jedoch erst, seit die moderne Notfallmedizin in der Lage ist, Leben und sei es nur im Sinne von „Körperfunktionen" effektiv zu erhalten[5]. Der

---

1 *Bergdolt*, Das Gewissen der Medizin. Ärztliche Moral von der Antike bis heute, S. 97.
2 *Plinius*, Naturalis Historia 2, S. 129; *Brandt*, Am Ende des Lebens. Alter, Tod und Suizid in der Antike, S. 127; *Zimmermann-Acklin*, Euthanasie, S. 24f.; *Benzenhöfer*, Der Gute Tod, S. 21.
3 Plinius Naturalis Historia 2, S. 129.
4 „Mors tempestiva", der „rechtzeitige Tod" ist ein Gedanke des Plinius, niedergelegt in *Plinius*, Naturalis Historia 28, S. 17; fortgeführt von Seneca im 70. Brief an Lucilius, Sen. ep. 70, 11–12 abgedruckt in *Rosenbach*, L. Annaeus Seneca Philosophische Schriften, Band 4, S. 9 ff.
5 *Van der Heide*, in: Clinical and Epidemiological Aspects of End-of-Life Decision-Making, S. 20; http://www.bpb.de/gesellschaft/umwelt/bioethik/160275/sterbehilfe (abgerufen 01.08.2016); *Preidel*, Sterbehilfepolitik in Deutschland, S. 6.

natürliche Sterbeprozess steht in zunehmender Abhängigkeit von der Entwicklung neuer medizinischer Möglichkeiten, wodurch der Tod oftmals kein schicksalhaftes und erst Recht kein natürliches Ereignis mehr darstellt[6]. Nach einem lebensgefährlichen Unfall oder dem Ausbruch einer schweren Krankheit ist heute das primäre Ziel der „Sieg über den Tod ungeachtet der Qualität des erhaltenen Lebens"[7]. Auf den ersten Blick erscheint dies auch vollkommen richtig, entspricht es doch dem Berufsethos der Ersthelfer und Ärzteschaft. Ob dies jedoch auch immer den Patientenwillen widerspiegelt, könnte im Einzelfall hinterfragt werden, insbesondere dann, wenn dauerhafte Beeinträchtigungen und lebenslängliches Leiden der Preis für den „Sieg über den Tod" sind. Der deutsche Gesetzgeber hat viele Jahre lang keinen Impuls verspürt, die Ergebnisse rechtswissenschaftlicher Diskussionen umzusetzen. Schon 1986 setzte sich eine Arbeitsgruppe bestehend aus Strafrechtlern und Medizinern zusammen, um den sogenannten Alternativentwurf eines Gesetzes über Sterbehilfe[8] zu erarbeiten. Sie erkannten den mit dem Fortschritt der Hochleistungsmedizin einhergehenden Wandel des natürlichen Sterbeprozesses und stellten bereits damals Regelungsbedarf fest. Auch der daran anknüpfende Alternativ-Entwurf Sterbebegleitung[9] aus dem Jahr 2005, der neben Änderungen im Strafgesetzbuch auch den Entwurf eines Sterbebegleitungsgesetzes vorsah, fand zunächst keinen Eingang in die Gesetzgebung. Beachtung fanden die Entwürfe jedoch bei der Ausarbeitung des Patientenverfügungsgesetzes, durch das erstmalig das medizinische Selbstbestimmungsrecht manifestiert wurde. Im September 2009 trat das Patientenverfügungsgesetz in Kraft, wodurch es jedem Volljährigen ermöglicht wird, vorzeitig Behandlungswünsche für den Fall der Einwilligungsunfähigkeit zu äußern. Außerdem wurde im Dezember 2015 der § 217 in das Strafgesetzbuch eingefügt, der die geschäftsmäßige Förderung der Selbsttötung unter Strafe stellt. Dennoch bleibt die deutsche Gesetzeslage zur Sterbehilfe restriktiv und hinter den Gesetzen anderer Länder der Europäischen Union, etwa der Beneluxländer und Frankreich, oder der Schweiz zurück.

Vor allem wird die Sterbehilfedebatte in Deutschland weitestgehend nur im Kontext mit Volljährigen gesehen. Schwerstkranke Säuglinge und Kinder bleiben dabei außer Acht, wie schon das Patientenverfügungsgesetz, das dem Gesetzeswortlaut nach nur für Volljährige gilt, erkennen lässt. Belgien entfachte erneut eine weltweite Diskussion um Sterbehilfe, als das belgische Parlament

---

6 BT-Drucksache 16/8442, S. 11.
7 ebd.
8 Veröffentlicht in: *Baumann*, Alternativentwurf eines Gesetzes über Sterbehilfe; Zusammenfassung in: *Eser*, JZ 1986, 786 (795).
9 Veröffentlicht in: *Schöch/Verrel*, GA 152, 2005, 553 ff.

im Februar 2014 ein Gesetz, das aktive Sterbehilfe für Kinder und Jugendliche erlaubt, verabschiedete. Die Einführung eines solchen Gesetzes in Deutschland scheint noch undenkbar, zumal schon die Sterbehilfe für schwerstkranke Senioren eine große Disparität in der gesellschaftlichen Meinung hervorruft. Zu bedenken ist dabei aber, dass Kinder genauso leiden wie Erwachsene. Minderjährigen denjenigen Schmerz aufzubürden, dem Erwachsene beispielsweise mithilfe von Patientenverfügungen oder assistiertem Suizid entkommen können, kann nicht der gesellschaftliche Konsens sein.

Ziel dieser Arbeit ist es ein Gesetz über Sterbehilfe zu entwerfen, das neben der Erweiterung der Rechte am Lebensende Erwachsener auch die Stärkung der Rechte junger schwerstkranker Patienten enthält.

Dafür wird in den ersten Kapiteln, vorbereitend für den späteren Gesetzesentwurf, das verwobene Geflecht der Sterbehilfeformen dargestellt. Bereits bestehende Rechtsgrundlagen werden dabei erläutert, vor allem aber Lücken aufgedeckt, die gesetzgeberisches Handeln erforderlich machen. Im Verlauf der Arbeit wird zwischen Sterbehilfe bei Voll- und Minderjährigen unterschieden. Zu untersuchen ist unter anderem die Übertragbarkeit bereits bestehender Grundsätze zur Sterbehilfe auf Minderjährige. Neue Denkansätze bietet die rechtsvergleichende Untersuchung der belgischen und niederländischen Rechtslage, deren Ergebnis in einem deutschen Gesetzesentwurf Berücksichtigung finden könnte. Neben der rechtsvergleichenden Betrachtung sind bei der Ausarbeitung neuer Regelungen bereits vorhandene Alternativen zur Sterbehilfe, insbesondere Palliativmedizin und Kinderhospize, primär zu berücksichtigen. Erst dort, wo diese bestehenden Möglichkeiten an ihre Grenzen stoßen, sollte über Sterbehilfe nachgedacht werden.

Neben den rechtlichen Aspekten soll diese Arbeit einen Beitrag zur Enttabuisierung der Themen „Krankheit, Abschied, Sterben, Tod und Trauer"[10] leisten. Selbst innerhalb der Familie werden Gespräche darüber gerne vermieden, um kein Unheil herauf zu beschwören. Paradoxerweise bereitet es weniger Menschen Probleme, über das Testieren und Erben zu sprechen, obwohl beides auf dem Tod einer nahestehenden Person basiert. Vielleicht liegt der Grund darin, dass das Erben einen Vorteil beschert, wohingegen das Sterben bloß Trauer verbreitet. Dieser Denkansatz verkennt, dass ein offenes Gespräch am Lebensende auch eine gute Seite hat, nämlich dass man den wirklich wichtigen letzten Wunsch seines Angehörigen, Freundes oder Patienten erfüllen kann, sei es eine Seebestattung oder das Sterben im eigenen Zuhause im Kreise der Familie.

---

10 Deutscher Hospiz- und Palliativverband e.V., Grundsätze der Kinder- und Jugendhospizarbeit, S. 8.

Erstes Kapitel: Sterbehilfe bei Volljährigen

A. Überblick zur Sterbehilfe bei Volljährigen

Befasst man sich mit dem Thema „Sterbehilfe", ruft dies meist Assoziationen mit schwerkranken Krankenhauspatienten oder betagten Menschen hervor, die ihr Leiden nicht mehr ertragen können oder des Lebens überdrüssig sind. Der Gesetzgeber hat sich vorrangig mit Sterbehilfe bei Volljährigen auseinandergesetzt und mit dem in das Betreuungsrecht eingegliederten Patientenverfügungsgesetz in den §§ 1901a ff. BGB eine Grundlage für einwilligungsunfähige volljährige Personen geschaffen. Die Patientenverfügung steht in engem Zusammenhang mit der passiven Sterbehilfe. Was aber verbirgt sich hinter „passiver Sterbehilfe" und wie unterscheidet sie sich von der aktiven und indirekten Sterbehilfe, der Tötung auf Verlangen und der Beihilfe zur Selbsttötung? Diese Begrifflichkeiten bilden das undurchsichtige Geflecht, das es aufzulösen gilt. Einführend sei dafür das Schicksal des Vincent Humbert vorgestellt.

I. Der Fall „Vincent Humbert"

Die Französin Marie Humbert bringt 1981 einen gesunden Jungen zur Welt, Vincent. Am 24. September 2000 führt ein schwerer Autounfall zur vollständigen Lähmung des 19-Jährigen. Vincent liegt neun Monate lang im Koma. Als er erwacht, steht fest, der junge Mann hat seine intellektuellen Fähigkeiten behalten, bleibt aber für immer gelähmt, blind und stumm[11]. Dass er seine Umwelt nur noch akustisch wahrnehmen und lediglich mit seinem rechten Daumen kommunizieren kann, ist Vincent nicht genug. Er möchte sterben.

Das Leisten von Sterbehilfe ist in Frankreich verboten und wird mit fahrlässiger Tötung gleichgesetzt[12]. Vincent bittet daher 2002 in einem Brief den damaligen französischen Präsidenten Jacques Chirac vergeblich um die Erlaubnis, sterben zu dürfen[13]. „Bei Ihnen, Herr Präsident, liegt das Recht der Begnadigung und ich erbitte von Ihnen das Recht, zu sterben."[14] Ein Jahr später spritzt ihm seine Mutter ein vermeintlich tödliches Medikament, das Vincent jedoch nur ins Koma versetzt. Die Ärzte kämpfen zunächst um sein Leben, schalten dann

---

11 *Humbert*, Je vous demande le droit de mourir, S. 62.
12 *Pott/Meijer*, Sterbebegleitung in Europa, S. 19.
13 *Humbert*, Je vous demande le droit de mourir, S. 112.
14 ebd.

schließlich die Beatmungsgeräte ab und injizieren ein letal wirkendes Mittel, um sein Leiden zu verkürzen. Vincent stirbt am 26. September 2003. Er hinterlässt das Buch „Je vous demande le droit de mourir".

Der Fall erregte internationales Aufsehen und führte 2005 in Frankreich zur „Loi Leonetti"[15], einer Gesetzesänderung, die passive Sterbehilfe legalisiert. Das Verbot der aktiven Sterbehilfe bleibt jedoch bis heute unberührt. Doch wie sind aktive und passive Sterbehilfe abzugrenzen und wie ist das Verhalten Marie Humberts nach deutschem Recht zu werten?

II. Abgrenzung verschiedener Formen der Sterbehilfe

Die Abgrenzung der verschiedenen Formen der Sterbehilfe fällt selbst Medizinern, Fachanwälten und Betreuungsrichtern schwer, denn die Grenzen gestalten sich meist fließend. Auf den ersten Blick klingen „Nichtverlängerung des Sterbeprozesses" und „Verkürzung des Lebensprozesses" synonym, doch bilden sich aus den feinen sprachlichen Nuancen bereits Unterschiede heraus. Die Nichtverlängerung des Sterbeprozesses bezieht sich auf den natürlichen Sterbeprozess eines Sterbenden und wird im Zusammenhang mit passiver Sterbehilfe verwendet. Eine Verkürzung des Lebensprozesses hingegen, etwa durch aktive Sterbehilfe, leitet sich begrifflich aus der Tatsache ab, dass die Sterbephase noch nicht begonnen hat, d.h. zwar noch kein organisches Versagen vorliegt aber eine infauste Prognose sichergestellt ist. Des Weiteren bereitet es Abgrenzungsschwierigkeiten, wenn das Abstellen der lebenserhaltenden Geräte seitens eines Arztes als Sterbehilfe durch Unterlassen eingestuft wird[16], obwohl er physisch tätig wird. Drücken hingegen Angehörige den Knopf, werden sie also in exakt derselben Weise tätig, so wird dies unzweifelhaft als aktive Handlung gewertet. Die Abgrenzung der Sterbehilfeformen wird auf Grund der Vielzahl bereits vorhandener Veröffentlichungen in der gebotenen Kürze dargestellt. Ein Überblick ist jedoch unerlässlich, um die Gedankengänge rund um die Sterbehilfe bei Minderjährigen einzuleiten und vor allem nachvollziehen zu können.

---

15 Gesetz abrufbar unter: http://www.legifrance.gouv.fr/affichTexte.do?cidTexte=JORFTEXT000000446240&categorieLien=id (abgerufen am 07.08.2016).
Jean Leonetti ist Kardiologe und französischer Politiker. Er wurde nach dem „Fall Vincent Humbert" 2004 als parlamentarischer Berichterstatter vom damaligen Präsidenten Chirac ernannt und war federführend bei der Gesetzeseinführung der Loi Leonetti 2005 sowie deren Erweiterung 2015.
16 Roxin, in: Festschrift für Karl Engisch, S. 381. Roxin entwickelte die Rechtsfigur „Unterlassen durch Tun" für Ärzte, die lebenserhaltende Geräte abschalten.

1. Aktive Sterbehilfe

Die aktive Sterbehilfe wird auch direkte Sterbehilfe genannt[17]. Der Begriff „Euthanasie" ist noch in einigen Ländern gebräuchlich. In seiner ursprünglichen Bedeutung in der griechischen und antiken Geschichte wurde Euthanasie als „der leichte Tod"[18] oder „der würdige Tod"[19] verstanden. Auf Grund der missbräuchlichen propagandistischen Verwendung durch die Nationalsozialisten ist der Euthanasiebegriff in Deutschland negativ belegt und wird weitestgehend vermieden[20].

Aktive Sterbehilfe ist die „gezielte Lebensverkürzung durch Maßnahmen, die den Tod herbeiführen oder das Sterben beschleunigen sollen"[21]. Solche Maßnahmen können beispielsweise das Verabreichen oder Spritzen einer letalen Substanz sein, aber auch die Überdosierung eines an sich beruhigenden Mittels. Das Leisten aktiver Sterbehilfe ist in anderen Worten die gezielte vorsätzliche Tötung einer Person[22]. Sie ist nach § 216 StGB als sogenannte „Tötung auf Verlangen" strafbar[23]. Die Tötung auf Verlangen muss, in Abgrenzung zum Mord nach § 211 StGB und zum Totschlag nach § 212 StGB, eine Tötung auf Wunsch des Sterbewilligen sein. Keine Sterbehilfe, sondern Mord oder Totschlag liegen demnach vor, wenn die letale Maßnahme nicht auf ausdrückliches und ernstliches Verlangen der Person ergriffen wurde. Kann der Patient seinen Willen nicht mehr äußern, etwa weil er im Koma liegt, so ist bei fehlender Patientenverfügung auf den mutmaßlichen Willen abzustellen[24]. Dieser wird insbesondere durch zurückliegende schriftliche oder mündliche Äußerungen und sonstige erkennbare persönliche Wertvorstellungen des Patienten ermittelt, wie sich dem § 1901a Abs. 2 BGB entnehmen lässt. § 216 StGB sieht eine Freiheitsstrafe zwischen sechs Monaten und fünf Jahren vor, während das Strafmaß der anderen Tötungsdelikte mindestens fünf Jahre beträgt. Diese Privilegierung begründet

---

17 *Schork,* Ärztliche Sterbehilfe und die Bedeutung des Patientenwillens, S. 211.
18 *Lorenz,* Sterbehilfe – Ein Gesetzesentwurf, S. 7; *Brandt,* Am Ende des Lebens. Alter, Tod und Suizid in der Antike, S. 127; *Zimmermann-Acklin,* Euthanasie, S. 24f., *Benzenhöfer,* Der Gute Tod, S. 9; *Möllering,* Schutz des Lebens, S. 4.
19 ebd.
20 Vgl. *Leist,* in: Sterbehilfe – Handeln oder Unterlassen, S. 35; *Lanzerath,* Sterbehilfe und ärztliche Beihilfe zum Suizid, S. 4.
21 *Schwedler,* Ärztliche Therapiebegrenzung lebenserhaltender Maßnahmen, S. 24.
22 *Kutzer,* NStZ 1994, 110 (110); *Ulsenheimer,* in: Handbuch des ArztR, § 149 Rn. 11.
23 *Schröder,* Das Recht auf ein menschenwürdiges Sterben, S. 95.
24 *Kutzer,* NStZ 1994, 110 (114); *Borrmann,* Akzessorietät des Strafrechts zu den betreuungsrechtlichen Regelungen, S. 37.

sich zum einen mit der schuldmindernden Konfliktlage des Täters, der dem Leiden des Sterbewilligen ein Ende setzen möchte, vor allem aber mit der gesteigerten Einwilligung des Opfers[25]. Dennoch verdeutlicht die einfachgesetzliche Ausgestaltung des § 216 StGB, dass die Einwilligung in die eigene Tötung, auf Grund des absoluten Lebensschutzes nach Art. 1 und 2 GG, keine rechtfertigende Kraft entfaltet[26]. § 216 StGB wurde nicht ausschließlich im Hinblick auf aktive Sterbehilfe geschaffen und verwendet daher die allgemeine Terminologie des „Getöteten". Die bisherigen Ausführungen enthielten daher absichtlich neutrale Begriffe wie die „Person" oder der „Sterbewillige". Doch welche Personen bitten um aktive Sterbehilfe und wer kommt dieser Bitte nach? In vielen Zeitungsartikeln und Aufsätzen wird automatisch von einem Patienten-/ Arztverhältnis ausgegangen. Tatsächlich sind auch die meisten Sterbewilligen schwerstkranke Patienten ohne Aussicht auf Heilung, die bereits durch starke Schmerzen beeinträchtigt oder überwiegend bis vollständig gelähmt sind. Gerade Menschen, die gesund aufgewachsen und durch einen Unfall körperlich beeinträchtigt wurden, empfinden ihr Dasein oftmals als nicht mehr lebenswert. Zudem fürchten sich in zunehmender Zahl viele betagte Menschen vor dem Älterwerden aus der Sorge heraus, den Angehörigen zur Last zu fallen oder zu vereinsamen. In Abgrenzung zu anderen Sterbehilfeformen erfordert die aktive Sterbehilfe, dass der Patient nicht an seinem Ableben mitwirkt. Die lebensbeendende Maßnahme, etwa das Setzen einer Giftspritze, muss von einer anderen Person vorgenommen werden. Eine Untersuchung des Instituts für Demoskopie Allensbach im Oktober 2014 ergab, dass 67% der deutschen Bürger aktive Sterbehilfe befürworten[27]. Dieses Ergebnis bestätigen sowohl eine im Jahr 2015 durchgeführte repräsentative Bevölkerungsumfrage, in der sich 63% der Befragten für aktive Sterbehilfe aussprachen[28] sowie eine Umfrage der DAK mit 62% im Jahr 2016[29]. Demgegenüber lehnen 78% der Ärzte eine Legalisierung aktiver Sterbehilfe ab, wie eine im Jahr 2010 durchgeführte Befragung der deutschen Ärzteschaft ergab[30]. Diese Haltung gilt bis heute fort, wie sich insbesondere aus der Beibehaltung des Passus „Die Tötung des Patienten hingegen ist strafbar, auch wenn sie auf Verlangen des

---

25 *Kühl,* in: Lackner/Kühl, § 216 Rn. 1.
26 BT-WD 7-3000-225/14, S. 6; *Schröder,* Das Recht auf ein menschenwürdiges Sterben, S. 95.
27 Institut für Demoskopie Allensbach, Kurzbericht Oktober 2014.
28 Institut für Demoskopie Allensbach i.A. Roland Rechtsreport 2016, S. 35.
29 DAK IfD-Umfrage 2016.
30 Institut für Demoskopie Allensbach 2010.

Patienten erfolgt."[31] in den Grundsätzen der Bundesärztekammer zur ärztlichen Sterbebegleitung ergibt.

2. Beihilfe zur Selbsttötung

Beihilfe zur Selbsttötung oder der sogenannte „assistierte Suizid"[32] bezeichnet den Fall, in dem ein schwerkranker Patient seinen behandelnden Arzt oder einen Angehörigen um Verschaffung von letal wirkenden Medikamenten bittet, die er sodann selbst einnehmen kann, um seinem Leben ein Ende zu setzen. Der assistierte Suizid ermöglicht und erleichtert mithin die Umsetzung des Wunsches auf Selbsttötung. Die Tatherrschaft verbleibt vollständig bei dem Suizidenten. Eine 2010 veröffentlichte Repräsentativbefragung von Krankenhaus- und niedergelassenen Ärzten ergab, dass jeder dritte Arzt unter den Befragten bereits um Hilfe beim Suizid gebeten wurde (34% der Befragten)[33]. In einer weiteren Umfrage im Jahr 2014 fiel die Zahl niedriger aus, dennoch wurden weiterhin 20,7% der 734 befragten Ärzte von ihren Patienten mit der Bitte um Suizidbeihilfe konfrontiert[34]. Eine signifikant höhere Prozentzahl ergab die Online-Befragung von Palliativmedizinern im Jahr 2015, in der 74% der Ärzte angaben, bereits um Suizidassistenz von durchschnittlich 10 Patienten gebeten worden zu sein[35]. Aufgrund des Selbstbestimmungsrechts jedes Menschen, welches seine Grundlage im allgemeinen Persönlichkeitsrecht nach Art. 2 Abs. 1 GG i.V.m. Art. 1 Abs. 1 S. 1 GG findet, ist ein Selbstmord nicht strafbar[36]. Somit bleibt, mangels Tatbestandsmäßigkeit, auch die Beteiligung daran ohne strafrechtliche Konsequenzen[37]. Möglich ist lediglich die Strafbarkeit wegen eines Unterlassungsdelikts, wenn der Sterbehelfer auf Grund seiner besonderen Pflichtstellung dafür einzustehen hat, dass die Person nicht stirbt oder zumindest versuchen muss, den Todeseintritt abzuwenden[38]. Diese sogenannte Garantenstellung entsteht unter anderem durch eine enge natürliche Verbundenheit (Ehepartner, Verwandte, Lebenspartner)[39], aber auch durch einen Behandlungsvertrag i.S.d. § 630a BGB

---

31 Grundsätze der Bundesärztekammer zur ärztlichen Sterbebegleitung, S. 346.
32 *Birkner*, ZRP 2006, 52 (52).
33 Institut für Demoskopie Allensbach 2010; *Jox*, in: Assistierter Suizid: Der Stand der Wissenschaft, S. 53.
34 *Schildmann/Dahmen/Vollmann*, DMW 2015, 140 e1 (e1).
35 Stellungnahme der DGP für die Anhörung zum Thema Sterbebegleitung 2015.
36 *Schork*, Ärztliche Sterbehilfe und die Bedeutung des Patientenwillens, S. 27.
37 Vgl. *Deutsch/ Spickhoff*, Medizinrecht, S. 634; *Dreier*, JZ 2007, 317 (319).
38 Vgl. zur Garantenpflicht *Wessels/Beulke*, StrR AT, Rn. 715 ff.
39 *Wessels/Beulke*, StrR AT, Rn. 718.

zwischen Patient und Arzt[40], spätestens beim Eintritt der Bewusstlosigkeit des Suizidenten. Ergreift der Garant dann keine Rettungsmaßnahmen, kann er sich der unterlassenen Hilfeleistung gemäß § 323c StGB oder des Totschlags durch Unterlassen gemäß §§ 212 Abs. 1, 13 Abs. 1 StGB strafbar machen. Liegt eine eindeutige Willensbekundung des Suizidenten vor, kann von der Garantenpflicht abgesehen werden. Die aus der Garantenstellung erwachsende Pflicht des Arztes gegenüber seinem suizidalen Patienten, der freiverantwortlich handelt, wird unterschiedlich bewertet. Nach Auffassung des BGH ist der freiverantwortliche Suizidversuch ein Unglücksfall i.S.d. § 323c StGB[41]. Entscheidender Zeitpunkt sei der Eintritt der Bewusstlosigkeit des Suizidenten. In diesem Moment wechsle die Tatherrschaft vom Suizidenten auf den Arzt. Sobald dessen Bewusstlosigkeit eintrete, müsse der Arzt Rettungsmaßnahmen einleiten, um sich nicht der unterlassenen Hilfeleistung oder gar Tötung durch Unterlassung schuldig zu machen. Andererseits lautet der im Medizinrecht verankerte Grundsatz, dass niemand gegen seinen Willen ärztlich behandelt werden darf. Der Arzt gerät somit ab Eintritt der Bewusstlosigkeit des Suizidenten in einen Gewissenskonflikt und Teufelskreis der Strafbarkeit. Ebenso verhält es sich für Garanten aus natürlicher Verbundenheit. Sie dürfen sinnbildlich dem Suizidenten den Strick reichen, müssen ihn aber ab Eintritt der Bewusstlosigkeit davon befreien, da sonst die straflose Beihilfe zur Selbsttötung wegen der Garantenstellung zu einer unterlassenen Hilfeleistung aus § 323 c StGB wird, die wiederum in die Strafbarkeit wegen eines Tötungsdelikts mündet[42].

Dies veranlasst Stimmen in der Literatur weder einen Unglücksfall nach § 323c StGB[43] noch eine Garantenpflicht anzunehmen[44], solange der Suizidwille eindeutig fortbestehe und auf einen freiverantwortlich gefassten Entschluss zurückzuführen sei. Der Gesetzgeber habe eine Wertentscheidung getroffen, indem er die Förderung und Nichtverhinderung eines fremden Selbstmordes aus dem Anwendungsbereich der Tötungsdelikte herausgenommen habe. Diese Wertentscheidung sei unvereinbar mit einer Strafbarkeit des täterschaftlichen Unterlassungsdelikts, wie sie die Rechtsprechung des BGH mit sich bringt.

---

40 LG Gießen Beschl. v. 28.6.2012 – 7 Qs 63/12, NStZ 2013, 43 (43).
41 BGH Beschl. v. 10.03.1954 – GSSt 4/53, NJW 1954, 1049 (1049); *Engisch*, Juristische Praxis 14, 1965, 1 (5).
42 BGH Urteil v. 04.07.1984 – 3 StR 96/84, NJW 1984, 2639 (2641); *Arzt*, JR 1986, 309 (310).
43 *Sternberg-Lieben/Hecker*, in: Schönke/Schröder, § 323c Rn. 8.
44 *Eser/Sternberg-Lieben*, in: Schönke/Schröder, Vor §§ 211 ff. Rn. 41.

Wiederum urteilte der BGH im Jahr 1984 im sogenannten „Fall Wittig"[45], dass der Wille des Suizidenten unbeachtlich sei, erkannte dem Arzt in diesem Urteil aber zu, ab dem Eintritt der Bewusstlosigkeit einen Abwägungsspielraum zu haben. Ein Unglücksfall im Sinne des § 323c StGB liege vor, jedoch sei das Hilfeleisten unter Umständen nutzlos oder unzumutbar und damit nicht geboten[46]. Voraussetzung für die Straflosigkeit sei aber, dass der Arzt eigene Gedanken angestrengt habe, ob er einschreite, um Leben zu retten, oder aus Respekt vor der persönlichen Entscheidung des Suizidenten von Rettungsmaßnahmen absehe.

Dieser Streitstand erübrigte sich weitestgehend mit dem Einfügen der § 1901a Abs. 2 und Abs. 3 BGB, denn Ratio der Norm ist das uneingeschränkte Selbstbestimmungsrecht in jeder Lebenslage[47]. Zwar sind die §§ 1901a ff. BGB im Betreuungsrecht verankert, doch muss sich ihre Wertung in der strafrechtlichen Würdigung wiederfinden. Diese Vorschriften des Betreuungsrechts strahlen ins Strafrecht hinein[48].

Eine Strafbarkeit käme dann lediglich noch auf Grund des Bereitstellens des Medikaments, wegen Verstoßes gegen das Arzneimittelgesetz oder das Betäubungsmittelgesetz in Betracht[49]. Beide Gesetze schützen die Volksgesundheit als überindividuelles Rechtsgut[50]. Seitdem das Bundesverwaltungsgericht jüngst entschieden hat, dass im Extremfall „der Staat den Zugang zu einem Betäubungsmittel nicht verwehren darf, das dem Patienten eine würdige und schmerzlose Selbsttötung ermöglicht"[51], könnte sich der bislang restriktive Umgang im Rahmen der Arznei- und Betäubungsmittelgesetze künftig lockern. Offen bleibt jedoch noch, ob es auch Ärzten erleichtert wird, Medikamente an ihre suizidwilligen erkrankten Patienten herauszugeben, oder ob es dabei bleibt, dass die Suizidenten die letale Dosis beim Bundesinstitut für Arzneimittel und Medizinprodukte erwerben müssen.

Die berufsrechtliche Zulässigkeit ärztlicher Beihilfe zum Suizid ist in Deutschland je nach Bundesland unterschiedlich geregelt. Die Bundesärztekammer

---

45 BGH Urteil v. 04.07.1984 – 3 StR 96/84.
46 BGH Urteil v. 04.07.1984 – 3 StR 96/84; *Otto*, NJW 2006, 2217 (2222).
47 LG Deggendorf Beschl. v. 13.9.2013 – 1 Ks 4 Js 7438/11; GesR 2014, 487 (487).
48 ebd.
49 BGH Urteil v. 07.02.2001 – 5 StR 474/00, NJW 2001, 1802 (1803); *Erlinger/Bock*, in: Münchener Anwaltshandbuch Strafverteidigung, Rn. 107.
50 BGH NStZ 2001, 324 (325); *Saliger*, Selbstbestimmung bis zuletzt, S.153.
51 BVerwG Urteil v. 02.03.2017 – 3 C 19.15.

(BÄK) hat in § 16 ihrer Musterberufsordnung[52] zwar empfohlen, die ärztliche Hilfe bei der Selbsttötung mit der Landesberufsordnung zu verbieten, doch ist nur etwa die Hälfte der Landesärztekammern dieser Empfehlung gefolgt[53]. 29% derjenigen Ärzte bundesweit, die in der Allensbach-Studie 2010 angaben, um Sterbehilfe gebeten worden zu sein, konnten die Beweggründe des Patienten, vorrangig unerträgliche Schmerzen, nachvollziehen[54] und nahezu zwei Drittel der Ärzteschaft erkennen das Selbstbestimmungsrecht des Patienten an, den Zeitpunkt seines Todes selbst zu bestimmen[55]. Dennoch lehnte die Mehrzahl der befragten Ärzte (62%) die Legalisierung des assistierten Suizids ab. Im Jahr 2014 behielten immerhin 41,7% der Befragten ihre ablehnende Haltung bei[56], im Jahr 2015 waren es 56%[57]. Sie beriefen sich dabei auf den hippokratischen Eid[58], der auf Heilung und Linderung von Schmerzen gerichtet ist, aber gerade nicht auf das Herbeiführen des Lebensendes. Demgegenüber befürwortet die eindeutige Mehrheit der deutschen Bürger die Legalisierung des ärztlich assistierten Suizids. Die Zusammenschau der repräsentativen deutschen Bürgerbefragungen anerkannter demoskopischer Forschungsinstitute im Zeitraum zwischen September 2012 und April 2015 ergibt, dass sich durchschnittlich 72% der Befragten für den (ärztlich) assistierten Suizid aussprechen[59].

Die Straflosigkeit des assistierten Suizids ermöglichte die Formierung von Organisationen, die Sterbehilfe als Dienstleistung anbieten. Sofern kein kommerzieller Zweck nachgewiesen werden konnte, war ein Vorgehen gegen die Vereinigungen bis Dezember 2015 schwierig. Welche Bedeutung der § 217 StGB für Sterbehilfe-Organisationen hat, ist noch ausführlicher im Verlauf der Arbeit zu erläutern.

---

52 MBO abrufbar unter: http://www.bundesaerztekammer.de/fileadmin/user_upload/downloads/pdf-Ordner/MBO/MBO_02.07.2015.pdf (abgerufen am 19.07.2016).
53 http://www.bpb.de/gesellschaft/umwelt/bioethik/160275/sterbehilfe (abgerufen am 11.08.2016).
54 Institut für Demoskopie Allensbach 2010.
55 ebd.
56 *Schildmann/Dahmen/Vollmann*, DMW 2015, 140 e1 (e1); *Schildmann/Vollmann*, in: Assistierter Suizid: Der Stand der Wissenschaft, S. 67.
57 Stellungnahme der DGP für die Anhörung zum Thema Sterbebegleitung 2015.
58 Veröffentlicht unter: https://www.aerztekammer-bw.de/10aerzte/40merkblaetter/20recht/10gesetze/hippoeid.pdf (abgerufen am 19.07.2016).
59 *Jox*, in: Assistierter Suizid: Der Stand der Wissenschaft, S. 57.

3. Passive Sterbehilfe

Die passive Sterbehilfe definiert sich als Unterlassen, Begrenzen oder Beenden noch möglicher lebensverlängernder Maßnahmen, wodurch der Sterbevorgang des Patienten nicht weiter hinausgezögert wird[60]. Sie wird auch als „Therapiebegrenzung", „Sterbenlassen" oder „Sterbebegleitung" bezeichnet[61]. Die Kategorisierung in aktive, passive und indirekte Sterbehilfe wurde im „Fuldaer-Fall"[62] zugunsten der Einzelfallbetrachtung aufgegeben und sammelt sich nun unter dem Oberbegriff des „gerechtfertigten Behandlungsabbruchs", der sowohl aktive als auch passive Handlungen umfasst. Dennoch wird vielfach weiterhin der altbekannte Terminus „passive Sterbehilfe" zu Gunsten der Eindeutigkeit und Einfachheit verwendet. Im Gegensatz zur aktiven und assistierten Sterbehilfe lässt die passive Sterbehilfe dem Leben des Patienten seinen natürlichen Verlauf[63]. Dabei kommt dem Sterbenden weiterhin eine Basisversorgung, d.h. Körperpflege, zu. Dies gebietet vorrangig die Würde des Sterbenden, zum anderen ist es zur Vermeidung von Infektionsrisiken für andere Patienten und das Krankenhauspersonal unerlässlich. Eingriffe in das Selbstbestimmungsrecht und damit einwilligungsnotwendige Elemente der Versorgung am Lebensende sind hingegen die Gabe von Schmerzmitteln oder das Stillen von Hunger und Durst[64]. Eine ungewollte Verabreichung von beidem würde in eine Zwangsmedikation und -ernährung münden, die nicht nur aus medizinischer Sicht kontraindiziert sein kann, sondern vor allem den Patientenrechten zuwiderläuft. Davon zu unterscheiden ist das Stillen von Hunger- und Durstgefühlen, das im Gegensatz zur künstlichen Ernährung dem Wohlbefinden des Patienten dient und damit neben der Körperpflege der Basisversorgung zuzurechnen ist[65]. Das Leisten passiver Sterbehilfe kann, bei Vorliegen der im Folgenden geschilderten Voraussetzungen, straflos bleiben. Das Grundleiden des Kranken muss nach ärztlicher Überzeugung irreversibel sein, einen tödlichen Verlauf angenommen haben und der

---

60 *Großkopf,* RDG 2004, 20 (20); *Meyer-Rentz/Rantze,* Unterricht Pflege 3/2005, S. 20.
61 http://www.bpb.de/gesellschaft/umwelt/bioethik/160275/sterbehilfe (abgerufen am 19.07.2016).
62 BGH Urteil v. 25.06.2010 – 2 StR 454/09; Besprechung u.a durch *Verrel,* NStZ 2010, 671.
63 *Schwedler,* Ärztliche Therapiebegrenzung lebenserhaltender Maßnahmen, S. 109; *Schröder,* Das Recht auf ein menschenwürdiges Sterben, S. 104.
64 Grundsätze der Bundesärztekammer zur ärztlichen Sterbebegleitung, S. 347; *Lipp,* in: Arztrecht, Rn. 116.
65 AE-StB, S.10; Grundsätze der Bundesärztekammer zur ärztlichen Sterbebegleitung, S. 347.

Tod muss kurz bevorstehen[66]. Vor allem aber muss das Einstellen der lebenserhaltenden Maßnahmen dem tatsächlichen oder mutmaßlichen Patientenwillen entsprechen[67]. Der Tatbestand einer Tötung (bei Abschaltung durch Verwandte) bzw. einer Tötung durch Unterlassen (bei Abschaltung durch den Arzt) ist dann zwar erfüllt, jedoch ist der Behandlungsabbruch gerechtfertigt und bleibt somit straflos[68]. Vorrang hat in dieser Situation das Erfüllen des Patientenwillens auf Grund des medizinischen Selbstbestimmungsrechts, welches sich aus dem allgemeinen Persönlichkeitsrecht nach Art. 2 Abs. 1 GG i.V.m. Art. 1 Abs. 1 GG und dem Recht auf Leben und körperliche Unversehrtheit gem. Art. 2 Abs. 2 GG ableitet[69]. Dabei gehört zum Kernbereich die Selbstbestimmung über den eigenen Körper[70]. Eine Behandlung gegen den Willen des Patienten ist daher als Körperverletzung i.S.d. § 223 StGB zu werten, wobei zu beachten ist, dass selbst der lege artis durchgeführte ärztliche Heileingriff nach ständiger Rechtsprechung stets tatbestandlich eine Körperverletzung darstellt[71]. Er bedarf einer besonderen Rechtfertigung in Form der Patienteneinwilligung[72]. Die herrschende Lehre nimmt schon tatbestandlich keine Körperverletzung an[73]. Die Darstellung des Streitstandes ist im Rahmen dieser Arbeit entbehrlich, da zur Annahme passiver Sterbehilfe in jedem Fall die Einwilligung des Patienten erforderlich ist und jedes Handeln entgegen dessen Willen den Tatbestand des § 223 StGB, eventuell gar eines Tötungsdelikts, erfüllt. Im Zusammenhang mit der passiven Sterbehilfe ist wiederum das Patientenverfügungsgesetz von 2009 von großer Bedeutung. Hat der Patient bei vollem Bewusstsein vorab verfügt, dass er „nicht an Geräte angeschlossen werden möchte", wie es umgangssprachlich oft formuliert wird, so müssen der behandelnde Arzt sowie die Angehörigen diesen Wunsch respektieren. Die weitgehende gesellschaftliche Zustimmung ermöglichte die Schaffung des Patientenverfügungsgesetzes und damit die einfachgesetzliche Ausarbeitung

---

66 *Fischer,* Entscheidungsmacht u. Handlungskontrolle am Lebensende, S. 71; *Vollmert,* Richter über Leben und Tod, S. 13.
67 BGH Urteil v. 25.6.2010 – 2 StR 454/09.
68 ebd.
69 *Vollmert,* Richter über Leben und Tod, S. 13; *Sternberg-Lieben/Reichmann,* NJW 2012, 257 (258).
70 *Hufen,* NJW 2001, 849 (851).
71 *Bichler,* GesR 2014, S. 5; *Schork,* Ärztliche Sterbehilfe und die Bedeutung des Patientenwillens, S. 14 f; *Borrmann,* Akzessorietät des Strafrechts zu den betreuungsrechtlichen Regelungen, S. 63.
72 *Eser,* in: Schönke/Schröder, § 223 Rn. 29.
73 *Eser,* in: Schönke/Schröder, § 223 Rn. 30.

der passiven Sterbehilfe. 74% der 2010 befragten Ärzteschaft und 72% (77% im Jahr 2015[74]) der Bevölkerung stimmten zu, dass auf Wunsch eines Patienten lebenserhaltende Maßnahmen eingestellt werden sollen[75].

4. Indirekte Sterbehilfe

Indirekt kann Sterbehilfe durch Gabe von Schmerzmitteln geleistet werden, die unter Umständen eine lebensverkürzende Wirkung haben. Der möglicherweise vorzeitig eintretende Tod wird dabei nicht beabsichtigt, aber in Kauf genommen[76]. Es ist jedoch umstritten, ob palliative Maßnahmen tatsächlich lebensverkürzend wirken. Eine Studie der Harvard University zum Krankheitsbild „Bronchialkarzinom" ergab, dass die frühzeitige palliative Mitbehandlung sogar zu einer Lebensverlängerung von circa drei Monaten führte[77]. Dieses Ergebnis ist zwar nicht repräsentativ für alle Erkrankungen, muss im Diskurs über indirekte Sterbehilfe aber dennoch positiv berücksichtigt werden.

Erfüllt die Medikation den Tatbestand eines Tötungsdelikts „durch bedingt vorsätzliche Verursachung eines früheren Todes"[78], so ist das Handeln des Arztes nach § 34 StGB gerechtfertigt[79], wenn der Patient in diese Behandlungsform einwilligt oder dies seinem mutmaßlichen Willen entspricht. Der mutmaßliche Wille ist wiederum durch frühere Äußerungen des Patienten etwa gegenüber Verwandten, Pflegern oder Ärzten festzustellen, sofern keine Patientenverfügung vorliegt. Das therapeutische Ziel der Schmerzlinderung muss stets im Vordergrund stehen[80]. Die Zulässigkeit der indirekten Sterbehilfe ergibt sich aus der Abwägung zwischen einem schmerzerfüllten Weiterleben des Patienten bis zu seinem unmittelbar bevorstehenden Tod und der Ermöglichung eines frühzeitigeren Todes in Würde und weitestgehender Schmerzfreiheit. Sterbehilfe-Gegner kritisieren, dass nur anhand der kaum überprüfbaren inneren Einstellung des Arztes die straffreie indirekte Sterbehilfe von der strafbaren aktiven Sterbehilfe abgegrenzt wird. In der Tat ist die subjektive Willensrichtung des Arztes

---

74 Institut für Demoskopie Allensbach i.A. Roland Rechtsreport 2016, S. 39.
75 Institut für Demoskopie Allensbach 2010.
76 *Mameghani,* Der mutmaßliche Wille, S. 24.
77 Studie der Harvard University zum Krankheitsbild „Bronchialkarzinom" veröffentlicht im New England Journal of Medicine, abrufbar unter: www.nejm.org/doi/full/10.1056/nejoma1000678#t=article (abgerufen am 17.11.2016).
78 *Kutzer,* NStZ 1994, 110 (115).
79 BGH Urteil v. 07.02.2001 – 5 StR 474/00 ; NJW 2001, 1802 (1803); *Herzog,* in: Festschrift für Walter Kargl, S. 206; *Herzberg,* NJW 1996, 3043 (3043).
80 *Meyer-Rentz/Rantze,* Unterricht Pflege 3/2005, S. 21.

schwerlich nachzuprüfen und trotzdem entscheidet dieser feine Unterschied über die strafrechtliche Relevanz[81]. Dennoch ist und bleibt die indirekte Sterbehilfe eine weitere Form der Sterbehilfe, über deren Straffreiheit und Zulässigkeit unter Fachleuten, sowie in der breiten Bevölkerung, ein bejahender Grundkonsens erzielt werden konnte. Das Vertrauen in die Ärzteschaft prägt weiterhin das Arzt-Patienten-Verhältnis und ermöglicht ein Sterben nahezu mit Schmerzfreiheit.

III. Alternativen zur Sterbehilfe

Die Diskussion um Sterbehilfe entbrennt immer wieder aufs Neue, führt stets zu kontroversen Ansichten und ihre Aktualität ebbt nicht ab. Wurde statistisch gesehen jeder dritte Arzt bereits um Hilfe zum Sterben gebeten[82], so liegt es nahe, dass die absolute Schmerzbefreiung bei schwerst erkrankten Menschen einen sehr hohen Stellenwert einnimmt. Es stellt sich die Frage, auf welchen alternativen Wegen derartige Patientenwünsche und -bedürfnisse noch erfüllt werden können, denn Sterbehilfe kann nur als Ultima Ratio betrachtet werden. Die Bandbreite an Alternativen reicht von der bloßen Begleitung im Sterben bis hin zu tiefgreifenden medizinischen Eingriffen. Die Sterbebegleitung, Hospiz- und Palliativversorgung sowie die terminale Sedierung sind die bekanntesten – aber wie wirken sie und stellen sie überhaupt wirkliche Alternativen dar?

1. Sterbebegleitung

Die natürlichste Alternative zur Sterbehilfe ist die Sterbebegleitung von alten oder final erkrankten Personen, bei denen Sterbehilfe entweder nicht gewollt oder medizinisch nicht indiziert ist. Sterbebegleitung, ob zu Hause oder im Hospiz, umfasst die Pflege und psychosoziale Betreuung eines Sterbenden etwa durch Angehörige, Haushaltshilfen, Pflegekräfte und Geistliche. Ohne Medikation können zwar keine Schmerzen gelindert werden, der Mensch wird jedoch beispielsweise durch Waschen, Hilfeleisten beim Essen, Einkaufen und Spazierengehen umsorgt. Viele ältere Menschen haben Angst davor, ihren Angehörigen zur Last zu fallen, sobald sie durch körperliche oder geistige Beschwerden auf Hilfe im Alltag angewiesen sind. Im Rahmen einer Studie des Sozialwissenschaftlichen Instituts der EKD[83] nannten 54% der Befragten diese Sorge. Diese

---

81 So auch *Schröder*, Das Recht auf ein menschenwürdiges Sterben, S. 97.
82 Institut für Demoskopie Allensbach 2010.
83 *Ahrens/Wegner*, Die Angst vorm Sterben – Ergebnisse einer bundesweiten Umfrage zur Sterbehilfe, S. 9.

Angst einerseits und andererseits der Stolz, im Leben bislang alles alleine bewerkstelligt zu haben, führen nicht selten zu einer Überforderung und dem Gefühl, alleine zu sein. Diese ursprüngliche Form der Sterbebegleitung sollte insbesondere jedem älteren Menschen, der keine oder kaum Schmerzen erleidet, zuteilwerden, damit gar nicht erst der Gedanke an ein vorzeitiges Ableben aufkeimt.

2. Hospiz- und Palliativversorgung

„Nicht durch die Hand eines anderen sollen die Menschen sterben, sondern an der Hand eines anderen", so der ehemalige Bundespräsident Horst Köhler in einer Rede aus dem Jahr 2005[84].

Gegner jeglicher Form von Sterbehilfe verweisen stets auf das Angebot der Hospiz- und Palliativversorgung. Die professionelle, außerhäusliche Hospiz- und Palliativversorgung ist erst in den letzten 25 bis 30 Jahren entwickelt worden. Der Fortschritt der Hospiz- und Palliativbewegung lässt sich in drei Phasen einteilen: die Pionierphase von 1971 bis 1994, die Differenzierungsphase 1994 bis 2005 und die Integrationsphase, die seit 2005 andauert[85]. Die Hospiz- und Palliativhistorie beginnt allerdings bereits in der Antike mit dem Arzt Claudius Galenus, der Paregorica[86] als lindernde Mittel für unheilbare Krankheiten einsetzte. Sein Wissen und seine Lehren behaupteten sich auch im Mittelalter. Die ersten Hospize entstanden entlang der Pilgerwege und die Hospizbewegung verbreitete sich im 19. Jahrhundert von Dublin über England nach New York und Kanada[87]. 1971, im deutschen Raum noch als „Sterbeklinik"[88] bezeichnet, wurde die Hospizidee der britischen Ärztin Cicely Saunders[89] auch in Deutschland bekannt. Das erste stationäre Hospiz in Deutschland eröffnete 1986 unter dem Namen „Haus Hörn" in Aachen[90]. Zu den Bausteinen der allgemeinen Palliativversorgung zählt der ambulante Hospizdienst, die Betreuung durch Haus- und Fachärzte, Seelsorger sowie die Behandlung in Krankenhäusern. Im

---

84 Abrufbar unter: http://www.bundespraesident.de/SharedDocs/Reden/DE/Horst-Koehler/Reden/2005/10/20051008_Rede.html (abgerufen am 31.08.2016).
85 Vgl. *Gerhard*, Praxiswissen Palliativmedizin, S. 23.
86 Begriff aus der alten Heilmittellehre: Heilmittel mit beruhigender Wirkung.
87 *Gerhard*, Praxiswissen Palliativmedizin, S. 22.
88 Tellux-Film München im Auftrag LMD-Filmprogramm mit dem Titel „Noch 16 Tage – Eine Sterbeklinik in London".
89 http://cicelysaundersinternational.org/dame-cicely-saunders/st-christophers-hospice (abgerufen am 02.12.2017).
90 *Thöns/Sitte*, Repetitorium Palliativmedizin, S. 2.

Idealfall sollten alle Elemente zusammenwirken, um den schwerstkranken bzw. sterbenden Patienten bestmöglich zu betreuen. Nur wenigen kommt darüber hinaus eine spezialisierte Palliativversorgung zu, unter der man die Betreuung in stationären Hospizen sowie Palliativstationen und die seit 2007 eingeführte sogenannte spezialisierte ambulante Palliativversorgung (SAPV) versteht[91]. Besonders kennzeichnend für das ganzheitliche Konzept der Palliativ- und auch Hospizversorgung ist der im Gegensatz zur Schulmedizin erweiterte Adressatenkreis[92]. Neben dem Patienten werden auch dessen Angehörige einbezogen und unter anderem psychologisch begleitet. Im Einzelnen sind die Begrifflichkeiten Palliative Care, Palliativmedizin und Hospizbetreuung zu unterscheiden.

a) Palliative Care

Palliative Care bildet den Oberbegriff für die Palliativ- und Hospizversorgung[93]. Dahinter verbirgt sich eine Kombination aus schmerzstillender Medikation, psychologischer und spiritueller Betreuung der ganzen Familie sowie dem Angebot, im Hospiz bis zum Tod gepflegt zu werden. Die World Health Organization erarbeitete 2002 eine Definition für die palliative Pflege[94], in der die Notwendigkeit der Zusammenarbeit verschiedener Pflegemaßnahmen unterstrichen wird. Bei der Schmerzbehandlung sowie der Nachversorgung haben stets die Wünsche des Pflegebedürftigen im Vordergrund zu stehen. Dieses ganzheitliche Konzept setzt sich zum Ziel, durch „bestmögliche Unterstützung, Menschen im Sterben mehr Leben zu geben und gleichzeitig das Sterben nicht aufzuhalten"[95]. Das Palliative Care Netz in Deutschland besteht zurzeit aus 1500 ambulanten Einrichtungen, 220 stationären Hospizen für Erwachsene, 17 Kinderhospizen sowie 304 Palliativstationen und 326 SAPV-Teams[96].

b) Palliativmedizin

Ursprünglich wurde die Palliativmedizin für Tumorpatienten entwickelt, die durch Gabe von schmerzstillenden Medikamenten „umhüllt" werden sollten

---

91 *Föllmer,* Palliativversorgung in der gesetzlichen Krankenversicherung, S. 140.
92 Vgl. *Gerhard,* Praxiswissen Palliativmedizin, S. 13.
93 *Husebo/Mathis,* in: Palliativmedizin, S. 4.
94 Nachzulesen in *Husebo/Mathis,* in: Palliativmedizin, S. 3 sowie online abrufbar unter: http://www.who.int/cancer/palliative/definition/en/ (abgerufen am 04.12.2016)
95 Broschüre „Ärztlich assistierter Suizid" der Deutschen Gesellschaft für Palliativmedizin e.V., S. 10.
96 Kassenärztliche Bundesvereinigung, Stand 2018; https://www.dhpv.de/service_zahlen-fakten.html (abgerufen am 14.01.2019).

(pallium = lat. Mantel)[97]. Heute wird Palliativmedizin vielfältig auch bei Nichttumorerkrankungen eingesetzt. Die offizielle Übersetzung der WHO-Definition der Palliativmedizin vom Englischen ins Deutsche ist allgemein gehalten, indem der umfassende Terminus der lebensbedrohenden Erkrankung verwendet wird[98]. Ist die kurative Behandlung nicht mehr möglich, so geht es letztendlich nur noch darum, die Lebensqualität des Schwerstkranken so gut wie möglich zu erhalten und ihn ohne quälendes Leid sterben zu lassen. Die Palliativmedizin wurde im April 2007 durch Erneuerung des Sozialgesetzbuches V rechtsverbindlich geregelt. Daraufhin folgten noch im gleichen Jahr weitere gesetzliche Änderungen, die ihr einen festen gesetzlichen Rahmen bieten, indem sie beispielsweise einen Anspruch auf ambulante spezialisierte Palliativversorgung einräumen (vgl. § 37b und § 132d SGB V). Seit der Eröffnung der ersten Palliativstation Deutschlands 1983 in Köln hat sich das Wissen um diese Form der Sterbebegleitung enorm erweitert und für die universitäre Lehre mit Einführung als Pflichtfach im Medizinstudium[99], vorrangig aber für unsere älter werdende Gesellschaft, einen großen Zuwachs an Bedeutung erfahren.

c) *Hospizbetreuung*

Die britische Ärztin Cicely Saunders eröffnete 1967 in London das erste Hospiz, das der heutigen Form entspricht und wurde dadurch zur Begründerin der modernen Hospiz- und Palliativversorgung[100]. Ihr Bestreben unterstrich sie mit den Worten „Es geht nicht darum, dem Leben mehr Tage zu geben, sondern den Tagen mehr Leben."[101]. Stationäre Hospize sind wirtschaftlich eigenständige Einrichtungen, die mit Hilfe von überwiegend hauptamtlichen Mitarbeitern in Zusammenarbeit mit palliativmedizinisch ausgebildeten Ärzten die Betreuung sterbender Menschen übernehmen[102] und diesen die verbleibende Lebenszeit in wohnlicher Atmosphäre so angenehm wie möglich machen. Voraussetzungen für die Aufnahme in ein Hospiz sind eine unheilbare Krankheit, das nahe Lebensende sowie die Notwendigkeit der dauerhaften palliativmedizinischen

---

97 *Husebo/Mathis,* in: Palliativmedizin, S. 4.
98 Übersetzung abrufbar unter: https://www.dgpalliativmedizin.de/images/stories/ WHO_Definition_2002_Palliative_Care_englisch-deutsch.pdf (abgerufen am 10.08.2016).
99 *Mathis,* in: Palliativmedizin, S. 456.
100 http://www.cicelysaundersfoundation.org/about-us/dame-cicely-biography (abgerufen am 11.08.2016).
101 Vgl. http://www.hospiz-kiel.de/ (abgerufen am 17.11.2016).
102 *Knispel,* in: BeckOK SozialR, § 39a SGB V, Rn. 5.

Versorgung[103]. Um einer Kommerzialisierung der Hospize entgegenzuwirken, werden Hospize nicht vollständig aus den öffentlichen Kranken- und Pflegekassen finanziert, sondern sind zu zehn Prozent auf Spenden angewiesen[104]. Viele Menschen wünschen sich jedoch in ihrer gewohnten Umgebung bleiben und sterben zu können. Dies ermöglicht der ambulante Hospizdienst, bei dem ehrenamtliche Mitarbeiter die vergleichsweise wenigen hauptamtlichen Kräfte unterstützen[105]. Das Ehrenamt wird daher auch „die tragende Säule der Hospizarbeit"[106] genannt und als „tragendes Element und Kennzeichen aller Hospizarbeit"[107] bezeichnet. Ehrenamtlicher Mitarbeiter kann nur werden, wer intensiv geschult wurde. Seit Beginn der 90er Jahre wird das sog. „Celler Modell" genutzt, das die sechs- bis zehnmonatige Ausbildung in einen Grundkurs, eine Praktikumsphase und einen Vertiefungskurs untergliedert[108]. Im Jahr 2013 wurden in Schleswig-Holstein rund 1.800 Menschen von ambulanten Hospizvereinen betreut, wohingegen nur rund 826 die letzten Tage in den stationären Hospizen Schleswig-Holsteins verbrachten[109].

3. Terminale Sedierung

Neben der Hospiz- und Palliativversorgung gibt es eine weitere medizinische Therapieoption, die „terminale Sedierung", auch „palliative Sedierung" genannt. Die Begriffe dienen als Sammelbegriffe für die variierenden Formen der Sedierungsmaßnahmen, die von einer milden bis zur tiefen sowie einer intermittierenden bis kontinuierlichen Sedierung reichen[110]. Grundsätzlich ist dies eine Unterform der Palliativmedizin. Sie ist jedoch weitergehender und wird erst angewandt, wenn konventionelle Maßnahmen erfolglos bleiben[111]. Unerträgliches Leiden, beispielsweise die Angst vor dem Ersticken durch Luftnot, soll

---

103 *Knispel*, in: BeckOK SozialR, § 39a SGB V, Rn. 7.
104 https://www.landtag.ltsh.de/plenumonline/archiv/wp18/30/debatten/top_21.html (abgerufen am 17.11.2016).
105 http://www.dhpv.de/themen_hospize.html (abgerufen am 17.11.2016).
106 Vgl. http://www.dhpv.de/themen_hospiz-palliativ_ehrenamt.html (abgerufen am 17.11.2016).
107 *Graf, et al.* Ehrenamt in der Hospizarbeit, Zehn Bausteine zur Erarbeitung eines Leitbildes.
108 *Bayer,* Kinder- und Jugendhospizarbeit: Celler Modell, S. 14.
109 https://www.landtag.ltsh.de/plenumonline/archiv/wp18/30/debatten/top_21.html (abgerufen am 17.11.2016).
110 *Bozzaro,* in: Ethik in der Medizin 2015/27, 93 (96).
111 *Müller-Busch,* Palliative Sedierung am Lebensende, S. 340.

dabei durch Gabe bewusstseinsmindernder Medikamente gelindert werden[112]. Die terminale Sedierung muss deutlich von der aktiven und passiven Sterbehilfe abgegrenzt werden. Ziel ist weder, Leiden durch Verabreichung eines tödlich wirkenden Medikaments zu beenden, noch, den Todeseintritt zu beschleunigen[113]. Vielmehr sollen Symptome gelindert und im Idealfall der Nachtschlaf bei Aufrechterhaltung der bewussten Kommunikation mit dem Umfeld tagsüber ermöglicht werden. Das Bewusstsein des Patienten darf nur in Notsituationen vollständig eingedämpft werden[114]. Eingeleitet wird eine Sedierung nur bei Patienten, bei denen der Sterbeprozess bereits eingesetzt hat[115]. Demnach kommt diese Therapieform nicht zur Anwendung, wenn jemand unheilbar erkrankt oder schwer hirngeschädigt, sein Lebensende jedoch noch nicht abzusehen ist. Die Sedierung ist nur als Ultima Ratio zulässig. Unerlässliche Voraussetzung ist die persönliche oder mutmaßliche Einwilligung des Patienten[116]. Dieses Vorgehen erinnert stark an die indirekte Sterbehilfe und in der Tat wird die palliative Sedierung oft als indirekte Sterbehilfeform erwähnt[117], während andere sie als Alternative zur Sterbehilfe sehen. Eine Abgrenzung könnte die Wahl der Medikamente ermöglichen. Benzodiazepine verkürzen das Leben grundsätzlich nicht, so dass eine sterbebegleitende Situation anzunehmen ist, wohingegen bei der primären Verabreichung von Morphin eine Lebensverkürzung in Kauf genommen wird und den Entschluss zur Sterbehilfe nahelegt[118]. Beide Sterbebegleitmaßnahmen, also indirekte Sterbehilfe und palliative Sedierung, werden gesellschaftlich mehrheitlich befürwortet, so dass eine genaue Einordnung in die Kategorie „Alternative" oder „Indirekte Sterbehilfe" dahinstehen kann. Einen Handlungsrahmen, an dem sich Mediziner orientieren können, bietet die „Leitlinie für den Einsatz sedierender Maßnahmen in der Palliativversorgung" von der European Association for Palliative Care[119]. Genau wie bei der allgemeinen Palliativmedizin, wird auch bei der terminalen Sedierung kritisiert, dass sie den Sterbeprozess beschleunige und obendrein die Kommunikation mit Ärzten und

---

112 ebd.
113 Vgl. *Hartogh*, in: Ethik in der Medizin 2004/4, S. 378 (379).
114 *Müller-Busch*, Palliative Sedierung am Lebensende, S. 342.
115 Ethik-Komitee der Kath. St.-Johannes-Gesellschaft, Ethische Orientierungshilfe zum Umgang mit der Palliativen Sedierung, S. 5.
116 ebd.
117 Vgl. *Lipp*, in: Arztrecht, Rn. 100.
118 Deutsches Ärzteblatt v. 25.03.2008.
119 Leitlinie abrufbar unter: http://www.eapcnet.eu/LinkClick.aspx?fileticket= VmOI43nqYRA%3D (abgerufen am 25.06.2016).

Angehörigen unterbinde. Wiederum ergab eine japanische Studie der Universität Osaka bei der Untersuchung von Krebspatienten in kontinuierlicher tiefer Sedierung keine lebensverkürzende Wirkung[120]. Die Überlebenszeit der tief sedierten Patienten betrug etwa 27 Tage ab Ankunft in der Palliativstation, während den nicht sedierten im Schnitt 26 Tage verblieben.

4. Gesetz zur Verbesserung der Hospiz- und Palliativversorgung

Ziel des im Dezember 2015 in Kraft getretenen „Gesetzes zur Verbesserung der Hospiz- und Palliativversorgung in Deutschland"[121] (HPG) ist es, das interdisziplinäre Hospiz- und Palliativnetzwerk auszubauen, indem es umfangreiche Änderungen des Sozialgesetzbuches vornimmt. Verbesserungen erfahren dadurch sowohl die stationären als auch ambulanten Pflegeeinrichtungen. Krankenkassen unterstützen stationäre Hospize mit höheren finanziellen Zuschüssen und einem angehobenen Tagessatz je betreutem Versicherten. Auch die ambulante Hospizversorgung erfährt eine finanzielle Entlastung, indem neuerdings nicht nur Personal-, sondern auch Sachkosten abgerechnet werden können. Neben monetären Vorteilen zielt das HPG vor allem auf eine gesteigerte Anerkennung der Hospiz- und Palliativversorgung ab. So wird mit dem neu eingefügten Absatz 5 des § 28 SGB XI Sterbebegleitung ausdrücklich als Bestandteil der Pflege anerkannt und im Leistungskatalog der Pflegeversicherung aufgeführt. Ebenso wurde die Zugehörigkeit der palliativen Versorgung zur Krankenbehandlung in § 27 Abs. 1 S. 2 normiert. Damit diese gesetzliche Manifestation auch nach außen tritt, gibt es nunmehr den längst überfälligen Anspruch, einen individuellen und umfassenden Versorgungsplan zum Lebensende mit einer stationären Pflegeeinrichtung auszuarbeiten. Finanziert wird die Beratung von den gesetzlichen Krankenkassen. Beispielhaft sei das Angebot der AOK zu nennen, die online einen „bundesweiten Palliativwegweiser"[122] erarbeitet hat. Vor Einführung des HPG gab es ein standardisiertes Pflegeverfahren, das sich an Pflegestufe und verbleibender Lebenszeit orientierte. Nunmehr greifen Krankenhäuser, Vertragsärzte, Hospiz- und Palliativdienste und Krankenkassen durch ein fortentwickeltes Netzwerk ineinander. Individualisierbar gestaltet sich auch die häusliche Palliativversorgung, die bislang von der „Richtlinie über die Verordnung von häuslicher Krankenpflege" des Gemeinsamen Bundesausschusses

---

120 Studie veröffentlicht und abrufbar unter: http://www.thelancet.com/journals/lanonc/article/PIIS1470-2045(15)00401-5/abstract (abgerufen am 17.11.2016).
121 BGBl 2015 I, S. 2114 ff.
122 Deutsches Ärzteblatt 2016, 113 (42), A-1876.

über die Verordnung von häuslicher Krankenpflege[123] auf maximal vier Wochen begrenzt war. § 5 Abs. 3 S.1 der novellierten Richtlinie behält vier Wochen als Grundsatz bei, sieht aber in Satz 2 Ausnahmefälle vor. Darüber hinaus schreibt das HPG ein bedarfsgerechtes Verhältnis von ehren- zu hauptamtlichen Mitarbeitern fest und Krankenhausträger können im Zuge der Pflege-Vernetzung ambulante Hospiz- und Palliativleistungen anfordern, die auf Station kommen. Das HPG fördert das Bestreben, Schwerstkranken eine individuell abgestimmte optimale Betreuung zuteilwerden zu lassen. Auch berücksichtigt es die Bedürfnisse der Pflegekräfte. Mit steigender finanzieller und zeitlicher Kapazität der einzelnen Pflegeeinrichtungen und ihrer -kräfte steigt auch die Qualität der Versorgung, wovon jeder einzelne Pflegebedürftige profitiert. Trotz einiger Schwächen, beispielsweise, dass das individuelle Beratungsangebot nicht auch Palliativpatienten der ambulanten Versorgung zu Hause zur Verfügung steht[124], stellt das HPG zumindest einen weiteren Schritt auf dem langen Weg des Ausbaus der Hospiz- und Palliativversorgung dar und rückt diese Pflegemöglichkeiten ins gesellschaftliche Bewusstsein.

5. Fazit zu den Alternativen der Sterbehilfe

Um zu einer abschließenden Stellungnahme zu gelangen, fehlt an dieser Stelle noch die Betrachtung bereits vorhandener Gesetze und rechtlicher Rahmenbedingungen zur Sterbehilfe. Als Zwischenfazit kann aber bereits festgehalten werden, dass es vielfältige Behandlungsmöglichkeiten gibt, die die Begleiterscheinungen von Krankheiten mildern und das Leiden somit erträglicher machen. Je größer der Fortschritt auf diesem Gebiet, desto weniger werden Gedanken auf Sterbehilfe verwendet. Als besonders positiv sollte die Entwicklung der Hospiz- und Palliativbewegung hervorgehoben werden. Innerhalb lediglich dreier Jahrzehnte wurden Maßnahmen für die Versorgung Schwerkranker und Sterbender entwickelt, so dass das Sterben in vielen Fällen humaner gestaltet werden konnte. Ebenso positiv sind die vielfältig und international angelegten Studien zu bewerten, die die Palliativmedizin kritisch auf ungewollte Nebenwirkungen überprüfen und dadurch eine gezielt verbesserte Behandlung ermöglichen.

Menschen, denen aktive Sterbehilfe auf Grund rechtlicher Verbote verwehrt bleibt, greifen oftmals auf die legale terminale Sedierung zurück, weil sich die

---

123 Richtlinie abrufbar unter: hhttp://www.g-ba.de/informationen/richtlinien/11 (abgerufen am 10.09.2016).
124 Bemängelt die KBV, http://www.kbv.de/media/sp/2015_04_08_KBV_Stellungnahme_Hospiz__und_Palliativgesetz.pdf Seite 11 (abgerufen am 10.09.2016).

Möglichkeit dazu unkomplizierter ergibt. Nicht umsonst wird die terminale Sedierung mitunter als „heimliche aktive Sterbehilfe"[125] bezeichnet und als Umgehung der strafbaren aktiven Sterbehilfe angeprangert. Ob nun eine Bewusstseinssedierung die bessere Alternative zur Sterbehilfe ist, ist fraglich. Bei der terminalen Sedierung werden zwar Schmerz und Atemnot gelindert, der Körper arbeitet jedoch unkontrollierbar weiter, sodass vielfach Durchfall, Erbrechen, Blutungen und Ekzeme auftreten. Mit diesem Wissen um den fortschreitenden körperlichen Verfall gestaltet sich die Einwilligung in eine Sedierung für den Patienten aus psychologischer Sicht nicht leichter.

Dennoch ermöglicht die terminale Sedierung vielen Patienten ein schmerzloses und insofern auch würdevolles Ableben. Es gilt daher zu verhindern, dass die Tiefensedierung verboten wird, nur weil kein Konsens über das Verboten- oder Erlaubtsein von Sterbehilfe erreicht wird.

---

125 *Rothärmel*, Ethik in der Medizin 2004/3, 349 (349).

Zweites Kapitel: Rechtliche Grundlagen der Sterbehilfe bei Volljährigen

A. Die bestehende deutsche Rechtslage zur Sterbehilfe bei Volljährigen

Gibt es das „Recht zu sterben"? Um den vorangestellten Überblick der unterschiedlichen Sterbehilfeformen in einen rechtlichen Kontext zu bringen, muss nun die bereits bestehende Rechtslage betrachtet werden. Welche Sachverhalte wurden bisher bedacht und welche Lücken hat der Gesetzgeber gelassen? Da es in Deutschland kein Medizinrechtsgesetz gibt, führt nur die Gesamtschau verschiedener Gesetze und Regelungen zur rechtlichen Ausgestaltung der Sterbehilfe. Zentrale Bedeutung erlangen dabei die Vorschriften des Betreuungsrechts, § 216 StGB sowie der im Dezember 2015 in Kraft getretene § 217 StGB. Daneben sind Vorschriften im Berufsrecht der Ärzte und der Berufsordnung der Ärztekammern ausformuliert.

I. Die Patientenverfügung

Die Vorschriften zur Patientenverfügung in den §§ 1901a ff. BGB traten am 1. September 2009 in Kraft. § 1901a Abs. 1 BGB führt die Patientenverfügung als Rechtsinstitut ein[126], wodurch dem entscheidungsfähigen Patienten zugestanden wird, sein Selbstbestimmungsrecht aktuell und auch künftig durch eine vorausschauende Verfügung selbst auszugestalten. Das heißt, der entscheidungsfähige Verfasser einer Patientenverfügung kann einen Behandlungsrahmen für die Anwendung der passiven und indirekten Sterbehilfe, für den Fall seiner Entscheidungsunfähigkeit, festlegen. Abs. 1 enthält eine Legaldefinition, anhand derer sich feststellen lässt, ob eine Patientenverfügung vorliegt: „Hat ein einwilligungsfähiger Volljähriger für den Fall seiner Einwilligungsunfähigkeit schriftlich festgelegt, ob er in bestimmte, zum Zeitpunkt der Festlegung noch nicht unmittelbar bevorstehende Untersuchungen seines Gesundheitszustands, Heilbehandlungen oder ärztliche Eingriffe einwilligt oder sie untersagt", so ist dies eine Patientenverfügung. Die Patientenverfügung reicht weiter als die in § 1901c BGB verortete Vorsorgevollmacht. Während bei der Vorsorgevollmacht für Fälle der künftigen vorübergehenden oder endgültigen Entscheidungsunfähigkeit ein

---

126 *Bienwald*, in: Staudinger BGB, § 1901a und b Rn. 12.

Vertreter bestimmt werden kann, trifft der Verfügende mit seiner Patientenverfügung im Voraus selbst konkrete Regelungen bezüglich ärztlicher Behandlungen für den Fall der Nichteinwilligungsfähigkeit. In Kombination mit einer Vorsorgevollmacht wird eine Betreuungsverfügung überflüssig[127]. Stimmt die aktuelle Erkrankungssituation mit dem im Vorwege vorgestellten und geregelten Sachverhalt überein, ist weder ein Betreuer noch ein Bevollmächtigter anzuhören[128], sondern einzig auf Grundlage der Patientenverfügung zu handeln, soweit sie reicht. Abseits der konkreten Vorausverfügung ist die Patientenverfügung der Auslegung zugänglich[129]. Dennoch muss die Patientenverfügung konkrete Anhaltspunkte nennen und konkrete Szenarien bedenken. Die allgemein gehaltene Formulierung, „keine lebenserhaltenden Maßnahmen" zu wünschen, genügt ausweislich des BGH in seinem Beschluss vom Juli 2016 nicht[130]. Diese Äußerung treffe keine hinreichend konkretisierte Behandlungsentscheidung, es sei denn sie werde in Kombination mit einer ärztlichen Maßnahme, Nennung spezieller Erkrankungen oder einer konkreten Behandlungssituation niedergeschrieben[131]. Folge dieses Beschlusses war die Unwirksamkeit vieler Patientenverfügungen. Deshalb wurde der BGH im Februar 2017 erneut bemüht und er entschied in einem anderen Fall über die Wirksamkeit der Patientenverfügung einer im Wachkoma liegenden Frau. Unter Bezugnahme auf den Beschluss von 2016 öffnete der BGH den Wirksamkeitsspielraum der Patientenverfügung wieder ein Stück. Die Patientin hatte bereits im Jahr 1998 verfügt, dass „[…] lebensverlängernde Maßnahmen unterbleiben, wenn medizinisch eindeutig festgestellt ist, daß [sie sich] unabwendbar im unmittelbaren Sterbeprozeß befinde, bei dem jede lebenserhaltende Therapie das Sterben oder Leiden ohne Aussicht auf Besserung verlängern würde, oder daß keine Aussicht auf Wiedererlangung des Bewußtseins besteht, oder daß aufgrund von Krankheit oder Unfall ein schwerer Dauerschaden des Gehirns zurückbleibt, oder daß es zu einem nicht behandelbaren, dauernden Ausfall lebenswichtiger Funktionen [ihres] Körpers kommt."[132]. Der BGH hält in seinem Beschluss daran fest, dass die Formulierung „keine lebenserhaltenden Maßnahmen" keine unmittelbare Bindungswirkung entfalte, sieht aber in der Auflistung der Krankheitsszenarien der Wachkomapatientin eine hinreichende Konkretisierung, die zur Wirksamkeit der Patientenverfügung führt.

---

127 *Putz*, FPR 2012, 13 (16).
128 *Bienwald*, in: Staudinger BGB, § 1901a und b Rn. 13.
129 *Götz*, in: Palandt § 1901a Rn. 17.
130 BGH Beschl. v. 06.07.2016 – XII ZB 61/16, NJW 2016, 3297 (3301).
131 ebd.
132 BGH Beschl. v. 08.02.2017 – XII ZB 604/15, NJW 2017, 1737 (1737).

Ziel der Patientenverfügung ist die autonome Festlegung gewünschter medizinischer und begleitender Maßnahmen, andererseits aber auch der ausdrückliche Ausschluss von Maßnahmen, beispielsweise der Organentnahme oder künstlichen Ernährung. Des Weiteren ermöglicht die Patientenverfügung, die Wertvorstellungen des Patienten zu berücksichtigen, seine persönlichen Angelegenheiten zu regeln und auch den gewünschten Ansprechpartner festzulegen sowie eine Vertrauensperson auszuwählen.

In dem Moment, in dem die Selbstbestimmung gestört und ärztliche Hilfe notwendig wird, muss der behandelnde Arzt zwei Punkte, das sog. „Zwei-Säulen-Modell"[133], berücksichtigen. Zum einen muss die ärztliche Behandlung medizinisch indiziert sein, zum anderen muss der Arzt Anhaltspunkte berücksichtigen, ob der Patient überhaupt nach der medizinisch indizierten Therapie behandelt werden will oder ob er diese und jede andere Behandlung ablehnt.

Die Patientenverfügung ist kein bloßes Indiz für einen mutmaßlichen Willen, sondern vielmehr eine allseits zu akzeptierende verbindliche[134] Erklärung des Patienten. Ihre Gültigkeit ist nicht auf zum Tode führende Krankheitsfälle beschränkt. § 1901a Abs. 3 BGB manifestiert ihre Wirkung unabhängig von Art und Stadium der Krankheit, das heißt auch bei einem komatösen Zustand von ungewisser Dauer. Das Recht des Patienten, Behandlungen abzulehnen, kann schon deshalb nicht vom Stadium seiner Krankheit abhängen, da ansonsten ein einwilligungsfähiger, aber bereits final erkrankter Patient entgegen seinem geäußerten Willen stets zwangsbehandelt werden könnte[135]. Somit bringt § 1901a Abs. 3 BGB die Fürsorge anderer für den Betroffenen und dessen Selbstbestimmung in Einklang[136].

Eine Patientenverfügung kann ausweislich des Wortlauts des § 1901a Abs. 1 S. 1 BGB jeder Volljährige verfassen, der die Tragweite der inhaltlichen Festlegung versteht, also auch Menschen, die zum Teil in der Geschäftsfähigkeit eingeschränkt sind[137]. Das darin enthaltene Schriftformerfordernis meint Unterschrift im Sinne des § 126 BGB, nicht jedoch Eigenhändigkeit[138], wie sie beispielsweise

---

133 *Weber*, 100 Fragen zu Patientenverfügungen und Sterbehilfe, S. 16; ebenso vgl. *Putz*, FPR 2012, 13 (15).
134 BGH Beschl. v. 17.03.2003 – XII ZB 2/03; *Bienwald*, in: Staudinger BGB, § 1901a und b Rn. 17; *Lipp*, FamRZ 2004, 317 (320); *Verrel*, NStZ 2003, 449 (450); *Borrmann*, Akzessorietät des Strafrechts zu den betreuungsrechtlichen Regelungen, S. 42.
135 BGH Beschl. v. 8.06. 2005 – XII ZR 177/03, NJW 2005, 2385 (2385).
136 BT-Drucksache 16/8442, S. 12.
137 *Götz*, in: Palandt § 1901a Rn. 10.
138 *Götz*, in: Palandt § 1901a Rn. 11.

bei der Errichtung eines formwirksamen Testaments nach § 2247 BGB erforderlich ist. Die formalen Anforderungen sind bewusst niedrig gehalten, damit jeder Behandlungswunsch, solange er eindeutig kundgetan wird und die vorliegende Situation erfasst, unbürokratisch berücksichtigt werden kann.

Problematisch, da im Nachhinein wenig kontrollierbar, sind „mündliche Patientenverfügungen". Äußert ein Patient im Gespräch mit nahestehenden Personen, Pflegepersonal oder seinem Arzt Behandlungswünsche, so kann keine Patientenverfügung i.S.d. § 1901a Abs. 1 BGB angenommen werden. Es fehlt an einer unmittelbaren Bindungswirkung. Die Äußerungen können jedoch als Behandlungswunsch und mutmaßlicher Wille nach Abs. 2 bei der Behandlung heranzuziehen sein[139]. Ist der individuelle Patientenwille, insbesondere dem behandelnden Arzt bekannt, so hat dieser stets Vorrang vor dem üblichen medizinischen Prozedere. Ein alleiniger Verstoß seitens des Arztes gegen das Betreuungsrecht ist für diesen nicht strafbar, wohl aber der bewusste Verstoß gegen den Willen des Patienten.

Umstritten ist die Eingliederung der Vorschriften rund um die Patientenverfügung ins Betreuungsrecht des BGB[140]. Die Thematik tangiert mehrere Rechtsgebiete: Medizinrecht, Strafrecht und zugleich Zivilrecht. Mangels eines eigenständigen Medizinrechtsgesetzes und angesichts des Umstandes, dass die Vorgaben der Bundes- und Landesärztekammern lediglich als Richtlinien ausgearbeitet sind, mussten die neuen Vorschriften an einer der drei vorbezeichneten Stellen eingefügt werden. Eine wohlüberlegte Eingliederung gebietet sich neben dogmatischen Erwägungen schon deshalb, um ihre Akzeptanz in der Gesellschaft zu fördern. Eine strafrechtliche Eingliederung scheiterte an den Bedenken, die Verankerung im Strafgesetzbuch habe eine emotional schwerwiegendere Bedeutung und könne in Anbetracht der deutschen Historie einen nationalsozialistisch gefärbten Eindruck hinterlassen[141]. Der Deutsche Ethikrat empfahl, die Patientenverfügung im Allgemeinen Teil des BGB oder im Recht der Schuldverhältnisse zu regeln[142]. Wiederum andere sahen in einer gesetzlichen Manifestation der Patientenverfügung eine gesetzliche Überregulierung[143]. Sie wollten am Status quo festhalten und wiesen darauf hin, dass

---

139 *Bienwald*, in: Staudinger BGB, § 1901a und b Rn. 27.
140 *Streit*, Patientenverfügungen Minderjähriger, S. 113.
141 *Putz*, FPR 2012, 13 (14).
142 Aufgeführt wird der Deutsche Ethikrat unter: http://www.betreuungsrecht.de/betreuer/die-systematische-verortung-einer-gesetzlichen-regelung-der-patientenverfugung.html (abgerufen am 23.11.2016).
143 BT-Drucksache 16/13262, S. 1.

ansonsten möglicherweise künftige Streitigkeiten über die Bindungswirkung der Patientenverfügung drohten und die derzeit gefestigte Rechtsprechung ausreiche, unter anderem die „Kempten"-Entscheidung des BGH von 1994[144] oder der Beschluss vom 17.03.2003, in dem der XII. Zivilsenat des BGH den in einer Patientenverfügung niedergelegten Willen für verbindlich erklärt[145]. Dagegen spricht, dass selbst wenn keine rechtliche Unklarheit bestand, der Betroffene, seine Ärzte, Betreuer und Angehörigen sich dennoch in einem Feld der Unsicherheit bewegten und zu Recht einen Rahmen brauchten, innerhalb dessen sie nach Wunsch des Betroffenen handeln dürfen. An der Eingliederung ins Betreuungsrecht wird kritisiert, dass sich die Rolle des Betreuers, so wie sie das Betreuungsrecht ursprünglich angedacht hat, ändere, sobald eine Patientenverfügung vorliege. Nicht mehr er übernehme eigenverantwortlich den Schutz und die Verantwortung für den Betroffenen, vielmehr könne er den niedergelegten Willen des Betroffenen nur noch vollstrecken[146]. Dagegen lässt sich wiederum einwenden, dass dieser Ansatz zu sehr die Person des Betreuers in den Vordergrund stellt. Das Betreuungsrecht wird stets vom „Grundsatz der Achtung des Selbstbestimmungsrechts entscheidungsunfähiger Menschen" auch im Rahmen medizinischer Behandlungen geprägt[147]. Insofern fördert die Eingliederung der Patientenverfügung den Grundsatz des Betreuungsrechts und belässt den Fokus beim Betroffenen. Außerdem ist die Umsetzung der in der Patientenverfügung niedergelegten Wünsche eng verknüpft mit der Funktion des Betreuers bzw. des Bevollmächtigten, schließlich besteht deren Aufgabe darin (in Zusammenarbeit mit dem Arzt), festzustellen, ob die antizipierte auf die aktuelle Situation zutrifft und somit nach Maßgabe der Verfügung zu handeln ist.

II. Verbot der Tötung auf Verlangen gem. § 216 StGB

Neben den Vorschriften zur Patientenverfügung im Bürgerlichen Gesetzbuch finden sich auch im Strafgesetzbuch relevante Normen für die Sterbehilfethematik. § 216 StGB befindet sich im 16. Abschnitt „Straftaten gegen das Leben" und normiert: „Ist jemand durch das ausdrückliche und ernstliche Verlangen des Getöteten zur Tötung bestimmt worden, so ist auf Freiheitsstrafe von sechs

---

144 Ebd., sowie BGH Urteil v. 13.09.1994 – 1 StR 357/94, NJW 1995, 204 ff.; *Putz*, FPR 2012, 13 (14); *Verrel*, JR 1999, 5 (7).
145 BGH Beschl. v. 17.03.2003 – XII ZB 2/03, NJW 2003, 1588 ff.
146 http://www.betreuungsrecht.de/betreuer/die-systematische-verortung-einer-gesetzlichen-regelung-der-patientenverfugung.html (abgerufen am 23.11.2016).
147 BT-Drucksache 16/8442, S. 3.

Monaten bis zu fünf Jahren zu erkennen." Das Verlangen des späteren Opfers muss zur Strafbarkeitsbegründung des § 216 StGB kausal für die Tötungshandlung sein, d.h. der Täter wurde durch das Opfer ernstlich und ausdrücklich zur Tat bestimmt[148]. Wie bereits die Ausführungen zu den unterschiedlichen Sterbehilfeformen im Ersten Kapitel A. II Nr.1 gezeigt haben, erfasst § 216 StGB die Fälle aktiver Sterbehilfe. In Abgrenzung dazu verbleibt die Herrschaft über den unmittelbar lebensbeendenden Akt bei der straflosen Beihilfe zur Selbsttötung vollständig bei dem Suizidenten. Die Strafbarkeit der Tötung auf Verlangen ist eine Ausnahme vom strafrechtlichen Einwilligungsgrundsatz und von der Disponibilität von Individualrechtsgütern[149]. Für das Individualrechtsgut „Leben" gilt das Selbstbestimmungsrecht und die Verfügungsgewalt des Trägers nicht schrankenlos[150]. Umstritten ist, woraus die Beschränkung dogmatisch abzuleiten ist. § 216 StGB könnte Ausfluss der Verpflichtung des Staates, die Menschenwürde zu achten, sein. Daneben kommt das Allgemeininteresse in Betracht[151]. In jedem Fall ist der Paragraph als Bekräftigung des Fremdtötungsverbots ins StGB aufgenommen worden.

III. Die Rolle des § 217 StGB in der Sterbehilfedebatte

1. Darstellung des § 217 StGB

Das Gesetz zur Strafbarkeit der geschäftsmäßigen Förderung der Selbsttötung, § 217 StGB, trat in folgender Fassung am 10.12.2015 in Kraft:

„(1) Wer in der Absicht, die Selbsttötung eines anderen zu fördern, diesem hierzu geschäftsmäßig die Gelegenheit gewährt, verschafft oder vermittelt, wird mit Freiheitsstrafe bis zu drei Jahren oder mit Geldstrafe bestraft.

(2) Als Teilnehmer bleibt straffrei, wer selbst nicht geschäftsmäßig handelt und entweder Angehöriger des in Absatz 1 genannten anderen ist oder diesem nahesteht."

Unter Anerkennung der seit Jahrhunderten straflosen Beihilfe zum Suizid ist der § 217 StGB eine Korrektur, die verhindern möchte, dass die Beihilfe zu einem „Dienstleistungsangebot der gesundheitlichen Versorgung"[152] verkommt. Anlass zur Begrenzung der Straflosigkeit der Beihilfe zum Suizid bot die steigende Zahl an Angeboten durch Sterbehilfe-Vereine und von „einschlägig bekannte[n]

---

148 *Fischer*, § 216 StGB, Rn. 6 ff.
149 *Schoppe*, BLJ 2012, 107 (107).
150 *Wessels/Hettinger*, StrafR BT I, Rn. 2 und 28.
151 *Schoppe*, BLJ 2012, 107 (107).
152 BT-Drucksache 18/5373, S. 2.

Einzelpersonen"[153] mit der daraus resultierenden Gefahr der gesellschaftlichen Normalisierung, des Eintritts eines Gewöhnungseffekts[154] oder gar der sozialen Gebotenheit der Selbsttötung.[155] Im Gegensatz zu einem enger gefassten Gesetzesentwurf der Bundesregierung aus dem Jahr 2012[156] wird nicht die gewerbsmäßige, also auf Kommerzialisierung angelegte Beihilfe verfolgt, sondern die geschäftsmäßige Beihilfe. Das objektive Tatbestandsmerkmal der Geschäftsmäßigkeit erfordert, dass der Täter gleichartige Taten wiederholend zu seiner Beschäftigung macht und die Suizidhilfe planmäßig und regelmäßig angeboten wird[157]. Das erstmalige Anbieten der Beihilfe zum Suizid reicht grundsätzlich nicht aus, es sei denn es liegen Anhaltspunkte vor, die eine geplante Fortsetzung der Tätigkeit erkennen lassen.[158] Wie weit § 217 StGB der Auslegung zugänglich ist, zeigt sich außerdem in den objektiven Tatbestandsmerkmalen des „Gelegenheit Gewährens, Verschaffens oder Vermittelns". „Gewähren" meint, dass die suizidhelfenden äußeren Umstände dem Täter schon zur Verfügung stehen, wohingegen er beim „Verschaffen" erst noch dafür sorgen muss, dass die äußeren Umstände herbeigeführt werden. Das „Vermitteln" bezieht sich auf das Herstellen des Kontakts zwischen Suizidenten und einer nicht in der Öffentlichkeit ohnehin schon bekannten Organisation oder Person, die Hilfe zur Selbsttötung anbietet[159]. Erfasst werden dadurch bereits dem möglicherweise stattfindenden Suizid zeitlich weit vorgelagerte Tatbeiträge, etwa das Überlassen letal wirkender Substanzen, aber eben auch das bloße Verschaffen eines Zugangs zu einer suizidgeeigneten Räumlichkeit[160]. Ebenso kann die reine Informationsbeschaffung bezüglich der Wirkweise diverser Substanzen und die Weitergabe persönlicher Kontaktdaten eines Suizidhelfers unter den Tatbestand subsumiert werden, sofern sie der konkreten Gelegenheit zur Selbsttötung dienen.

Ein Tatererfolg, also ein vollendeter Suizid, ist nicht erforderlich. Das Delikt ist nicht als Verletzungs-, sondern als Unternehmensdelikt und abstraktes Gefährdungsdelikt ausgestaltet, um derartige Angriffe auf das menschliche Leben und die individuelle Entscheidungsfreiheit bestmöglich abzuwenden.

---

153 ebd.
154 ebd.
155 BT-Drucksache 18/5373, S. 11 sowie BT-Drucksache 17/11126, S. 1.
156 BT-Drucksache 17/11126.
157 BT-Drucksache 18/5373, S. 12.
158 BT-Drucksache 18/5373, S. 17.
159 BT-Drucksache 18/5373, S. 18.
160 *Duttge,* NJW 2016, 120 (122).

Täter i.S.d. § 217 StGB kann jeder, also auch jeder Arzt und Pfleger, sein. Straffrei bleibt jedoch gem. § 217 Abs. 2 StGB, wer selbst nicht geschäftsmäßig handelt und entweder Angehöriger des in Absatz 1 genannten anderen ist oder diesem nahesteht. Der persönliche Strafausschließungsgrund trägt der einmaligen Suizidhilfe aus Solidarität, Mitleid und Mitgefühl Rechnung, die als nicht zu kriminalisierender Beistand am Lebensende des geliebten Angehörigen oder der emotional nahestehenden Person verstanden wird.[161]

Der subjektive Tatbestand verlangt, dass der Täter weiß, dass er einem anderen die Gelegenheit zum Suizid verschafft, gewährt oder vermittelt und dass er sich geschäftsmäßig betätigt. Über diesen Vorsatz hinaus fordert § 217 Abs. 1 StGB die Absicht, die Selbsttötung eines anderen zu fördern.

2. Kritik am § 217 StGB

Anlass zur Debatte, ob ein Verbot oder eine Regulierung der Beihilfe zum Suizid erforderlich ist, gab im Jahr 2005 die Niederlassung der schweizerischen Sterbehilfeorganisation DIGNITAS in Hannover[162]. Die Tätigkeit dieses deutschen Ablegers der Sterbehilfeorganisation beschränkte sich darauf, eine mögliche Sterbebegleitung in die Schweiz zu vermitteln[163]. Auch diese Vermittlungstätigkeit musste mit Inkrafttreten des § 217 StGB eingestellt werden.

Nach jahrelanger Diskussion fand das Gesetz zur Strafbarkeit der geschäftsmäßigen Förderung der Selbsttötung in seiner jetzigen Fassung Eingang im Strafgesetzbuch. Umstritten ist das Gesetz dennoch weiterhin. Bereits im Vorfeld der Gesetzeseinführung im April 2015 wandten sich einige deutsche Strafrechtler in einer öffentlichen Stellungnahme gegen die geplante Ausweitung der Strafbarkeit der Sterbehilfe[164]. Auch andere Rechtswissenschaftler zweifeln die Verfassungsmäßigkeit des § 217 StGB an[165]. Darüber hinaus wird kritisiert, dass sich für Mediziner, insbesondere diejenigen auf den Hospiz- und Palliativstationen, neue Konflikte anbahnen und Patienten sowie Sterbewilligen im Allgemeinen

---

161 BT-Drucksache 18/5373, S. 19 f.
162 *Saliger*, Selbstbestimmung bis zuletzt, S. 11; EKD, Wenn Menschen sterben wollen in: epd Dokumentation, Nr. 50a, 11/2008, S. 9.
163 http://www.dignitas.de/ (abgerufen am 10.11.2016).
164 Unterzeichnende sind u.a. Prof. Dr. Dr. Hilgendorf, Prof. Dr. Dr. h.c. Hillenkamp, Prof. Dr. Dr. h.c. mult. Roxin, Prof. Dr. Dr. h.c. mult. Schünemann, Prof. Dr. Bock; Stellungnahme abrufbar unter: https://idw-online.de/de/attachmentdata43853.pdf (abgerufen am 10.11.2016); abgedruckt u.a. in *Saliger*, Selbstbestimmung bis zuletzt, S. 216.
165 *Duttge*, NJW 2016, 120 ff.; *Schroth*, GA 153, 2006, 549 (570); *Hoven*, ZIS 2016, 1 (8).

das Recht auf selbstbestimmte Lebensbeendigung als Teil der Achtung des Privatlebens aus dem Grundgesetz und Art. 8 EMRK genommen werde.
Neben der Frage der Notwendigkeit des § 217 StGB sind also auch rechtsdogmatische Zweifel zu klären.

a) Notwendigkeit des § 217 StGB
Bereits das Bestreben, die Strafbarkeit der Beihilfe zur Selbsttötung zu konturieren, stieß auf Kritik. Diskutiert wurden vier Gesetzesentwürfe: Der Entwurf von Sensburg/Dörflinger enthielt das gänzliche Verbot der Beihilfe zur Selbsttötung[166] wohingegen Brand/Griese/Vogler lediglich ein Verbot der geschäftsmäßigen Förderung des Suizids vorschlugen[167]. Lauterbach/Hintze entwickelten einen Vorschlag für die ärztlich begleitete Lebensbeendigung[168] und der Entwurf von Künast/Sitte beinhaltete die Straffreiheit der Hilfe zur Selbsttötung[169]. Der Entwurf Brand/Griese/Vogler setzte sich durch, da die überwiegende Zahl der Abgeordneten des Deutschen Bundestages eine gesetzliche Ausarbeitung für notwendig erachtete.

Notwendig wird ein Gesetz, wenn eine Strafbarkeitslücke besteht und wenn das angestrebte Verbot in ein Grundrecht eingreift. Hier kommt die Einschränkung des Grundrechts auf den selbstbestimmten Tod, als negativer Gehalt des Grundrechts auf Leben, in Betracht[170]. Jeder Eingriff bedarf einer formalgesetzlichen Grundlage und im Rahmen der Schranken muss das Verbot vor allem einem verfassungsrechtlich legitimen Zweck dienen[171]. Der Entwurf von Brand/Griese/Vogler nennt als einen solchen Zweck den Schutz der Selbstbestimmung und des Grundrechts auf Leben[172]. Lindner fügt dem das Vertrauen in die Ärzteschaft sowie das Entgegenwirken der Gefahr der Etablierung einer Selbsttötungskultur hinzu[173]. Insofern könnte die Einführung eines Verbots der geschäftsmäßigen Förderung notwendig sein.

Zweifel kommen jedoch schon bei einem Blick auf die Ausgestaltung der Norm auf. Die Formulierung der Absätze ist unscharf und das weite Auslegungsspektrum erzeugt eher Rechtsunsicherheit als die angestrebte -klarheit.

---

166 BT-Drucksache 18/5376.
167 BT-Drucksache 18/5373.
168 BT-Drucksache 18/5374.
169 BT-Drucksache 18/5375.
170 *Lindner,* NJW 2013, 136 (137); *Brade/Tänzer,* NVwZ 2017, 1435 (1437).
171 ebd.
172 BT-Drucksache 18/5373, S. 10.
173 *Lindner,* NJW 2013, 136 (137).

Insbesondere auf Onkologiestationen führt § 217 StGB zu größeren Problemen, als sie ohnehin schon bestanden. Der Arztberuf wird, ausweislich des Gesetzeswortlauts und der Gesetzesbegründung, gerade nicht unter den strafbefreienden Absatz 2 subsumiert. Leistet beispielsweise ein Palliativmediziner mehrfach Patienten Suizidassistenz, könnte er bereits das Tatbestandsmerkmal der nachhaltigen und auf Dauer angelegten Tätigkeit erfüllen. Doch nicht nur die Ärzteschaft begegnet Nachteilen, auch Patientenrechte werden beschnitten, da § 217 StGB der erreichten Entkriminalisierung der Sterbehilfe entgegenwirkt.

Strafbarkeitslücken bestanden im Vorfeld keine. Bei der Beteiligung an einem nicht freiverantwortlichen Suizid greifen § 323c StGB, § 222 StGB und §§ 212, 25 Abs. 1 Alt. 2 StGB. Auch an anderer Stelle, etwa im Polizei- und Verwaltungsrecht, wird die moralisch verwerfliche „Kommerzialisierung" der Suizidbeihilfe bereits geahndet[174], so dass sich die Notwendigkeit des § 217 StGB abermals verneinen lässt.

b) Dogmatische Kritik am § 217 StGB

Auch in dogmatischer Hinsicht vermag der § 217 StGB kaum zu überzeugen. Zum einen begründet § 217 StGB eine Strafbarkeit für Teilnehmer an einer nicht rechtswidrigen Haupttat. Hoven bezeichnet den Paragraphen gar als „systemwidrige[n] Fremdkörper"[175] im Bereich der Teilnahme im Strafrecht.

Zum anderen fehlt ein schützenswertes Rechtsgut. Das leidvolle Leben, das sich ein Schwerstkranker nach langer und reiflicher Überlegung nehmen möchte, darf nicht gegen dessen Willen durch den Staat verteidigt werden. Denn dann würde wiederum das Lebensrecht zu einer Lebenspflicht verkommen.

Nach herrschender Meinung ist das Leben indisponibel, wie sich aus § 216 StGB ableiten lässt. In Gefährdungen, sowohl abstrakter als auch konkreter Art, kann aber eingewilligt werden. Liegt eine Einwilligung vor, so ist § 217 StGB vergleichbar mit dem ärztlichen Heileingriff nach § 223 StGB, für den es ebenfalls Rechtfertigungsgründe gibt.

Der Gesetzgeber selbst stellt in seiner Gesetzesbegründung dar, dass die Beihilfe zum Suizid straflos bleiben soll. Grundsätzlich ist die Teilnahme an der Selbsttötung demnach kein Unrecht, nur die wiederholte Teilnahme soll strafbar sein. Wie aber kann eine erlaubte Handlung schlichtweg durch Wiederholung innerhalb des Erlaubten plötzlich eine Strafbarkeit begründen? Der Unrechtskern

---

174 *Fischer*, „Im Zweifel gegen die Freiheit", in: „Die ZEIT" v. 28.04.2015, S. 6.
175 *Hoven*, ZIS 2016, 1 (7).

baut auf dem Merkmal der Geschäftsmäßigkeit auf, es bleibt aber unbestimmt, wie die Freiheitsstrafe damit zu rechtfertigen ist[176].

Darüber hinaus dehnt § 217 StGB das Prinzip, eine Vorschrift nur als Ultima Ratio ins Strafrecht einzufügen, über Gebühr aus. Das Strafrecht greift als stärkstes Steuerungsinstrument des Staates am intensivsten in die Privatsphäre ein.

3. Zusammenfassende Stellungnahme

Eine Umfrage unter Ärzten und Pflegekräften im Jahr 2017 ergab, dass etwa 40% das neue Gesetz nicht für sinnvoll hielten, da es die Patienten in ihrer Selbstbestimmung einschränke und die Regelung weder zur Rechtssicherheit noch -klarheit beitrage[177].

Wie Hoven zutreffend darstellt, liegt das eigentliche Paradoxon des § 217 StGB darin begründet, dass eine fachkundige Suizidbeihilfe durch einen (Palliativ-)Mediziner strafrechtlich verfolgt wird, wohingegen die Suizidbeihilfe durch einen Laien straffrei bleibt[178]. Dadurch werden sowohl ein offenes fachkundiges Gespräch mit Palliativmedizinern, mögliche Therapieänderungen als auch die Suizidprävention verhindert. Ist es ethisch vertretbar, Schwerstkranke in den „Brutal-Suizid"[179] zu drängen, und sie mit Problemen alleine zu lassen? Die Kriminalisierung hilft weder, das Leiden der Betroffenen zu mindern, noch kann ein ethisch-moralischer Fortschritt verzeichnet werden.

§ 217 StGB zielt auf die Verhinderung einer Selbstmordkultur ab, durch die sich insbesondere ältere Menschen genötigt sehen könnten, ihren Angehörigen nicht zur Last fallen zu wollen. § 217 Abs. 2 StGB klammert aber genau denjenigen Personenkreis aus, der am ehesten Eigeninteresse an der Selbsttötung hat. Gerade Angehörige und Nahestehende könnten als potentielle Erben Druck ausüben, haben nun aber nichts zu befürchten, solange sie ein edles Motiv oder Mitleid vorgeben. Darüber hinaus widerspricht das Verbot dem mehrheitlichen Wunsch der Bevölkerung nach ärztlich assistiertem Suizid[180]. Selbst bei einer Öffnung der Zulässigkeit der Suizidassistenz ist kein Dammbruch zu erwarten, denn bei einer strikten Regulierung erfüllen ohnehin nur wenige schwerkranke Patienten die erforderlichen Voraussetzungen.

---

176 *Fischer,* § 217 StGB Rn. 3.
177 *Zenz/Rissing-van Saan/Zenz,* DMW 2017, e28 (e31).
178 *Hoven,* ZIS 2016, 1 (8); ähnlich *Roxin,* NStZ 2016, 185 (189).
179 *Rosenau/Sorge,* NK 2013, 108 (116).
180 *Jox,* in: Assistierter Suizid: Der Stand der Wissenschaft, S. 57; Infratest Dimap Umfrage i.A. hart aber fair 2014.

Die systematische Verfehlung des Gesetzes durch Missachtung des Strafrechts als Ultima Ratio hätte durch Erweiterung des § 216 StGB um einen weiteren Absatz vermieden werden können[181]. Ebenso wäre eine Einfügung der Regelung im Berufsrecht oder im BGB im Rahmen des Patientenverfügungsgesetzes möglich gewesen. Einen besseren Lösungsansatz bietet jedoch die Einführung eines Verbots der gewerbsmäßigen und organisierten Sterbehilfe in einem neu zu schaffenden Sterbehilfegesetz.

IV. Berufsrecht und Berufsordnung der Ärzte

Nicht nur das Bürgerliche Gesetzbuch, Grundgesetz und Strafgesetzbuch enthalten Grundlegendes zur Sterbehilfe. Daneben sind die beruflichen Rechte und Pflichten der Ärzte zu betrachten, die sich dezentral in Bundesgesetzen (Regelungen zum Berufszugangsrecht) und Ländergesetzen (Regelungen zum Berufsausübungsrecht) finden. §§ 630a ff. BGB bilden den allgemeinen gesetzlichen Rahmen für die ärztliche Behandlung. Konkretisiert werden ärztliche Pflichten in der Bundesärzteordnung, die als Berufszulassungsregelung ausgestaltet ist[182], und den jeweiligen Berufsordnungen der Länder, die als autonome Satzungen Berufsausübungsregelungen enthalten[183].

§ 1 Abs. 1 Bundesärzteordnung bildet den Ausgangspunkt jeden ärztlichen Handelns und lautet: „Der Arzt dient der Gesundheit des einzelnen Menschen und des gesamten Volkes." Darin kommt der ärztliche Heilauftrag zum Ausdruck, durch den sich viele Ärzte schon begrifflich daran gehindert sehen, Sterbehilfe und vor allem den assistierten Suizid als Teil des ärztlichen Berufs zu verstehen. Obwohl in der Praxis viele Formen der Sterbehilfe bereits zum Berufsalltag gehören, bevorzugen Mediziner weiterhin die Termini „Behandlungsabbruch am Lebensende", „Änderung des Therapieziels am Lebensende" und „terminale Sedierung". Insbesondere die Ärztekammern erlassen Empfehlungen und Vorschriften bezüglich der ärztlichen Sterbehilfe. Die Bundesärztekammer ist die Arbeitsgemeinschaft der 17 deutschen Landesärztekammern[184]. Die Grundsätze und die Musterberufsordnung der BÄK sind Empfehlungen ohne Rechtsbindung für die standesrechtlich zuständigen Landesärztekammern

---

181 Vorschlag Fischers allerdings in Hinsicht auf Öffnung des § 216 StGB, *Fischer*, „Im Zweifel gegen die Freiheit", in: „Die ZEIT" v. 28.04.2015, S. 7.
182 BVerwG Urteil v. 21.05.1974 – I C 37.72.
183 *Lipp*, in: Arztrecht, Rn. 5; *Sickor*, Normenhierarchie im Arztrecht, S. 155.
184 *Uhl*, Richtlinien der Bundesärztekammer, S. 79.

mit dem Ziel der bundeseinheitlichen Regelung[185]. Während die Grundsätze zur ärztlichen Sterbebegleitung im Laufe der Jahre eine offenere Formulierung erfahren haben, fungiert die für den einzelnen Arzt maßgebliche standesrechtliche Empfehlung als Schranke. In Aufsätzen und Artikeln vielfach zitiert sind die im Jahre 2011 veröffentlichten Grundsätze der Bundesärztekammer zur ärztlichen Sterbebegleitung[186]. Darin heißt es: „Die Tötung des Patienten [...] ist strafbar, auch wenn sie auf Verlangen des Patienten erfolgt. Die Mitwirkung des Arztes bei der Selbsttötung ist keine ärztliche Aufgabe." Strenger formuliert war die vorherige Fassung aus dem Jahre 2004[187], in der es noch hieß, dass gezielte lebensverkürzende Maßnahmen, die den Tod herbeiführen oder das Sterben beschleunigen, als aktive Sterbehilfe unzulässig seien und daher eine Strafe drohe. Ebenso prägnant wurde auf die Strafbarkeit der Mitwirkung des Arztes bei einer Selbsttötung hingewiesen, da sie dem ärztlichen Ethos widerspreche. Die Überarbeitung erfolgte anlässlich des Patientenverfügungsgesetzes und unter Zugrundelegung der Allensbach-Umfrage aus dem Jahr 2010, nach der immerhin 30% der befragten Ärzte eine Legalisierung des ärztlich assistierten Suizids und sogar 17% die gesetzliche Legalisierung aktiver Sterbehilfe befürworteten. Dem pluralistischen Meinungsbild sowohl in der Gesellschaft als auch in der Ärzteschaft trägt die Neufassung Rechnung, bei Beibehaltung der Kernaussage. Dass die Bundesärztekammer weiterhin an ihrem Kurs festhält, zeigt sich auch in ihrer Musterberufsordnung. § 16 Musterberufsordnung der Bundesärztekammer[188] lautet: „Ärztinnen und Ärzte haben Sterbenden unter Wahrung ihrer Würde und unter Achtung ihres Willens beizustehen. Es ist ihnen verboten, Patientinnen und Patienten auf deren Verlangen zu töten. Sie dürfen keine Hilfe zur Selbsttötung leisten."

Jedoch sind nicht alle Landesärztekammern dieser Empfehlung der Bundesärztekammer gefolgt. Sieben Landesärztekammern (Baden-Württemberg, Bayern, Berlin, Rheinland-Pfalz, Sachsen-Anhalt, Schleswig-Holstein und Westfalen-Lippe) haben eine eigene Berufsordnung erlassen, während die anderen zehn Landesärztekammern dem standesrechtlichen Verbots-Vorschlag folgen.

---

185 *Taupitz*, Die Standesordnungen der freien Berufe, S. 786; *Scholz,* in: Medizinrecht, Rn. 1; *Uhl,* Richtlinien der Bundesärztekammer, S. 183.
186 Grundsätze der BÄK zur ärztlichen Sterbebegleitung in: Deutsches Ärzteblatt 2011, 108 (7), A 346 – A 348.
187 Veröffentlicht in: *Schell,* Intensiv 2004, 192 ff.
188 MBO abrufbar unter: http://www.bundesaerztekammer.de/fileadmin/user_upload/downloads/pdf-Ordner/MBO/MBO_02.07.2015.pdf (abgerufen am 16.01.2017).

Beispielsweise formuliert die schleswig-holsteinische Berufsordnung zum Beistand für den Sterbenden in § 16, dass der Arzt das Leben des Sterbenden nicht aktiv verkürzen darf[189]. Ein ausdrückliches Verbot, Beihilfe zur Selbsttötung zu leisten, findet sich hingegen nicht. § 16 der bayrischen Berufsordnung ist noch offener gehalten: „Der Arzt hat Sterbenden unter Wahrung ihrer Würde und unter Achtung ihres Willens beizustehen."[190]. Was aber passiert nun, wenn ein Arzt, der in Sachsen praktiziert, seinem schwerkranken und einwilligungsfähigen Patienten beim Suizid hilft? Hier steht nun das Strafrecht im Spannungsverhältnis zum Berufsrecht, das den ärztlich assistierten Suizid als unethisch verbietet. Möglicherweise hat der sächsische Arzt ein Strafverfahren, daneben ein berufsgerichtliches Verfahren oder bei kleineren Verstößen ein Rügeverfahren[191] zu erwarten. Grundsätzlich steht das bundesweit geltende Strafrecht in der Normhierarchie über der Berufsordnung, die als Satzung[192] ausformuliert ist. Ein berufsrechtlicher Verstoß hat keinen Einfluss auf die Strafbarkeit[193].

Auf dieser Grundlage urteilte das Berliner Verwaltungsgericht im Jahr 2012, dass die Berliner Ärztekammer kein uneingeschränktes Verbot der Überlassung todbringender Medikamente an Sterbewillige gegenüber einem Arzt aussprechen kann[194]. Zwar sei der Ärztekammer der Erlass von Untersagungsverfügungen bei Pflichtverstößen möglich, insbesondere dann, wenn Ärzte gegen die in der Berufsordnung festgelegte ärztliche Ethik verstoßen. Grundsätzlich sei auch ein Verbot der ärztlichen Beihilfe zum Suizid durch die Ärztekammer verfassungsgemäß, z.B. bei Überlassung letaler Medikamente an gesunde, aber psychotische Patienten. Die etwaige Untersagung müsse sich jedoch an der Freiheit der Berufsausübung (Art. 12 GG) und der Gewissensfreiheit des Arztes (Art. 4 Abs. 1 GG) messen lassen. Das Verwaltungsgericht hält es für möglich, dass ein Arzt sich auf Grund eines langen Behandlungszeitraumes oder einer persönlichen Beziehung zum irreversibel kranken und dem Tode geweihten Patienten einem Gewissenskonflikt ausgesetzt sehe und sich dann für die Suizidhilfe entscheide. Diese Situation stelle einen Ausnahmefall dar, bei der, sofern der Patient

---

189 Berufsordnung Schleswig-Holstein abrufbar unter: https://www.aeksh.de/aerzte/recht/berufsrecht (abgerufen am 21.12.2016).
190 Berufsordnung Bayern abrufbar unter: http://www.blaek.de/pdf_rechtliches/haupt/Berufsordnung_5_2016_2.pdf (abgerufen am 21.12.2016).
191 *Mitternacht*, „Die neue Berufsordnung: Das kommt auf Ärzte zu", in: Ärzte Zeitung Online v. 12.07.2017.
192 *Lipp*, in: Arztrecht, Rn. 6.
193 *Fischer*, § 217 StGB, Rn. 10.
194 VG Berlin, Urteil der 9. Kammer v. 30. März 2012 – VG 9 K 63.09.

einwilligungsfähig ist und die letalen Medikamente ausdrücklich wünscht, ein absolutes Verbot des assistierten Suizids unverhältnismäßig sei. Besondere Brisanz erlangte der Berliner Fall, da der behandelnde Arzt zweiter Vorsitzender des deutschen Zweigs des DIGNITAS Vereins war. Er konnte jedoch glaubhaft versichern, dass er außerhalb seiner Tätigkeit bei DIGNITAS gehandelt habe und ihm eine Unterscheidung von Patienten und DIGNITAS-Kunden möglich sei. Ein Verbot der organisierten Sterbehilfe schloss das Verwaltungsgericht Berlin in seinem Urteil 2012 nicht aus.

Dies leitet wiederum direkt zum neuen § 217 StGB über, der die geschäftsmäßige Suizidassistenz verbietet. Hilft ein Arzt mehreren Patienten beim Sterben, so könnte er geschäftsmäßig handeln und den Straftatbestand des § 217 StGB erfüllen. Dies setzt, wie bereits oben geschildert, insbesondere Onkologen und Palliativmediziner einem erhöhten Strafbarkeitsrisiko aus. Urteile zu rechtmäßigen Ausnahmefällen bleiben noch abzuwarten.

B. Rechtsvergleichende Betrachtung mit ausgewählten europäischen Ländern

Die bisherigen Ausführungen beziehen sich auf die Formen der Sterbehilfe und -begleitung in Deutschland. Sterbehilfe ist jedoch weltweit in der Diskussion. Kaum ein Thema ist seit Jahrhunderten auf jedem Kontinent der Welt so dauerhaft präsent und kann die gesellschaftliche Meinung derart entzweien. Der Grund dafür liegt vermutlich darin, dass Geburt und Tod die einzigen Ereignisse sind, die jedem Menschen gleichermaßen widerfahren. Im Folgenden wird die Rechtslage in ausgewählten europäischen Ländern unter Berücksichtigung landestypischer Gegebenheiten dargestellt.

I. Die polnische Rechtslage

In Polen ist jegliche Form der Sterbehilfe durch den „Kodex der ärztlichen Ethik" verboten[195], zudem gibt es keine gesetzlichen Regelungen für Patientenverfügungen. Diskutiert wurde jüngst sogar die Verschärfung des Abtreibungsgesetzes, wodurch selbst nach einem Sexualdelikt, Inzest oder einer Gesundheitsgefährdung der Mutter durch die Schwangerschaft eine Abtreibung gänzlich verboten

---

195 *Kaniowski*, in: Medizinethik 4, Die Euthanasie/Sterbehilfe-Problematik in Polen, S. 22.

worden wäre.[196] In dem überwiegend katholisch geprägten Land gilt Sterbehilfe als Verstoß gegen Gottes Gebot. Sterbehilfe, auch in Form des ärztlich assistierten Suizids, wird daher gem. Artikel 150 und 151 des polnischen Penal Code als Mord geahndet[197]. Noch im Jahr 2014 unterzeichneten 3000 Ärzte, Krankenpfleger, Rettungsassistenten, Physiotherapeuten und Apotheker eine Erklärung, in der sie bekräftigten, dass der menschliche Körper heilig sei und nur Gott über Empfängnis und Tod entscheiden dürfe[198]. Dieses absolute Bekenntnis zur Bibel wird in der polnischen Bevölkerung dennoch kontrovers diskutiert. Eine knappe Mehrheit (53%) befürwortet die Legalisierung von Sterbehilfe[199].

II. Die schwedische Rechtslage

Straffrei bleibt in Schweden sowohl der assistierte Suizid, sofern der Helfer eine Privatperson ist, als auch die indirekte und passive Sterbehilfe[200]. Lediglich die aktive Sterbehilfe ist verboten[201]. Ähnlich wie in Polen gibt es in Schweden bislang keine Regelung zur Verbindlichkeit von Patientenverfügungen[202]. Im Zusammenhang mit der Erarbeitung eines Gesetzesvorschlages zur Regelung der Vorsorgevollmacht wurde auch die Stärkung der Patientenrechte durch Patientenverfügungen angedacht[203].

---

196 Remarks of Poland to the General Comment No 36 on article 6 of the International Covenant on Civil and Political Rights, on the right to life from July 2017, abrufbar unter: http://www.ohchr.org/EN/HRBodies/CCPR/Pages/GC36-Article6Righttolife.aspx (abgerufen am 13.03.2018); http://www.zeit.de/politik/ausland/2016-10/polnisches-parlament-lehnt-abtreibungsverbot-ab (abgerufen am 18.01.2017).
197 *Sliwka/Galeska-Sliwka,* Advances in Palliative Medicine 2011, 49 (50).
198 http://www.welt.de/politik/ausland/article128585553/Wenn-Aerzte-Gottesrecht-ueber-Patientenrecht-stellen.html (abgerufen am 18.01.2017).
199 Studie des Public Opinion Research Centre (CBOS), abrufbar unter: http://www.thenews.pl/1/9/Artykul/123716,Majority-of-Poles-support-euthanasia (abgerufen am 18.01.2017).
200 http://www.cdl-rlp.de/Unsere_Arbeit/Sterbehilfe/Sterbehilfe-in-Europa.html (abgerufen am 18.01.2017).
201 *Thornstedt,* Zeitschrift der Rechtsmedizin 1972, 32 (32).
202 *Lenz-Brendel/Roglmeier,* Die neue Patientenverfügung, S. 54 Rn. 10.
203 *Lenz-Brendel/Roglmeier,* Richtig vorsorgen, S. 175.

III. Die schweizerische Rechtslage

Genau wie Schweden erlaubt die Schweiz mit Ausnahme der aktiven Sterbehilfe jede Hilfeleistung zum freibestimmten Sterben[204]. Während Schweden jedoch die Beihilfe zur Selbsttötung nur erlaubt, wenn eine Privatperson assistiert, bleibt gem. Art. 115 des Schweizerischen Strafgesetzbuches jeder Helfer straflos, sofern ihn keine selbstsüchtigen profitorientierten Beweggründe leiten[205]. Dies hat zur Gründung einiger Sterbehilfeorganisationen geführt. Die älteste von ihnen ist die 1982 gegründete „Exit", die ausschließlich schweizerischen Staatangehörigen ihre Dienste zugänglich macht[206]. „Eternal Spirit" und „DIGNITAS" sind jüngere Organisationen, die auch Ausländern Hilfe zum Sterben anbieten. Die Form des begleiteten Freitods verstößt nicht gegen schweizerisches Recht[207], da der Sterbewillige Mitglied einer diese Dienstleistung anbietenden Organisation wird, die Tatherrschaft beim Sterbewilligen liegt und das Vorgehen rechtsverbindlich dokumentiert wird[208]. Auf Grund des Verbots oder der rechtlichen Grauzone bei der Beihilfe zur Selbsttötung in vielen europäischen Ländern reisen Sterbewillige zu den genannten Organisationen in die Schweiz, so dass in diesem Zusammenhang immer wieder das Stichwort „Sterbetourismus" fällt. Im Mai 2011 ergab eine Abstimmung im Kanton Zürich, dass 85% der Stimmberechtigten weiterhin die Bestrafung „der Freitodhilfe" ablehnen. 78% erteilten zudem der Initiative „Nein zum Sterbetourismus im Kanton Zürich" eine Absage. Die Schweizer befürworten somit eindeutig die Beihilfe zur Selbsttötung und der Sterbetourismus wird weitergehen. Vorwiegend sind es jedoch die Schweizer selbst, die eine Freitodbegleitung in Anspruch nehmen. Im Jahr 2014 wurden 962 Freitodbegleitungen registriert[209], wovon laut Schweizer Bundesamt für

---

204 *Mauron/Hurst,* BMJ 326, 2003, 271 (271); *Jacob,* Aktive Sterbehilfe, S. 82; http://www.cdl-rlp.de/Unsere_Arbeit/Sterbehilfe/Sterbehilfe-in-Europa.html (abgerufen am 18.01.2017).
205 *Heine,* JR 1986, 314 (315); *Rehmann-Sutter/Gudat/Ohnsorge,* The Patient's Wish to Die, Chapter 9; *Stocker,* Sterbehilfe – Assistierter Suizid, S. 3; *Gottwald,* Die rechtliche Regulierung von Sterbehilfegesellschaften, S. 207.
206 Weiterführende Informationen u.a. *Baezner-Sailer,* in: Giving death a Helping hand, S. 141 f.
207 *Mauron/Hurst,* BMJ 326, 2003, 271 (272).
208 *Stocker,* Sterbehilfe – Assistierter Suizid, S. 6.
209 https://fowid.de/meldung/sterbehilfe-und-organisationen-schweiz (abgerufen am 07.01.2017).

Statistik 742 auf Personen mit Wohnsitz in der Schweiz entfielen[210]. Ausländer, die um Beihilfe zum Suizid bitten, bilden demnach nur einen Anteil in Höhe von einem Viertel.

IV. Die luxemburgische Rechtslage

Im März 2009 trat die „Loi sur l'euthanasie et l'assistance au suicide"[211] in Kraft. Das Gesetz legalisiert jede Form der Sterbehilfe. Es beinhaltet keine generelle Entkriminalisierung, sondern eine bloße Strafbefreiung, wenn bestimmte eng gefasste Bedingungen und Auflagen eingehalten werden[212]. Voraussetzungen dafür sind gemäß Artikel 2 des Gesetzes die Volljährigkeit des Patienten, eine medizinisch nicht kurierbare Erkrankung oder eine psychisch ausweglose Situation. Zudem muss das Patientenverlangen freiwillig, wiederholt und schriftlich zum Ausdruck gebracht worden sein. Der Arzt selbst ist verpflichtet, mehrere Gespräche mit dem Sterbewilligen zu führen, einen Kollegen zu konsultieren, sich bei der „Nationalen Kommission"[213] zu informieren, ob im Namen des Patienten Bestimmungen zum Lebensende registriert sind, und die Kommission nach Ableben des Patienten detailliert zu informieren. Gemäß Artikel 15 des Gesetzes kann jeder Arzt für sich selbst entscheiden, ob er bereit ist, Sterbehilfe zu leisten oder nicht. Lehnt er das Ersuchen eines Patienten ab, so hat er die Krankenakte an einen Kollegen weiterzureichen. Vorreiter für die luxemburgische gesetzliche Regelung und Legalisierung der Sterbehilfe in strengen Grenzen waren die Niederlande.

V. Die niederländische Rechtslage

In den Niederlanden trat bereits 2002 das „Wet toetsing levensbeëindiging op verzoek en hulp bij zelfdoding" („Gesetz über die Kontrolle der Lebensbeendigung auf Verlangen und der Hilfe bei Selbsttötung"[214]) in Kraft. Damit wurden

---

210 Statistik des BFS CH abrufbar unter: https://www.bfs.admin.ch/bfs/de/home/statistiken/gesundheit.assetdetail.1023131.html (abgerufen am 18.01.2017).
211 Gesetz abrufbar unter: http://www.legilux.public.lu/leg/a/archives/2009/0046/a046.pdf (abgerufen am 18.01.2017).
212 *Jacob*, Aktive Sterbehilfe, S. 214; http://www.sante.public.lu/fr/publications/e/euthanasie-assistance-suicide-questions-reponses-fr-de-pt-en/index.html (abgerufen am 12.01.2017).
213 Gemeint ist die „Nationale Kommission zur Kontrolle und Evaluation des Gesetzes vom 16. März 2009 über Sterbehilfe und assistierten Suizid".
214 Deutsche Fassung des Gesetzes abrufbar unter: http://www.dgpalliativmedizin.de/images/stories/pdf/euthanasie.pdf (abgerufen am 12.01.2017).

die Niederlande weltweit das erste Land, welches auch aktive Sterbehilfe zuließ. Artikel 293 und 294 des niederländischen Strafgesetzbuches wurden dahingehend geändert, dass die Tötung einer Person zwar selbst auf deren ernstliches Verlangen hin mit bis zu zwölf Jahren Haft bestraft werden kann, eine solche Handlung aber straffrei bleibt, wenn sie von einem Arzt innerhalb der strengen Auflagen des „Sterbehilfegesetzes"[215] ausgeführt wurde. Der Strafausschließungsgrund in Art. 293 Abs. 2 des niederländischen Strafgesetzbuches gilt ausdrücklich nur für Ärzte, nicht hingegen für andere Angehörige der Pflegeberufe[216]. Das Bedürfnis zur Entkriminalisierung entstand aus der Tatsache heraus, dass über Jahre hinweg niederländische Ärzte öffentlichkeitsbekannt Sterbehilfe leisteten und sich damit in einer rechtlichen Grauzone befanden, obwohl ihr Handeln vom Großteil der Gesellschaft akzeptiert wurde. Die Rechtsprechung orientierte sich seit dem Jahr 1973 an einem Präzedenzfall, in dem eine niederländische Ärztin ihre Mutter mit einer Überdosis Morphin zum Sterben verhalf[217]. Im Urteil[218] stellte das Bezirksgericht Leeuwarden einen Katalog von Sorgfaltskriterien auf, bei dessen Einhaltung das Leisten aktiver Sterbehilfe oder des assistierten Suizids straffrei blieb. Diese Sorgfaltskriterien wurden 2002 in das Sterbehilfegesetz übernommen[219]. Ziel der Aufhebung der Strafbarkeit ist, dass Ärzte, die innerhalb des gesetzlichen Rahmens handeln, nun offen zu ihrem Handeln stehen können[220]. Zudem sorgt das Gesetz für ein einheitliches transparentes Verfahren[221]. Der Arzt muss die in Artikel 2 aufgelisteten Sorgfaltskriterien einhalten und dazu in mehreren Gesprächen zu der Überzeugung gelangen, dass der Patient seine Bitte freiwillig und nach reiflicher Überlegung gestellt hat, dass die Krankheit unheilbar ist und es keine Alternativbehandlung gibt. Ergibt das Gutachten eines zweiten Arztes das Gleiche, so darf dem Patienten unter Einhaltung der medizinischen Sorgfalt Sterbehilfe gewährt werden. Alle Fälle der aktiven Sterbehilfe sowie des ärztlich begleitenden Suizids müssen gem. Art. 7 Abs. 2 des Gesetzes über das Leichen- und Bestattungswesen umgehend dem Leichenbeschauer gemeldet werden, der seinerseits der Staatsanwaltschaft und der regionalen Euthanasieprüfungskommission die Fälle zur Überprüfung

---

215 Anerkannte umgangssprachliche Kurzform des Gesetzes.
216 *Frieß,* Komm süßer Tod, S. 99; *Jacob,* Aktive Sterbehilfe, S. 191.
217 *Van der Heide,* in: Assistierter Suizid: Der Stand der Wissenschaft, S. 21; *Reuter,* Die gesetzliche Regelung der aktiven ärztlichen Sterbehilfe der Niederlande, S. 30.
218 Rechtbank Leeuwarden, Urteil v. 21.02.1973, NJ 1973, 183.
219 *Frieß,* Komm süßer Tod, S. 100.
220 *Meyer-Rentz/Rantze,* Unterricht Pflege 3/2005 S. 22.
221 ebd.

vorlegt. Auf Grund der Meldepflicht können die Niederlande im Gegensatz zu anderen europäischen Ländern statistische Daten zu den sogenannten „medical end-of-life decisions" erheben. 2017 veröffentlichte die Regionale Toetsingscommissies Euthanasie in ihrem Jährlichen Bericht, dass im Jahr 2016 in 6091 Fällen dem Versterben eine medizinische Entscheidung am Lebensende in Form der aktiven Sterbehilfe oder des assistierten Suizids vorausging[222]. Dies stellte 4% der gesamten Todesfälle in den Niederlanden dar. Im Gegensatz zur Schweiz gibt es bislang keinen nennenswerten Sterbetourismus in die Niederlande. Grund dafür ist, dass die Strafbefreiung nur greift, wenn der Patient längere Zeit bei seinem niederländischen Arzt in Behandlung war und so ein Vertrauensverhältnis entstehen konnte[223]. Grundsätzlich ist Sterbehilfe somit nur bei Landsleuten möglich. Besonderen Anlass zur Diskussion gab die Regelung, dass auch Minderjährige ab 12 Jahren das Recht auf aktive Sterbehilfe einfordern können. Dies wird im folgenden Kapitel untersucht. Dazu wird erneut die niederländische Rechtslage aufgegriffen.

VI. Die belgische Rechtslage

Anfang 2002 verabschiedete die belgische Abgeordnetenkammer die „Loi relative à l'euthanasie"[224] („Gesetz über die Sterbehilfe"[225]), welche die Tötung auf Verlangen durch einen Arzt erlaubt. Dieses Gesetz wird als das liberalste Sterbehilfegesetz der Welt eingestuft[226], was seine Berechtigung unter anderem in der Tatsache findet, dass jeder durch aktive Sterbehilfe verstorbene Mensch in Belgien als an einem natürlichen Tode verstorben gilt[227]. Bereits lange vor der Einführung dieses Gesetzes fand Sterbehilfe in der belgischen Bevölkerung eine breite Akzeptanz, die zu der Zeit noch ohne rechtlichen Rahmen vorwiegend

---

222 Regionale Toetsingscommissies Euthanasie Jaarverslag 2016, S. 5.
223 *Schweighöfer*, Niederlande Kein Sterbe-Tourismus, in Focus Online Magazin v. 04.12.2000; *Frieß*, Komm süßer Tod, S. 110.
224 Gesetz abrufbar unter: http://www.palliabru.be/DOC/loi_sur_leuthanasie.pdf (abgerufen am 12.01.2017).
225 Gesetz 2002 in deutscher Fassung veröffentlicht im Belgischen Staatsblatt v. 12. 06.2003, S. 31821 abrufbar unter: https://www.health.belgium.be/sites/default/files/uploads/fields/fpshealth_theme_file/loi20020528mb_de.pdf (abgerufen am 08.06.2017).
226 *Meyer-Rentz/Rantze*, Unterricht Pflege 3/2005 S. 23; *Göller*, Sterbehilfe im internationalen Vergleich, S. 31; *Frieß*, Komm süßer Tod, S. 109; *Preidel*, Sterbehilfepolitik in Deutschland, S. 4.
227 *Meyer-Rentz/Rantze*, Unterricht Pflege 3/2005 S. 23.

von Krankenschwestern praktiziert wurde[228]. Die Rechtmäßigkeit der Tötung auf Verlangen bei Erwachsenen orientiert sich seit dem Jahr 2002 stark an den Sorgfaltskriterien der Niederlande. Vor allem muss die ärztliche Todesbegleitung dem Patientenwillen entsprechen und der Patient muss sich im Endstadium einer tödlichen Krankheit befinden[229], ohne anderweitige „solution raisonnable". Art. 3 § 3 ermöglicht darüber hinaus Sterbehilfe für Patienten, deren Sterbephase noch nicht eingesetzt hat. Damit bezieht das belgische Sterbehilfegesetz auch die rein psychisch leidenden Personen mit ein. Besondere Voraussetzungen sind die Hinzuziehung zweier unabhängiger Ärzte sowie das Einhalten einer Monatsfrist zwischen schriftlichem Sterbewunsch und Einleitung der Sterbehilfe. Die Schriftlichkeit der Bitte muss aber auch in der unmittelbaren Sterbephase gemäß Art. 3 § 4 des Gesetzes vorliegen. Ist es dem Sterbewilligen selbst nicht mehr möglich zu schreiben, so kann eine volljährige Person im Beisein eines Mediziners die Bitte um Sterbehilfe verfassen, solange aus dem Dokument deutlich hervorgeht, dass die Person kein materielles Eigeninteresse am Ableben des Patienten hat. Das erneute Aufsetzen eines solchen Dokuments ist allerdings nicht notwendig, wenn eine vorweggenommene Erklärung im Sinne des Art. 4 § 1 vorliegt. Wie auch in den Niederlanden muss der behandelnde Arzt das Versterben des Patienten der Überwachungs- und Evaluierungskommission melden.

Anfang 2014 erweiterte das belgische Parlament die aktive Sterbehilfe auf Minderjährige jeden Alters, wobei für Kinder und Jugendliche zusätzliche Auflagen festgeschrieben wurden. Nennenswert ist insbesondere das Erfordernis der elterlichen Zustimmung. Das neue Gesetz wurde Ende Februar 2014 mit Unterzeichnung durch König Philippe[230] rechtskräftig. Weitere Untersuchungen zum belgischen Sterbehilfegesetz im Hinblick auf Sterbehilfe bei Minderjährigen schließen sich im folgenden Kapitel an.

---

228 *Deliens/ Mortier*, in: Clinical and Epidemiological Aspects of End-of-Life Decision-Making, S. 132.
229 Pressemitteilung der Sächsischen Landesärztekammer v. 17.02.2014.
230 Gesetzesänderung 2014 veröffentlicht im Belgischen Staatsblatt v. 12.03.2014, S. 21053 abrufbar unter: http://www.ejustice.just.fgov.be/mopdf/2014/03/12_1.pdf#Page67 (abgerufen am 12.01.2017).

VII. Der Fall „Vincent Humbert" unter Berücksichtigung der französischen Rechtslage

1. Die französische Rechtslage

Sowohl die aktive Tötung auf Verlangen als auch die Beihilfe zur Selbsttötung ist in Frankreich strafbar[231] und wird mit fahrlässiger Tötung gleichgesetzt[232]. Das 2005 verabschiedete Gesetz Leonetti legalisiert die passive Sterbehilfe, sofern sie dem Willen des Patienten entspricht oder im Falle der Bewusstlosigkeit sich aus früheren Äußerungen oder der Patientenverfügung ableiten lässt[233]. Steht der Wille des Patienten zweifelsfrei fest, so obliegt es nicht einem einzelnen Arzt, sondern einem Medizinerkollegium, die Entscheidung zu treffen. Ziel der „Loi Leonetti" ist es, „[...] Unsicherheiten in diesem sensiblen Thema durch Gesetz zu begegnen"[234]. Angestoßen durch eine Werbekampagne der „Association pour le droit à mourir dans la dignité" wurden ab Ende 2008 mehrere Gesetzesentwürfe vorgelegt, die auch aktive Sterbehilfe erlauben sollen[235]. Ein Ende 2013 durch Staatspräsident Hollande einberufenes Bürgergremium sprach sich für die Zulässigkeit der Sterbehilfe in besonders schwerwiegenden Einzelfällen aus[236]. Das Gremium gestand unheilbar Kranken „ein legitimes Recht" auf Beihilfe zur Selbsttötung zu. Aktive Sterbehilfe solle grundsätzlich weiterhin strafbar bleiben. Der Vorschlag des Abgeordneten Jean-Louis Touraine auf Einführung aktiver medizinischer Sterbehilfe scheiterte 2015 nur knapp mit 70 gegen 89 Stimmen[237]. Eine Änderung der „Loi Leonetti" wurde im März 2015 dahingehend beschlossen, dass eine tiefe und kontinuierliche Sedierung unheilbar Erkrankter bis zum Todeseintritt erlaubt wird[238]. In Kraft trat das geänderte Sterbehilfegesetz im Februar 2016. Neben der Legalisierung dauerhafter Sedierung ordnet das

---

231 *Deutsche Stiftung Patientenschutz,* Übersicht Strafbarkeit der Sterbehilfe in Europa S. 1.
232 http://www.ambafrance-de.org/Sterbehilfe-Frankreich-erlaubt (abgerufen am 19.01.2017).
233 *Deutsche Stiftung Patientenschutz,* Übersicht Strafbarkeit der Sterbehilfe in Europa S. 1.
234 *Schwedler,* Ärztliche Therapiebegrenzung lebenserhaltender Maßnahmen, S. 177.
235 http://www.ambafrance-de.org/Sterbehilfe-Frankreich-erlaubt (abgerufen am 19.01.2017).
236 Deutsches Ärzteblatt v. 17.12.2013.
237 *Leclair,* L'amendement «euthanasie» écarté du texte sur la fin de vie, in Le Figaro Online v. 12.03.2015.
238 Gesetzesänderung 2015 abrufbar unter: https://www.legifrance.gouv.fr/affichTexte.do?cidTexte=JORFTEXT000031970253&categorieLien=id (abgerufen am 23.01.2017).

Gesetz die Palliativausbildung für alle medizinisch orientierten Berufe, das heißt für Mediziner, Pflegekräfte, klinische Psychologen und auch Apotheker, an. Daneben schreibt das Gesetz die Beachtung der nunmehr lebenslänglich gültigen Patientenverfügung vor, es sei denn sie ist „entschieden unangemessen"[239]. Eine Rückzugsklausel zu Gunsten der ärztlichen Expertise wurde nicht aufgenommen, sodass der Patientenwille stärker geachtet werden muss.

Im Zusammenhang mit der Gesetzesänderung ist das viel beachtete Urteil des Europäischen Gerichtshofs für Menschenrechte zu sehen, dass dem Wachkoma-Patienten Vincent Lambert das Sterben ermöglichte[240]. Lambert verunglückte im Jahr 2008 bei einem Motorradunfall und lag seitdem im Wachkoma. Die behandelnden Ärzte, seine Ehefrau sowie sechs der acht Geschwister setzten sich jahrelang für die Beendigung der künstlichen Ernährung ein, wogegen Lamberts Eltern und zwei seiner Geschwister bis zum EGMR, unter Verweis auf das Recht auf Leben gem. Art. 2 EMRK, Verbot der Folter und unmenschliche Behandlung gem. Art. 3 EMRK klagten. Problematisch war das Fehlen einer Patientenverfügung. Vincents Ehefrau konnte aber glaubhaft darlegen, dass er sich vor dem Unglück dahingehend geäußert habe, lebensverlängernde Maßnahmen abzulehnen.

Eine im November 2016 durchgeführte Umfrage[241] ergab, dass 88% der Franzosen die Möglichkeit der tiefgreifenden dauerhaften Sedierung und des Behandlungsabbruchs befürworten, wobei auch eklatante Wissenslücken bei dieser Thematik offenbar wurden. Weit über die Hälfte der Befragten hatte nicht einmal von dem neu eingeführten Sterbehilfegesetz gehört und 21% wussten nicht um die Bedeutung einer Patientenverfügung.

2. Rechtliche Einordnung des Handelns der Marie Humbert

Im eingangs angeführten Fall des verunfallten Vincent Humbert ist das Handeln der Mutter rechtlich einzuordnen. Durch Setzen der Giftspritze und Injizieren der vermeintlich tödlichen Dosis versuchte Marie Humbert, ihrem Sohn aktiv Sterbehilfe zu leisten. Vincents Gesundheitszustand war derart stabil, dass er noch lange weitergelebt hätte. Durch die Injektion fiel er in ein tiefes Koma. Um

---

239 *Wiegel*, Sterbehilfe in Frankreich – Schlafen vor dem Tod, in FAZ v. 19.03.2015.
240 Volltext des EGMR Urteils abrufbar unter: http://hudoc.echr.coe.int/eng#{%22item id%22:[%22001-155352%22]} (abgerufen am 23.01.2017).
241 Umfrageergebnis Ifop im Auftrag Adrea abrufbar unter: https://www.adrea.fr/assets/documents/CP-FONDATIONADREA-ETUDE-FIN-DE-VIE.PDF (abgerufen am 24.01.2017).

seinem Leiden endgültig ein Ende zu setzen, stellte sein Arzt die lebenserhaltenden Maschinen ab. Trotzdem trat bei Vincent kein Herzstillstand ein, so dass er ihm ein letal wirkendes Medikament injizierte. Der Arzt wurde nach französischem Recht wegen vorsätzlicher Vergiftung gem. Art. 221–5 code pénal angeklagt. Marie Humbert drohte eine Verurteilung wegen des Verabreichens giftiger Substanzen an einen Schutzbefohlenen. Die Richterin am Tribunal de grande instance de Boulogne-sur-Mer stellte die Ermittlungen gegen beide ein[242], da ihrer Einschätzung nach der moralische Aspekt der Tat überwog. Zudem stand Vincent Humberts eigener Wille spätestens seit dem Brief an Präsident Chirac zweifelsfrei fest.

Wäre Marie Humbert in Deutschland verurteilt worden? 2010 hatte der BGH einen Fall zu entscheiden, bei dem der Wunsch einer Koma-Patientin, nicht künstlich am Leben gehalten zu werden, zweifelsfrei feststand[243]. Sie wurde dennoch im Pflegeheim künstlich ernährt, woraufhin ihre Kinder auf Anraten ihres Anwalts die Ernährungssonde durchtrennten. Das Durchtrennen der Sonde beendete die lebenserhaltende Maßnahme aktiv. Aber warum ist diese aktive Handlung gerechtfertigt[244], während das Setzen einer Giftspritze strafbar bliebe? Begründet wird dies damit, dass ersteres dem zum Tode führenden Krankheitsprozess seinen natürlichen Verlauf lässt, während das Verabreichen eines Mittels durch Spritzen als das Einleiten der unnatürlichen Lebensbeendigung zu werten ist. Das Vorgehen von Marie Humbert wäre somit auch nach deutschem Recht nicht gerechtfertigt und sie wäre wegen versuchter Tötung auf Verlangen nach § 216 Abs. 1 und Abs. 2 StGB anzuklagen. Der behandelnde Arzt des Vincent Humbert hat zunächst nur die lebenserhaltenden Maßnahmen eingestellt. Dieses Handeln wäre daher in Deutschland als straffreie passive Sterbehilfe einzuordnen. Die darauffolgende Injektion hingegen beendete den Sterbeprozess vorzeitig und auf unnatürlichem Wege, wodurch sich der Arzt wegen Leistens aktiver Sterbehilfe strafbar machte.

C. Stellungnahme zur Sterbehilfe bei Volljährigen

Trotz des unaufhaltsamen medizinischen Fortschritts, der Entwicklung neuer Medikamente und Erforschung neuester Operationsmethoden, gibt es viele

---

242 Deutsches Ärzteblatt v. 28.02.2006; http://www.commissiononassisteddying.co.uk/case-of-vincent-humbert/ (abgerufen am 29.10.2017); http://www.maitremontreuil.ca/euthanasie/eutha-r-humbert.pdf (abgerufen am 29.10.2017).
243 BGH Urteil v. 25.6.2010 – 2 StR 454/09, NJW 2010, 2963 (2963).
244 ebd.

Menschen, die aufgrund ihrer unheilbaren Krankheit sehr leiden. Eine Strafbefreiung jeglicher Form der Sterbehilfe könnte jedoch zu einem „Sterben à la carte"[245] führen. Es muss daher deutlich zwischen den einzelnen Maßnahmen unterschieden und die Aufklärung über Sterbehilfeformen vorangetrieben werden, um Vorverurteilungen zu vermeiden. Während die Entkriminalisierung von indirekter und passiver Sterbehilfe ein richtiger Schritt zur Wahrung der Patientenrechte war, bringt der Gedanke an die Legalisierung des assistierten Suizids, vor allem aber an die aktive Sterbehilfe, eine innere Konfliktlage mit sich. Am Beispiel der Schweiz zeigt sich, dass Sterbehilfeorganisationen eine wachsende Personenzahl erreichen[246]. Auch in den Benelux-Staaten, die ausschließlich Sterbehilfe durch Ärzte straffrei stellen, ist eine steigende Zahl sterbewilliger Personen zu verzeichnen. Insofern könnte in der Aussage Eugen Bryschs, Vorstand der Deutschen Stiftung Patientenschutz – „Offenkundig ist Töten ansteckend."[247] – etwas Wahres liegen. Dem ist allerdings entgegen zu halten, dass in den Ländern, in denen assistierter Suizid legal praktiziert wird, die allgemeine Suizidrate abnimmt und so in der Summe Suizid und assistierter Suizid kompensiert werden[248].

Nicht nur zunehmende psychologische Probleme, etwa Burn-Out oder anderweitige psychische Überlastungen, auch die zunehmende Zahl an Erkrankungen, insbesondere Krebserkrankungen, und die demographische Alterung der Bevölkerung sind dabei zu berücksichtigen. Dies bestätigt u.a. der Bericht zum Krebsgeschehen in Deutschland 2016[249], der die Krebserkrankungen aus dem Jahr 2013 zu Grunde legt. Die Zahl der Neuerkrankungen lag in diesem Jahr bei 482.470. Dazu kommen etwa vier Millionen Deutsche, die in ihrem Leben bereits an Krebs erkrankt sind, wobei die Diagnose bei 1.6 Millionen von ihnen erst maximal fünf Jahre zurückliegt. Das Erkrankungsrisiko steigt mit zunehmendem Alter und liegt im Mittel zwischen 67 und 68 Jahren. Parallel dazu steigt auch das Suizidrisiko von 60-Jährigen mit jedem weiteren Jahr stark an[250]. Lag die Suizidrate bei 60 bis 64-Jährigen im Jahr 2013 noch bei 15,8 je 100.000 Einwohner, so lag sie bei den 85 bis 89-Jährigen mehr als doppelt so hoch bei 35,1 je 100.000 Einwohner. Im Jahr 2013 wurden 10.076 Suizide in allen Altersklassen

---

245 Pressemitteilung der EKD v. 24.10.2005.
246 Deutsches Ärzteblatt v. 11.10.2016; Deutsches Ärzteblatt v. 05.12.2016.
247 Brysch im Interview mit *Trimborn* veröffentlicht in NOZ v. 12.05.2016.
248 Am Beispiel der Schweiz: BFS Aktuell Todesursachenstatistik 2014.
249 Bericht zum Krebsgeschehen in Deutschland 2016 des Robert Koch Instituts, S.19.
250 Statistik abrufbar unter: https://de.statista.com/statistik/daten/studie/318224/umfrage/selbstmordrate-in-deutschland-nach-altersgruppe/ (abgerufen am 18.01.2017).

gezählt, 2015 nahmen sich in Deutschland 10.080 Menschen das Leben[251]. Es starben demnach deutlich mehr Personen durch Selbstmord als durch Unfälle, illegale Drogen, Mord und HIV-Erkrankungen zusammen[252]. Insgesamt nahm die Zahl der Selbstmorde seit der Jahrhundertwende zunächst ab, seit 2007 ist aber wieder ein Anstieg zu verzeichnen. Einem sprunghaften Anstieg der Sterbehilfefälle könnte dem niederländischen Vorbild folgend durch restriktive Freigabe alleine für Ärzte begegnet werden, die ihre Patienten seit Anbeginn der Behandlung kennen. Auch eine strenge gesetzliche Regulierung der Sterbehilfe kann der Besorgnis entgegenwirken, dass die Zahl der Suizidbeihilfen kontinuierlich ansteigen könnte. Der deutsche Gesetzgeber sollte diejenigen Erfahrungen, die in positiver Hinsicht in den Beneluxstaaten sowie in negativer Hinsicht in der Schweiz gesammelt wurden, nutzen und in einem neuen Sterbehilfegesetz bündeln. Dass dieses Modell funktionieren könnte, beweist die Gesamtschau der Todesfälle. Eine weltweit durchgeführte Studie[253] ergab, dass selbst in Ländern, in denen Sterbehilfe legal praktiziert werden darf, nur 0,3 bis 4,6% (je nach Land) der Todesursachen auf Sterbehilfe entfallen und die Rate damit relativ gering ist. Die Notwendigkeit eines Handelns zeigt sich schon anhand Dutzender Verfassungsbeschwerden gegen das Verbot der geschäftsmäßigen Suizidbeihilfe des § 217 StGB[254]. Eine der Verfassungsbeschwerden wurde bereits aus formalen Gründen abgewiesen, eine weitere mangels direkter Betroffenheit des Klägers[255]. Um einen Lösungsvorschlag für ein Gesetz unterbreiten zu können, müssen zunächst Vor- und Nachteile des assistierten Suizids und der aktiven Sterbehilfe im Einzelnen betrachtet werden.

I. Stellungnahme zum assistierten Suizid

Die generelle Legalisierung des assistierten Suizids hätte zur Folge, dass dem Patienten nahestehende Personen letal wirkende Medikamente verschaffen dürften. Diese Form der Beihilfe zur Selbsttötung ist auf Grund des hohen Missbrauchsrisikos abzulehnen. Zum einen stünde eine solche Regelung dem

---

251 Statistik abrufbar unter: https://de.statista.com/statistik/daten/studie/583/umfrage/sterbefaelle-durch-vorsaetzliche-selbstbeschaedigung/ (abgerufen am 18.01.2017).
252 Statistik abrufbar unter: https://de.statista.com/statistik/daten/studie/318378/umfrage/anzahl-der-suizide-in-deutschland-im-vergleich-zu-ausgewaehlten-todesursachen/ (abgerufen am 18.01.2017).
253 Ergebnis abrufbar unter: http://jamanetwork.com/journals/jama/article-abstract/2532018; Deutsches Ärzteblatt v. 07.07.2016.
254 Deutsches Ärzteblatt v. 19.12.2016.
255 Deutsches Ärzteblatt v. 28.07.2017.

Betäubungsmittelgesetz[256] entgegen, selbst wenn seit dem Urteil des Bundesverwaltungsgerichts vom März 2017[257] Schwerstkranke in Notlagen Betäubungsmittel zur Selbsttötung über das Bundesinstitut für Arzneimittel und Medizinprodukte erwerben dürfen. Vor allem aber würde eine generelle Legalisierung im schlimmsten denkbaren Fall den Weg für Angehörige frei machen, ältere Menschen „tot zu pflegen". Zudem mangelt es dem nicht ausgebildeten Sterbehelfer sowohl an pharmazeutischem als auch medizinischem Fachwissen. Bei missglücktem Suizid, etwa durch falsche Dosierung, könnte der gesundheitliche Schaden größer als zuvor sein.

Daher wäre eine Gesetzgebung nur für den ärztlich assistierten Suizid in engem Rahmen in Betracht zu ziehen. Ein großer Vorteil bestünde in der Enttabuisierung der Suizidthematik. Der Patient könnte sich seinem Arzt anvertrauen und ganz offen mit ihm mögliche Maßnahmen und Alternativen erörtern. Das Selbstbestimmungsrecht des Patienten, über den Zeitpunkt seines Todes bestimmen zu können, würde dadurch gestärkt. Doch nicht nur für Patienten, sondern auch für die Ärzteschaft wäre es von Vorteil, wenn Rechtssicherheit geschaffen wäre. Der Befürchtung, ein Arzt würde „Herr[n] über Leben und Tod"[258] werden, könnte durch Orientierung am niederländischen Vorbild begegnet werden. Diesem liegt ein Gesetz zu Grunde, das aktive Sterbehilfe durch Ärzte erlaubt. Der strafbefreiende Rahmen bezieht aber auch den ärztlich assistierten Suizid ein. Wie vorab dargestellt, haben niederländische Ärzte klare Vorgaben und ihre Vorgehensweise wird durch mehrere Kollegen und Kommissionen kontrolliert. Besonders positiv zu werten ist, dass in den Niederlanden ein Näheverhältnis des Arztes zum Patienten für die Straflosigkeit vorausgesetzt wird. Dies bietet zusätzlichen Schutz vor Missbrauch und Sterbetourismus. Die Eröffnung der Möglichkeit, sich mit seinem Sterbewunsch an einen Arzt zu wenden, begegnet zweifelhaften Sterbehilfe-Organisationen, denen teils ein rein kommerzielles Ziel unterstellt werden kann. Sie würden an Bedeutung verlieren, wohingegen Ärzte nicht mehr dem weiten Strafrahmen des § 217 StGB unterfielen.

Gegner der Sterbehilfedebatte befürchten, dass Ärzte aus Nützlichkeitserwägungen vorschnell dem Suizidwunsch älterer Patienten nachkommen könnten[259]. Sie vermuten, dass auf Grund der knappen Krankenhaus- und Pflegekapazitäten älteren Patienten zu Gunsten jüngerer ohne eingehende Prüfung

---

256 Gesetz abrufbar unter: http://www.gesetze-im-internet.de/btmg_1981/BJNR1068 10981.html (abgerufen am 16.01.2017).
257 BVerwG Urteil v. 02.03.2017 – 3 C 19.15.
258 *Peicher*, Die Sterbehilfe im Strafrecht, S. 47.
259 *Schröder*, Das Recht auf ein menschenwürdiges Sterben, S. 245.

anderweitiger medizinscher Behandlungsmöglichkeiten zum Sterben verholfen würde. Dem ist entgegenzuhalten, dass sich die Mehrheit der Ärzte im Verlauf der Sterbehilfediskussion stets auf den von ihnen geleisteten hippokratischen Eid und ihre Pflicht zur Heilung und Bewahrung des Lebens[260] berief. Ärzte fühlen sich diesem verpflichtet und befürchten, dass eine Entkriminalisierung der ärztlichen Beihilfe zum Suizid genau dieses Grundverständnis des Arztberufes wandeln könnte[261]. 53% empfinden es zudem als zu hohe Bürde, dem Wunsch eines Patienten nach ärztlich begleitetem Suizid nachzukommen[262], und verweisen auf die Palliativmedizin. Aber auch diese kann nicht jedes Problem lösen. Sie kann Schmerzen lindern, aber nicht beseitigen. Die Vergabe schmerzstillender Medikamente ist ein recht bequemer Weg, der keiner allzu intensiven Befassung des Arztes mit seinem Patienten bedarf.

Anders stellt sich die Lage dar, wenn Ärzte gesetzlich verpflichtet würden, dem Wunsch ihres Patienten nach Sterbehilfe Gehör zu schenken und diesen intensiv im Einzelfall zu prüfen hätten. Zunächst müssten alle Behandlungsmöglichkeiten ausgeschöpft sein und ein unaufhaltsamer Krankheitsverlauf müsste festgestellt werden. Sodann folgen intensive Gespräche über die verbleibende Lebenszeit und -qualität des Patienten und mögliche Alternativen zur Sterbehilfe. Ein Arzt, der nach den gesetzlichen Regelungen der Niederlande vorgeht, beschäftigt sich daher intensiver mit seinem Patienten als jeder andere und schafft eine Vertrauensbasis, die stärker sein kann als diejenige, die zur Zeit in Deutschland zwischen Arzt und Patient besteht. Eine weitere erwägenswerte Regelung findet sich im belgischen Sterbehilfegesetz. Darin ist eine Monatsfrist als Kontrollmaßnahme im Vorfeld des Todeseintritts festgelegt. Wie bereits oben ausgeführt, muss zwischen dem schriftlichen Verlangen und der Sterbehilfe mindestens ein Monat verstreichen, sofern nicht zu erwarten ist, dass der Krankheitsverlauf in Kürze das Sterben einleitet. Diese Monatsfrist sollte den Regelfall bilden unter Zulassung von Ausnahmen in Eilfällen, etwa nach einem schweren Krankheitsschub. Während dieser Zeit könnte bereits die Überprüfungs- und Evaluationskommission eingebunden werden, um einen möglichen Missbrauch frühzeitig zu erkennen und nicht erst im Nachhinein zu ahnden. Probleme bei der Umsetzung eines derartigen Gesetzes könnten sich daraus ergeben, dass es derzeit zu wenig Pflegepersonal gibt und auch die Mediziner deutlich an ihre Kapazitätsgrenzen stoßen[263]. Patienten fühlen sich teilweise wie ein Kunde oder

---

260   Institut für Demoskopie Allensbach 2010.
261   ebd.
262   ebd.
263   MLP Gesundheitsreport 2014.

eine Nummer im „Massenbetrieb"[264]. Pro Patient haben Krankenschwestern im Schnitt viereinhalb Minuten Zeit[265]. Gleiches berichten die Pfleger im Altenheim[266]. Insbesondere der Pflegeberuf kann wieder an Attraktivität gewinnen, wenn die Pfleger hinter ihrem Patienten den Menschen kennenlernen und sich seinen Sorgen und Nöten widmen dürfen.

Es mag zunächst unverständlich erscheinen, wie eine gesetzliche Regelung des ärztlich begleiteten Suizids ein engeres Patienten-Arzt/Pfleger-Verhältnis schaffen könnte. Es ist jedoch anzunehmen, dass erst, wenn gesetzlich kein Tabu mehr besteht, der Suizidwunsch ernsthaft durchgesprochen werden kann, wodurch auch lebensbejahende Alternativen aufgezeigt werden können. Die gesetzliche Regelung des ärztlich assistierten Suizids, nach Vorbild und als Kombination der niederländischen und belgischen Gesetzesgrundlage, ist demnach eine ernsthaft zu erwägende Möglichkeit, um sowohl den Arzt- als auch Patienteninteressen gleichermaßen gerecht zu werden.

Abschließend ist nochmals hervorzuheben, dass sich diese Stellungnahme nur auf volljährige einwilligungsfähige Patienten bezieht, die medizinisch bestätigt keine Heilungschance mehr haben und unter starken Schmerzen im Sterben liegen. Mit der Einbeziehung psychisch Leidender eröffnet sich ein neues weites Problemfeld, da den besonderen Bedürfnissen dieser Personengruppe Rechnung getragen werden muss. Eine Vermengung innerhalb ein und desselben Gesetzes, wie durch das belgische Gesetz vorgesehen, sollte nicht vorgenommen werden. Daher wird in den hier zu erarbeitenden Lösungsansätzen die Sterbehilfe für rein psychisch leidende Patienten ausgeklammert.

II. Stellungnahme zur aktiven Sterbehilfe

Aktive Sterbehilfe eröffnet eine noch weitgehendere Problematik als die der Beihilfe zum Suizid. Die Strafbefreiung der Tötung auf Verlangen wäre die Strafbefreiung eines Verbrechens. Das erscheint zunächst unerklärlich, zumal grundsätzlich keine Beschränkung des Sterbehelfers auf einen bestimmten Personenkreis, namentlich Ärzte, vorgesehen ist. Die Niederlande haben wiederum auch hierzu eine Regelung im Strafgesetzbuch aufgenommen. Dieses Gesetz in Deutschland zu etablieren, ist Ausgangspunkt für die nachfolgenden

---

264 *Laschet,* Krankenhaus – Ärzte und Pfleger unter Stress, in Ärzte Zeitung Online v. 04.04.2014.
265 *Goddar,* Krankenschwestern – Viereinhalb Minuten pro Patient, in Süddeutsche Zeitung Online v. 21.05.2010.
266 *Dowideit,* Die wenigsten Pfleger bleiben bis zur Rente, in WELT Online v. 05.07.2011.

Überlegungen. Besonders wichtig ist die Einschränkung, dass nur Ärzte aktiv zum Lebensende verhelfen dürfen. Worin aber sollte die Notwendigkeit der Legalisierung aktiver Sterbehilfe liegen, wenn der assistierte Suizid erlaubt wird? Die Straflosigkeit der ärztlichen Beihilfe knüpft an die beim Patienten verbleibende Tatherrschaft an. Vorausgesetzt wird stets ein einwilligungsfähiger Patient, vor allem einer, der das letale Medikament selbst einnehmen oder sich selbst injizieren kann. Dies stellt eine unfaire Privilegierung gegenüber denjenigen dar, die z.B. bei Bewusstsein, aber vollständig gelähmt sind und künstlich über Magensonden ernährt werden. Auch bei diesen Betroffenen könnten alle Voraussetzungen der Zulässigkeit einer Beihilfe beim Suizid erfüllt sein, sie können aber nicht selbstbestimmt sterben, da sie selbst den Suizid nicht vollenden können. Beispielhaft für eine solche Krankheit ist die Amyotrophe Lateralsklerose, bei der durch fortschreitende Schädigung der Nervenzellen eine vollständige Lähmung mit Ausschluss des Schluckreflexes eintritt[267]. In einem solchen Fall wäre die ärztliche aktive Sterbehilfe als Ausdruck der Gleichheit der Patienten geboten. Im Übrigen verbietet sich aktive Sterbehilfe etwa durch Organisationen oder Privatpersonen bereits dadurch, dass es keine derart umfangreichen Kontrollmöglichkeiten geben kann, die jeden nicht-ärztlichen Sterbehelfer umfassen. Tötungsdelikten wäre damit freier Lauf gegeben.

III. Lösungsansätze für ein Sterbehilfegesetz

Die nachstehenden Ausführungen beziehen sich zunächst weiterhin auf volljährige Patienten und sind zunächst als Gedankenansätze ausformuliert, wohingegen zum Abschluss der Arbeit ein konkreter Entwurf für ein Sterbehilfegesetz entwickelt wird, das sowohl Voll- als auch Minderjährige erfasst.

Fraglich bleibt zunächst, wie die in der Stellungnahme geschilderten Gesetzeslücken geschlossen werden können. Die gesetzliche Entkriminalisierung des ärztlich assistierten Suizids ist angebracht und sollte auf den Anwendungsbereich für ganzheitlich gelähmte Patienten erweitert werden, um eine Benachteiligung gegenüber zum Suizid fähigen Personen auszuschließen[268]. Dies könnte durch ein selbständiges Gesetz zur Legalisierung der ärztlichen aktiven Sterbehilfe bei Gelähmten geschehen oder durch Erweiterung eines Gesetzes zum ärztlich assistierten Suizid auf diese Personengruppe.

Die Schaffung eines solchen Gesetzes scheitert auch nicht daran, dass die Tötung eines anderen Menschen grundsätzlich strafrechtlich verfolgt wird, denn

---

267 *Miller/Appel*, in: ALS 2017, Vol. 18, Issue S1, 1 (1).
268 So auch *Kusch*, NJW 2006, 261 (262).

unsere Rechtsordnung kennt kein absolutes Tötungsverbot, wie bereits die Erlaubnis der Tötung in Notwehr oder die Zulässigkeit des polizeilichen Todesschusses zeigen[269].

Derartige Vorschriften könnten entweder in den §§ 1901a ff. BGB oder als neuer Abschnitt im StGB eingefügt werden. Noch weitreichender wäre die Einführung eines umfassenden selbständigen Sterbehilfegesetzes. Auf Grund der thematischen Nähe und des einheitlichen Regelungszwecks – der Selbstbestimmung am Lebensende – wäre ein eindeutiger Verweis auf die bereits bestehende Rechtslage für Patientenverfügungen im BGB angebracht. Die Lebenssachverhalte hängen so nah beisammen und würden von Laien erstmalig im Kontext gesehen, wodurch Rechtsklarheit gefördert würde. So wünschenswert die Aufnahme der Patientenverfügung im neuen Sterbehilfegesetz zu Gunsten eines klaren Überblicks wäre, bestehen dagegen dogmatische Einwände. Zum einen betrifft die Patientenverfügung solche Personen, die nicht mehr einwilligungsfähig sind, wohingegen die Straflosigkeit des assistierten Suizids stets auf der Tatherrschaft des Suizidenten fußt. Zum anderen sind die §§ 1901a ff. privatrechtlicher Natur, während das Strafgesetzbuch öffentlich-rechtliche Normen enthält. Richtig aber ist, dass die Patientenverfügung mit dem darin enthaltenen Patientenwillen in das Strafrecht hineinstrahlt[270]. Der Vorrang des Patientenwillens bietet eine „Rechts- und Verhaltenssicherheit"[271] und führt zu einer Harmonisierung zwischen straf- und zivilrechtlichen Regelungen, wodurch eine an sich strafbare Handlung gerechtfertigt wird[272]. Ein Verweis des neuen Sterbehilfegesetzes auf die §§ 1901a ff. BGB ist damit unentbehrlich.

Neben der Patientenverfügung muss auch § 217 StGB Berücksichtigung finden. Der Paragraph in seiner aktuellen Fassung bringt den Konflikt um Sterbehilfe nicht voran. Zwar ist die politische Debatte durch diese Neuregelung verstummt. Vor allem den Ärzten und Patienten wurde jedoch keineswegs geholfen. Jeder Mensch sollte über sein Leben verfügen dürfen. Da das Leben nicht dem Staat gehört, müssten die Grundsätze der rechtfertigenden Einwilligung hier, wie bei jedem anderen Individualrechtsgut, gelten[273]. Berechtigung findet § 217 StGB insoweit, als Sterbehilfeorganisationen zu verbieten sind. Im Übrigen enthält § 217 StGB keinen Mehrwert. Die hier favorisierte Lösung ist

---

269 *Hoven*, ZIS 2016, 1 (2).
270 *Verrel*, NStZ 2010, 671 (674).
271 BGH Urteil v. 25.6.2010 – 2 StR 454/09, NJW 2010, 2963 (2966).
272 BGH Beschl. v. 10.11.2010 – 2 StR 320/10, NJW 2011, 161 (162); NJW 2010, 2963 (2966); BT-WD 7- 3000- 225/14, S. 11.
273 So auch *Hoven*, ZIS 2016, 1 (3).

daher die Streichung unter Aufrechterhaltung eines ähnlichen, Sterbehilfeorganisationen verbietenden Passus im neu einzuführenden Sterbehilfegesetz. Eine weitere Möglichkeit stellt die Umformulierung des § 217 Abs. 1 StGB von „Geschäftsmäßige Förderung der Selbsttötung" in „Gewerbsmäßige Förderung der Selbsttötung" dar. Ebenso gebietet sich eine Überarbeitung der Musterberufsordnung der Bundesärztekammer sowie der Berufsordnung der Landesärztekammern. Das absolute Pauschalverbot ist zu streichen. Vielmehr sollten darin berufsrechtliche Rahmenbedingungen für medizinisch und ethisch vertretbare Fälle der Sterbehilfe geschaffen werden. Die Ärzteschaft könnte so offener und ohne Befürchtung der Sanktionierung auf Patientenwünsche eingehen.

Das neu zu schaffende Sterbehilfegesetz könnte sich in folgende Abschnitte gliedern:

Im 1. Abschnitt sollten erläuternde Ausführungen und Definitionen zum besseren Verständnis der nachstehenden Paragraphen und zur Orientierung sowohl für Patienten als auch für Ärzte aufgenommen werden. Hier wäre auch ein deutlicher Verweis auf das Patientenverfügungsgesetz anzubringen. Ebenso bietet es sich an, bereits an dieser Stelle festzulegen, für welchen Personenkreis Sterbehilfe in Betracht kommt und welche Indikationen (beispielsweise Alter, geistiger Zustand, Krankheitsbilder und Schmerzintensität) erfüllt sein müssen.

Der 2. Abschnitt sollte einen Katalog aus Beratungspflichten enthalten, der das Arzt-Patienten-Verhältnis und insbesondere deren Vertrauen in die Zusammenarbeit stärkt.

Die genaue Vorgehensweise in der Vorbereitung und Gewährung der Sterbehilfe-Assistenz könnte sich gemeinsam mit der Voraussetzung des Vier-Augen-Prinzips, also des Mitwirkens mehrerer unabhängiger Ärzte im 3. Abschnitt finden. Darüber hinaus könnten in diesem Zusammenhang bereits Fristen und Dokumentationspflichten bestimmt werden.

Im 4. Abschnitt könnten sodann Ausnahmeregelungen für den assistierten Suizid zu Gunsten Gelähmter und zum Suizid körperlich unfähiger Personen aufgenommen werden. Diese Öffnung, die die Erlaubnis aktiver Sterbehilfe bedeutet, muss sehr restriktiv ausgestaltet werden.

Der Passus „Kein Arzt ist verpflichtet, Hilfe zum Sterben zu leisten. Die Bitte des Patienten muss aber ernstgenommen und bei eigener Weigerung an einen Kollegen weitergeleitet werden." fände im 5. Abschnitt Berücksichtigung.

Zudem müssten die behandelnden Ärzte in gewissem Rahmen von den Restriktionen des Betäubungsmittelgesetzes befreit werden, wenn rechtmäßig Sterbehilfe geleistet wurde. Von großer Bedeutung ist das Urteil des

Bundesverwaltungsgerichts vom März 2017[274]. Gemäß dem BVerwG ist § 5 Abs. 1 Nr. 6 BtMG der Auslegung zugänglich, wodurch ausnahmsweise Schwerstkranke ein Betäubungsmittel für ihre Selbsttötung erwerben können. Die Regelung der Zusatzgesetze könnte in einem 6. Abschnitt aufgenommen werden.

Dieses Kapitel schließt mit den vielfach zitierten Worten Sophokles, die auch als Begründung für den Gesetzesvorschlag dienen:

„Der Tod ist noch das Schlimmste nicht, vielmehr den Tod ersehnen und nicht sterben dürfen."[275].

---

274 BVerwG Urteil v. 02.03.2017 – 3 C 19.15.
275 *Sophokles,* Elektra, Dritter Auftritt – eine weitere, sinngemäß gleiche Übersetzung der Worte des Chrysothemis lautet: „Sterben ist ja nicht das Ärgste, sondern wenn man sich zu sterben sehnt, auch dieses nicht vermag".

Drittes Kapitel: Sterbehilfe bei Minderjährigen

A. Gesetzlicher, ethischer und psychologischer Konflikt

Wenn schon die Legalisierung der aktiven Sterbehilfe bei Erwachsenen stark umstritten ist, so ist offensichtlich, dass eine Diskussion hierüber im Falle der Ausweitung auf Minderjährige mindestens ebenso, wenn nicht sogar emotionaler und weitaus kontroverser verlaufen wird. Kinder sind die Schutzbedürftigsten der Gesellschaft, daher ist ihr Wohlergehen grundrechtlich in Art. 6 GG verankert. Insbesondere Art. 6 Abs. 1 und Abs. 2 GG rücken die Schutzbedürftigkeit des heranwachsenden Kindes in den Vordergrund des familiären Zusammenlebens[276]. §§ 1626 ff. BGB formen dieses Grundrecht aus, indem sie die „elterliche Sorge" als Kern der Erziehung und Pflege des Kindes begreifen[277]. Diese Rechte und Pflichten stehen zunächst vermeintlich im Konflikt zu einer etwaigen Sterbehilfe bei Minderjährigen. Schließlich erscheint die Beendigung einer lebensnotwendigen Maßnahme (passive Sterbehilfe) niemals als dem Wohle des Kindes dienend. Konkret stehen sich die elterliche Sorge nach Art. 6 Abs. 1 GG i.V.m. §§ 1626, 1629 BGB und die Grundrechte des Kindes insbesondere aus Art. 1 und 2 GG gegenüber. Entspricht es dem Willen des Kindes und besitzt dieses die geistige Reife, die Tragweite seiner Entscheidung zu verstehen, so tritt die elterliche Pflicht zur Wahrung des Kindeswohles hinter der körperlichen Integrität (Art. 2 Abs. 2 GG) und dem medizinischen Selbstbestimmungsrecht (Art. 2 Abs. 1 i.V.m. Art. 1 Abs. 1 GG) des Minderjährigen zurück. Die Nichtbeachtung des erklärten Willens eines Minderjährigen kann sogar eine Gefährdung des Kindeswohls i.S.d. § 1666 BGB darstellen[278]. Ein gesetzlicher Konflikt ist insoweit ausgeschlossen.

Anders verhält sich dies in der Debatte um aktive Sterbehilfe bei Minderjährigen. Ethisch und moralisch gesehen ist das Leisten aktiver Sterbehilfe in unserem Kulturkreis stark konfliktbeladen. „Du sollst nicht töten" als das fünfte Gebot Gottes ist seit jeher in der christlichen Wertevorstellung verankert. Die Legalisierung aktiver Sterbehilfe würde diesen grundlegenden Wert, den selbst Atheisten anerkennen, nicht nur wandeln, sondern außer Kraft setzen. Die Orientierung an richtigem und falschem Handeln könnte bereits in Kindertagen

---

276 *Badura,* in: Maunz/Dürig, Art. 6 GG, Rn. 60a.
277 *Badura,* in: Maunz/Dürig, Art. 6 GG, Rn. 111.
278 *Bichler,* GesR 2014, S. 1.

verkommen. Alleine die Beschäftigung mit der Frage, ob und wie Kinder überhaupt über die Möglichkeit von Sterbehilfe informiert werden sollten, zeigt, wie sensibel diese Thematik mit Minderjährigen auszugestalten ist. Im Gegensatz zu vielen anderen Fragen, welche im Zusammenhang mit Sterbehilfe stehen, gibt es hierauf aber eine eindeutige Antwort. Die minderjährigen Patienten werden entsprechend ihres Entwicklungsstandes wahrheits- und altersgemäß über ihre Krankheit aufgeklärt[279]. Der Abbruch einer Behandlung wird dem Patienten jedoch nie vorgeschlagen. In der gemeinsamen Erörterung des Arztes mit den Erziehungsberechtigten und dem Kind müssen die Wünsche des Patienten angehört und eine für alle Seiten akzeptable Lösung gefunden werden. Ein „Ich kann und will nicht mehr" des jungen Menschen ist nicht automatisch gleichzusetzen mit „Ich will sterben"[280]. Dieser Ausdruck ist vielmehr als Hilferuf des Kindes zu verstehen und sollte Anlass geben, den Therapieansatz zu überdenken und gegebenenfalls anzupassen. Ein weiteres Feld erschließt sich in der Auseinandersetzung mit der Thematik der Sterbehilfe für minderjährige Komapatienten. Kommt Sterbehilfe bei Komapatienten, die z.B. eine irreversible schwere Hirnschädigung erlitten haben oder bei schwerst behinderten Menschen einer „Entledigung" gleich? Der Palliativmediziner Sven Gottschling[281] befindet, dass die Debatte insbesondere um aktive Sterbehilfe Ausdruck unserer „Entsorgungsgesellschaft" sei[282]. Tatsächlich vollzieht sich seit mehreren Jahrzehnten ein Wandel hin zur Leistungsgesellschaft, die unter Terminstress und Erfolgsdruck steht. Zeit, um auf Gefühle der Mitmenschen einzugehen, bleibt scheinbar wenig. Wo soll da noch Platz für Rücksichtnahme auf Benachteiligte sein? Der Vorwurf der Sterbehilfe-Kritiker scheint daher von außen betrachtet nicht ganz unbegründet. Entscheidendes Gegenargument ist jedoch, dass nicht die Gesellschaft Einfluss auf die Behandlung oder deren Abbruch bei einem minderjährigen Patienten nimmt, sondern dass ausschließlich die Erziehungsberechtigten im Einklang mit dem bekundeten Willen des Minderjährigen und nach Beratung durch medizinisches Fachpersonal die Entscheidung treffen. Von einer „Entledigung durch Sterbehilfe" kann daher keine Rede sein. Eine derart

---

279 Grundsätze der Bundesärztekammer zur ärztlichen Sterbebegleitung, S. 348.
280 *Schmidt*, Palliativmedizin bei Kindern – Heißt das, ich muss sterben?, in FAZ v. 05.03.2014.
281 Prof. Dr. Gottschling ist leitender Arzt des Zentrums für Palliativmedizin und Kinderschmerztherapie am Universitätsklinikum des Saarlandes und Autor mehrerer Bücher sowie weiterer Publikationen in Fachzeitschriften.
282 *Schmidt*, Palliativmedizin bei Kindern – Heißt das, ich muss sterben?, in FAZ v. 05.03.2014.

weitreichende Entscheidung zu treffen, ist wohl das schwerste, was Eltern widerfahren kann, gar schwerer, als den unbeeinflussbaren Unfalltod ihres Kindes in Trauer hinzunehmen. Auch für Ärzte ist das Beenden einer Therapiemaßnahme eine psychologische Belastung und eine hohe Bürde. Selbst wenn das Sterben zu ihrem Berufsalltag gehört, kann der natürliche Tod eines Menschen besser verarbeitet werden als das aktive Einstellen lebenserhaltender Maßnahmen. Ist aus medizinischer Sicht sicher, dass das Kind lebenslang mit schweren unheilbaren Schädigungen leben müsste und der mitmenschliche Kontakt dauerhaft verloren wäre, könnte es sogar die grundrechtlich geschützte Menschenwürde selbst gebieten, das Leben nicht künstlich zu verlängern. Kann der Mensch, ob jung oder alt, seine Persönlichkeit weder ausdrücken noch ausleben, dann bleibt letztendlich nur die Körperhülle übrig. So empfand es auch Vincent Humbert, der sagte, er lebe seit dem Unfall nicht mehr, und sich wünschte, direkt am Unfallort verstorben zu sein[283].

B. Der Fall „Hannah Jones"

Dass die Überlegung, auch Minderjährige in einem Sterbehilfegesetz zu berücksichtigen, kein rein akademisches Gedankenspiel ist, kann am Beispiel des Schicksals der Krebspatientin Hannah Jones veranschaulicht werden.

Mit viereinhalb Jahren wird bei der Britin Hannah Jones Leukämie diagnostiziert[284]. Jahrelange Chemotherapien führen nicht zur Heilung, sondern müssen schließlich auf Grund starker Nebenwirkungen abgebrochen werden. Unter anderem schädigt die Therapie ihren Herzmuskel so sehr, dass ein Loch im Herz entsteht. Die Ärzte schlagen eine Herztransplantation vor, die keine sichere Überlebenschance verspricht, mindestens einen zweijährigen Krankenhausaufenthalt nach sich ziehen würde und die Leukämie wieder hervorrufen könnte. Zudem müsste die mittlerweile 13-Jährige Tag und Nacht mit einer Herz-/Lungenmaschine verbunden bleiben. Hannah entscheidet sich gegen den Eingriff. Ihr Wunsch ist es, ihre letzten Wochen zu Hause im Kreise ihrer Familie zu verbringen. Da die Ärzte verpflichtet sind, Hannah auf jedem möglichen Wege am Leben zu erhalten, muss das Mädchen seinen Entschluss erst durchsetzen. Die britische Kinderschutz-Behörde, unterstützt von den Krankenhausärzten, fordert zunächst, den Eltern das Sorgerecht zu entziehen, damit die

---

283 *Humbert,* Je vous demande le droit de mourir, S. 15.
284 Thank you to Mr. Marc Cornock for providing the full-text version of his article: *Cornock,* Paediatric Nursing, Mar 2010, 22 (2), 14–20; *Bublitz,* Todkranke 13-Jährige – Dürfte Hannah auch bei uns sterben?, in Stern v. 13.11.2008.

Transplantation entgegen Hannahs Willen durchgeführt werden kann. Das Mädchen kämpft für ihre Entscheidung und kann nach mehreren Anhörungen die Behörde mit einer realistischen Einschätzung ihrer geringen Überlebenschance und ihrem deutlichen Wunsch, im heimischen Umfeld zu sterben, überzeugen. Hannah stellt unter Beweis, dass sie reif genug ist, die Folgen des Verzichts auf eine Transplantation vollumfänglich absehen zu können und gilt daher als „Gillick competent"[285]. Das medizinische Selbstbestimmungsrecht deutscher Minderjähriger wird im Vereinigten Königreich „Gillick competence" genannt[286], das heißt, sowohl die deutschen als auch die britischen Minderjährigen müssen sich gegenüber den behandelnden Ärzten als einwilligungsfähig erweisen, um einer Behandlung zustimmen oder deren Verzicht erklären zu können. Ein weiteres Jahr lang lebt Hannah zu Hause, als ihre Nieren versagen, sie dann jedoch ihre Meinung ändert und in die lebensrettende Transplantation eines Spenderherzen einwilligt. Heute führt die 22-jährige Hannah Jones ein fast normales Leben.

Würde Hannah Jones noch leben, wenn damals die Gesetzeslage in Großbritannien so gewesen wäre, wie die derzeitige belgische? Ebenso stellt sich die Frage, wie mit der Bitte des Mädchens in Deutschland umgegangen worden wäre.

C. Sterbehilfe bei Minderjährigen in Deutschland

Hannah Jones' Fall ist nur eines von vielen traurigen Beispielen, wie Krankheiten eine Kindheit beherrschen und rauben können. In Deutschland leben rund 40.000 Kinder und Jugendliche mit lebensbegrenzenden Erkrankungen[287]. Jährlich verlieren zwischen 1.500 und 2.000 Minderjährige den Kampf gegen ihre Krankheit[288].

---

285 *Cornock*, Paediatric Nursing, Mar 2010, 22 (2), 14 (19); *Griffith*, Human Vaccines& Immunotherapeutics, Jan 2016, 12 (1), 244 (245).
286 Benannt nach dem Präzedenzfall Gillick vs. West Norfolk and Wisbech Area Health Authority UK 1986, in dem zunächst entschieden wurde, dass Verhütungsmittel an unter 16-Jährige ohne Einwilligung der Erziehungsberechtigten verschrieben werden dürfen, und im Weiteren entschiede wurde, dass Minderjährige selbständig in eine medizinische Behandlung einwilligen oder sie ablehnen können, wenn sie geistig in der Lage sind, ihre Entscheidung und deren Folgen abzusehen.
287 http://www.bundesverband-kinderhospiz.de/bedarf (abgerufen am 27.02.2017).
288 Todesursachenstatistik 2015 abrufbar unter: https://www-genesis.destatis.de/genesis/online/link/tabelleErgebnis/23211-0004 (abgerufen am 27.02.2017).

I. Lebensbegrenzende Krankheitsbilder

Welches sind denn nun solche Krankheiten, die überhaupt Gedanken an Sterbehilfe für Minderjährige aufkommen lassen? Die am häufigsten auftretende tödliche Krankheit ist Krebs mit rund 1.800 Neuerkrankungen jährlich bei den unter 15-Jährigen[289]. Dieser tritt zumeist in Gestalt der Leukämie auf. Ungefähr 75% der Leukämiekranken leiden an der akuten lymphatischen Leukämie (ALL)[290]. Eine ALL-Patientin war die vier Monate alte Maja[291], bei deren Therapie keine Remission erreicht werden konnte, sondern ganz im Gegenteil der Verdacht auf Befall des Zentralnervensystems hinzukam. Das Mädchen litt am Lebensende unter zunehmenden Schmerzen, akuten Blutungen, sehr hohem Fieber, zerebralen Krampfanfällen, Appetitmangel, Mundtrockenheit und einer Infektion des Portkatheters, über den eine antibiotische Therapie erfolgen sollte. Hinzu kamen stetig starke Dyspnoe, Ödeme, ein ausgeprägter Exophthalmus (starkes Hervortreten der Augen) sowie blutiges Erbrechen.

Jährlich sind zwischen 550 und 600 unter 18-jährige Patienten neu von der ALL-Krankheit[292] betroffen und kämpfen mit einer Chemotherapie jahrelang gegen ihre Krankheit an. Manchen ergeht es am Lebensende wie Maja, die unter einer Vielzahl von schmerzhaften Symptomen leiden musste.

Eine Chemotherapie ist auch bei der zweithäufigsten Erkrankung Minderjähriger, den Non-Hodgkin-Lymphomen (NHL), nötig. Pro Jahr erkranken rund 110 Kinder unter 15 Jahren[293] daran. NHL entsteht durch bösartige Lymphozytenveränderung, wodurch Tumore im Lymphgewebe gebildet werden und

---

289 Krebs bei Kindern – Statistik 2015 abrufbar unter: http://www.gbe-bund.de/gbe10/ ergebnisse.prc_tab?fid=25120&suchstring=&query_id=&sprache=D&fund_typ=TXT&methode=&vt=&verwandte=1&page_ret=0&seite=1&p_lfd_nr=1&p_news=&p_sprachkz=D&p_uid=gastd&p_aid=91828222&hlp_nr=2&p_janein=J (abgerufen am 27.02.2017).
290 *Imbach,* Kompendium Kinderonkologie, S. 13.
291 Majas Geschichte: *Zernikow,* Palliativversorgung von Kindern, Jugendlichen und jungen Erwachsenen, S. 27.
292 Kurzinformation zu ALL unter: https://www.kinderkrebsinfo.de/erkrankungen/leukaemien/pohpatinfoall120060414/pohpatinfoallkurz/index_ger.html (abgerufen am 08.03.2017).
293 Kurzinformation zu NHL unter: https://www.kinderkrebsinfo.de/erkrankungen/lymphome/pohpatinfonhl120061026/pohpatinfonhlkurz/index_ger.html (abgerufen am 08.03.2017).

diese unbehandelt nach und nach das Knochenmark und Zentralnervensystem schädigen[294].

Auch Tumore im Zentralnervensystem (sog. ZNS-Tumor) sind Krebskrankheiten. Diese Tumore bilden sich im Gehirn oder auch im Rückenmark als niedriggradige maligne Gliome bei über 250 Kindern pro Jahr neu[295]. Die stets notwendige Operation überstehen zwar 90% der Patienten, viele aber nur mit bleibenden Schäden und inoperablen Tumorresten.

Während die bis hier vorgestellten Erkrankungen eine realistische Heilungschance aufweisen, führen andere Erkrankungen zu lebenslänglichen gesundheitlichen Einschränkungen oder zum Tod.

Eine derart lebensgefährliche Krebserkrankung sind Hochmaligne Gliome. 15% bis 20% der ZNS-Tumore treten in dieser Gestalt auf und betreffen jährlich 60 bis 80 unter 15-jährige Kinder neu[296]. Die Überlebenschance beträgt gerade einmal 10% bis 19%.

Inoperabel, da unheilbar, ist auch die Cystische Fibrose (CF, auch Mukoviszidose). Mit dieser vererbbaren Stoffwechselkrankheit kommen rund 300 Kinder pro Jahr in Deutschland auf die Welt[297]. Der medizinische und pharmazeutische Fortschritt erhöhte inzwischen die Überlebenschance Betroffener auf bis zu 40 Lebensjahre. Diese gute Neuigkeit wird jedoch durch die aufwändigen Therapien in dieser Lebenszeit getrübt. CF befällt mehrere Organe gleichzeitig, die nicht gemeinsam, sondern stets getrennt behandelt werden müssen[298]. Einige Säuglinge leiden vom ersten Atemzug an Luftnot, die durch die Bildung eines zähen Schleims hervorgerufen wird. Neben chronischem Husten hat dies Infektionen und die stetige Beeinträchtigung von Organen zur Folge. Im Jahr 2012 wurde erstmals ein Medikament zugelassen, das eine mutationsspezifische Therapie für Patienten, deren CFTR-Gen[299] mutiert ist, ermöglicht. Eben diese

---

294 *Imbach*, Kompendium Kinderonkologie, S. 84.
295 Kurzinformation zu niedriggradigen malignen Gliomen unter: https://www.kinderkrebsinfo.de/erkrankungen/zns_tumoren/pohpatinfong120070725/pohpatinfongkurz120070627/index_ger.html (abgerufen am 08.03.2017).
296 Kurzinformation zu hochmalignen Gliomen unter: https://www.kinderkrebsinfo.de/erkrankungen/zns_tumoren/pohpatinfohg120070625/pohhm_gliomepatinfokurz120141217/index_ger.html (abgerufen am 08.03.2017).
297 Kurzinformation zu CF unter: http://www.htchirurgie.uniklinikum-jena.de/Thoraxchirurgie/Mukoviszidose.html (abgerufen am 08.03.2017).
298 *Ma Gyi*, in: Cystic Fibrosis, S. 269.
299 Kurzform für „Cystic Fibrosis Transmembrane Conductance Regulator".

Mutation weisen jedoch längst nicht alle Betroffenen auf. CF verhindert die Arbeit der Verdauungsorgane und beeinträchtigt die Lungenfunktion, sodass den Patienten alle drei Monate für vierzehn Tage Antibiotika intravenös verabreicht werden müssen. Daneben ist eine tägliche Routine aus Inhalation, Atemphysiotherapie und der Einnahme diverser Medikamente einzuhalten. Versagt eines der geschädigten Organe, bietet eine Organtransplantation die letzte Überlebensmöglichkeit.

Zu den fortschreitenden Erkrankungen ohne ursächliche Behandlungsmöglichkeit zählen auch Zeroidlipofuszinosen (NCL)[300] und Mukopolysaccharidosen (MPS)[301]. Diese beiden Stoffwechselkrankheiten sind ebenfalls angeboren und befallen nach und nach Organe in allen Körperregionen.

NCL ist auch als sogenannte „Kinderdemenz"[302] bekannt. Die Krankheit führt ungefähr ab dem sechsten Lebensjahr zunächst zur unaufhaltbaren Erblindung gefolgt von der stetigen Rückbildung des Gehirns. Dies hat die Veränderung der Persönlichkeit und den Verlust der Sprachfähigkeiten zur Folge. Im Verlauf der Krankheit verlieren die Kinder und Jugendlichen ihre Beweglichkeit, leiden an Krampfanfällen durch die einsetzende Epilepsie und schließlich führt NCL zum Tod durch Austrocknung oder Atemlähmung. Im Endstadium der Krankheit verhindern Schluckstörungen die Aufnahme von Flüssigkeit und Nahrung. Durch den Befall des Körpers und dessen mangelnde Funktionsfähigkeit kann auch künstlich zugeführte Nahrung nicht mehr verarbeitet werden.

Wegen ihrer gravierenden und körperzersetzenden Wirkung und des großen Leides, dem die Betroffenen ausgesetzt sind, rückt diese Erkrankung in zunehmendem Maße in den Fokus der öffentlichen Berichterstattung. Neben den informierenden NCL-Websites berichten auch diverse namenhafte Medien[303]

---

300 *Hanefeld,* in: Pädiatrie, S. 1694.
301 *Spranger,* in: Pädiatrie, S. 550.
302 http://www.ncl-stiftung.de/main/pages/index/p/289 (abgerufen am 08.03.2017).
303 U.a. Der Spiegel 24/2015, Die Welt veröffentlichte u.a. einen Beitrag von *Betzholz* am 04.08.2017, Stern Online veröffentlichte u.a. einen Beitrag am 24.06.2018.

regelmäßig über NCL Kinder, wie Clara[304], Tim[305], Hannah[306] und viele weitere Betroffene.

Die NCL-Erkrankung zeigt, dass auch bei Minderjährigen differenziert werden muss zwischen bewusstseinseinschränkenden und damit zur Einwilligungsunfähigkeit führenden Erkrankungen und solchen, bei denen die kleinen Patienten voll entscheidungsfähig bleiben, aber unter immensen Schmerzen leiden.

Des Weiteren sind bei der Ausformulierung eines Sterbehilfegesetzes für Minderjährige die altersbedingten Entwicklungsstufen zu berücksichtigen. Der Kreis der Minderjährigen umfasst neonatale Patienten, Kleinkinder, Kinder mittleren Alters bis hin zu juvenilen Patienten. Die Ausprägung der geistigen Reife differiert in stärkerem Maße als die der Erwachsenen und so begegnen die Ermittlung des mutmaßlichen Willens und die Berücksichtigung des geäußerten Willens erheblichen Problemen, die eine gesetzliche Regelung erschweren. Zunächst sind daher bestehende Gesetze und Richtlinien zu betrachten, in denen sich der Gesetzgeber eben dieser Problematik bereits angenommen hat und aus denen möglicherweise Rückschlüsse für ein Sterbehilfegesetz für Minderjährige gezogen werden können.

II. Darstellung der deutschen Rechtslage

Die Grundsätze der ärztlichen Sterbebegleitung der BÄK gelten sowohl für Erwachsene als auch für Minderjährige gleichermaßen[307]. Sie sind jedoch nur als Richtlinie zu verstehen. Jede medizinische Behandlung setzt eine wirksame Einwilligung des Patienten voraus und „[w]irksam einwilligen kann nur, wer die nötige Einsichtsfähigkeit besitzt."[308]. Auch in Deutschland kann

---

304 Claras Geschichte: https://www.welt.de/vermischtes/article2568465/Eine-Siebenjaehrige-nimmt-Abschied-von-der-Welt.html; http://www.morgenpost.de/vermischtes/article105117433/Clara-litt-und-starb-an-einer-seltenen-Krankheit.html; http://www.claradyck.de/index_story.htm (beide abgerufen am 10.03.2017).
305 Tims Geschichte: http://www.zeit.de/2015/20/seltene-krankheiten-forschung-stiftung-ncl; http://www.ncl-stiftung.de/main/pages/index/p/439(abgerufen am 10.03.2017).
306 Hannahs Geschichte: http://www.stern.de/tv/kinderdemenz-ncl-2--warum-die-neunjaehrige-hannah-sich-langsam-selbst-vergisst-6313580.html (abgerufen am 10.03.2017).
307 Grundsätze der Bundesärztekammer zur ärztlichen Sterbebegleitung, S. 347.
308 Bundesministerium für Gesundheit und Bundesministerium der Justiz, Patientenrechte in Deutschland, S. 8.

einem Minderjährigen die nötige Einsichtsfähigkeit zugestanden werden. Dies gebietet sich bereits aus den für jedermann geltenden Grundrechten. Bei hinreichender Einsichtsfähigkeit können Kinder eigenständig über die Ausübung ihrer Grundrechte entscheiden[309]. Daher genießen sie grundsätzlich ebenfalls den Rechtsschutz des medizinischen Selbstbestimmungsrechts. Bei besonders schweren Eingriffen ist bis zum Alter von 16 Jahren stets die Zustimmung des gesetzlichen Vertreters notwendig[310]. Besitzt ein Kind in den Augen der Ärzteschaft die nötige Reife, um die Tragweite seiner Erkrankung zu verstehen, darf trotz medizinischer Indikation keine Behandlung gegen den bekundeten Kindeswillen durchgeführt werden. In diesem Verständnis lässt die deutsche Gesetzeslage einen Behandlungsabbruch, in anderen Worten passive Sterbehilfe, bei Minderjährigen bereits heute zu. Auch das Verabreichen schmerzstillender Medikamente an Minderjährige, als mildere indirekte Sterbehilfeform, ist erlaubt, selbst wenn diese als nichtbeabsichtigte Nebenwirkung eine lebensverkürzende Wirkung haben könnte. Maßnahmen, die das Leben eines Kindes gezielt verkürzen oder gezielt das Sterben beschleunigen, sind jedoch strikt verboten[311]. Das Leisten aktiver Sterbehilfe bei Voll- als auch bei Minderjährigen ist unter Strafe gestellt. Ebenso stellt die aktive Lebensbeendigung eines schwer behinderten Neugeborenen, selbst wenn die Eltern inständig darum bitten, ein Tötungsdelikt im Sinne des § 216 StGB dar. Passive Sterbehilfe wiederum ist auch bei Babys in engen Grenzen erlaubt. Keine ärztliche Behandlungspflicht besteht, wenn für das Kind nicht ein Minimum an Lebensqualität zu erwarten ist[312] und die Eltern um das Unterlassen oder Beenden der lebenserhaltenden Behandlung ausdrücklich bitten[313]. Ist der behandelnde Arzt sich unsicher, ob die Eltern das Kindeswohl gefährden und sieht er noch eine realistische Chance für das Kind, so hat er sich gemäß den Grundsätzen der Bundesärztekammer zur ärztlichen Sterbebegleitung[314] in Verbindung mit § 1666 BGB an das Familiengericht zu wenden.

---

309 *Sternberg-Lieben/Reichmann*, NJW 2012, 257 (259).
310 Grundsätze der Bundesärztekammer zur ärztlichen Sterbebegleitung, S. 348.
311 Bundesministerium für Gesundheit und Bundesministerium der Justiz, Patientenrechte in Deutschland, S. 10.
312 Vgl. *Ulsenheimer*, MedR 1994, 425 (426).
313 Grundsätze der Bundesärztekammer zur ärztlichen Sterbebegleitung, S. 348.
314 ebd.

1. Ausdrückliche gesetzliche Berücksichtigung Minderjähriger

Diesem allgemeinen Überblick soll sich nun die Untersuchung ausgewählter Gesetze anschließen, die medizinische Eingriffe bei Minderjährigen betreffen und damit die Sterbehilfe tangieren.

Ausdrücklich erwähnt werden Minderjährige insbesondere in Gesetzen, die medizinische Forschung in engen Grenzen legitimieren. Hier hat der Gesetzgeber bereits erkannt, dass die Behandlung minderjähriger Patienten an zusätzliche Voraussetzungen geknüpft sein muss. Besonderes Augenmerk wurde auf die Ausarbeitung der Einwilligungs- und Zustimmungsvoraussetzungen gelegt. Zudem werden forschende Eingriffe an Minderjährigen nur gestattet, wenn wegen Alternativlosigkeit die Notwendigkeit einer Forschungsmaßnahme besteht. Die Forschung in der Pädiatrie schreitet aufgrund des besonderen Schutzes, der Kindern und Jugendlichen zuteilwerden muss, nur langsam und in begrenztem Umfang fort[315]. Diese restriktive Handhabung ist einerseits erforderlich, damit wehrlose Kleinstkinder nicht zum Forschungsobjekt reduziert werden, an denen Ärzte Testreihen durchführen, die nicht dem konkreten Patienten, sondern der Erforschung künftiger Heilverfahren für Kinderkrankheiten dienen. Andererseits werden den minderjährigen Patienten dadurch viele Medikamente „off label" bzw. „off licence" verabreicht[316]. Das heißt, Kindern, vor allem Neugeborenen[317], werden Präparate verabreicht, die mangels klinischer Studien entweder noch gar nicht für die Pädiatrie zugelassen sind oder denen eine entsprechende Zulassung für den konkreten Anwendungsbereich fehlt. Dies verwundert insofern nicht, da lediglich um die 10% bis maximal 60% (Wert schwankt je nach Alter und Erkrankung) aller marktverfügbaren Arzneimittel hinreichend für die Pädiatrie geprüft und zugelassen sind[318]. Hierdurch entstehen in vielerlei Hinsicht Risiken für den kindlichen Organismus. Zum einen kann nicht sicher vorhergesehen werden, wie junge Organe auf Medikamente reagieren, die für stabile und ausgewachsene Organe hergestellt wurden. Zum anderen stellt die Dosierung den behandelnden Arzt vor eine Herausforderung. Die Dosierung für erwachsene Patienten wird anhand der „body surface area" (d.h. Körperoberfläche) im Verhältnis zum

---

315 Stellungnahme Zentrale Ethikkommission zur Forschung mit Minderjährigen 2004, S. 1; DRZE zur Medizinischen Forschung mit Minderjährigen 2010, S. 1, 7.
316 *Wachenhausen*, in: Arzneimittelgesetz, § 40 Rn. 101; Deutsches Ärzteblatt 2009, 106 (3), S. 25 ff.
317 Deutsches Ärzteblatt 2009, 106 (3), S. 28.
318 *Seyberth*, in: Speer/Gahr, Pädiatrie, S. 1040.

Körpergewicht bestimmt[319]. Die Übertragung dieser Formel auf Neugeborene und Kleinkinder würde jedoch in den meisten Fällen zu einer erheblichen Überdosierung führen[320]. Bedenklich ist ohnehin, dass selbst für Kinder zugelassene Arzneimittel eine Dosierungsempfehlung enthalten, die aufgrund von Einzelbeobachtungen oder des Herunterrechnens der Dosis für Erwachsene erstellt wurde[321]. Die Restriktionen in der Forschung mit Minderjährigen lassen viele Fragen offen, sodass Kinder zu „therapeutic orphans"[322] werden. Diesen Begriff prägte der Kinderarzt Harry Shirkey[323] und beschrieb damit die Vernachlässigung der Entwicklung neuer kinderspezifischer medizinischer Präparate gegenüber solchen für Erwachsene. Als Auslöser nannte Shirkey die Forderung nach ausführlicher Prüfung neuer Wirkstoffe im Anschluss an die Contergan-Vorfälle[324]. Anstelle der Durchführung einer Testreihe an Kindern bringen viele Pharmahersteller Medikamente mit einer Ausschlussklausel für Minderjährige auf den Markt[325]. Für die Pharmakonzerne ist eine solche Klausel vorteilhaft, da sie sich nicht mit den Gesetzen zur Forschung an Minderjährigen konfrontiert sehen und dadurch mehrere sehr kostenintensive pädiatrische Testreihen einsparen. Diese einseitigen Vorteile wirken sich andererseits nachteilig auf die Behandlung minderjähriger Patienten aus, da sich ihnen so weniger Therapiemöglichkeiten eröffnen. In der Stellungnahme der Zentralen Ethikkommission bei der Bundesärztekammer wurde bereits im Jahr 2004 Deutschlands schwierige, „kaum noch zu verantwortende Situation"[326] gerügt. Auch noch sechs Jahre später im Jahr 2010 wurde die Situation in der Veröffentlichung des Deutschen

---

319 DRZE zur Medizinischen Forschung mit Minderjährigen 2010, S. 14.
320 ebd.
321 *Seyberth*, in: Speer/Gahr, Pädiatrie, S. 1045.
322 *Shirkey*, in: Pediatrics 104 (3), 583 f.
323 Shirkey war Professor und Leiter des „Departement of pediatrics" an der Tulane University in New Orleans, Louisiana (1916–1995).
324 Zum Hintergrund: Zwischen 1957 und 1961 blieb unbemerkt, dass das Beruhigungsmittel Contergan, wenn während der Schwangerschaft eingenommen, zu Fehlbildungen beim Ungeborenen im Mutterleib führen konnte. Weitere Informationen in *Lenhard-Schramm*, Das Land Nordrhein-Westfalen und der Contergan-Skandal, Göttingen 2016.
325 *Shirkey*, in: Pediatrics 104 (3), 583 f.; DRZE zur Medizinischen Forschung mit Minderjährigen 2010, S. 1 ff.
326 Stellungnahme Zentrale Ethikkommission zur Forschung mit Minderjährigen 2004, S. 5.

Referenzzentrums für Ethik in den Biowissenschaften (DRZE) zur „Medizinische[n] Forschung mit Minderjährigen"[327] identisch geschildert.

Die Forschung begrenzende Regelungen, die dem Schutz minderjähriger Patienten dienen, finden sich im Arzneimittelgesetz, Medizinproduktegesetz sowie Transplantationsgesetz.

a) Gesetzliche Grundlagen für die medizinische Forschung an Minderjährigen

aa) Arzneimittelgesetz

Gesetzliche Grundlagen für die medizinische Forschung an Minderjährigen finden sich zunächst in § 40 Abs. 4, § 41 Abs. 2 und § 42 Abs. 1 des Arzneimittelgesetzes (AMG). § 40 Abs. 4 AMG enthält Regelungen für die Forschung an gesunden Minderjährigen, wohingegen § 41 Abs. 2 AMG eine Sonderregel für erkrankte Kinder darstellt. Zur klinischen Prüfung eines Arzneimittels an Minderjährigen müssen neben den allgemeinen für jeden Patienten geltenden Bestimmungen, die in § 40 Abs. 1 ff. AMG aufgeführt sind, weitere Voraussetzungen vorliegen. § 40 Abs. 4 Nr. 1 AMG verlangt, dass das „Arzneimittel zum Erkennen oder Verhüten von Krankheiten bei Minderjährigen bestimmt und die Anwendung des Arzneimittels nach den Erkenntnissen der medizinischen Wissenschaft angezeigt sein [...]" muss. Neben der medizinischen Indikation fordert § 40 Abs. 4 Nr. 2 AMG den Nachweis einer Notwendigkeit der Prüfung an Kindern. Das heißt, die erfolgreiche klinische Prüfung an Erwachsenen erweist sich als unzureichend, da sie in der Regel keine verwertbaren Ergebnisse für die pädiatrische Behandlung liefert. Darüber hinaus müssen Belastungen und Risiken für den jungen Patienten gering gehalten und fortlaufend überprüft werden (§ 40 Abs. 4 Nr. 4 AMG). Neben diesen forschungsspezifischen Vorschriften finden sich in § 40 Abs. 4 Nr. 3 AMG Regelungen zur Einwilligung in die klinische Arzneimittelprüfung. Dass die Einwilligungsfähigkeit nicht mit Hilfe eines starren Altersstufenmodells festgelegt werden kann, zeigt sich bereits beim ersten Blick auf die umfangreichen Ausführungen der Nr. 3: „Die Einwilligung wird durch den gesetzlichen Vertreter abgegeben [...]" und „muss dem mutmaßlichen Willen des Minderjährigen entsprechen, soweit ein solcher feststellbar ist." Grundsätzlich geht das AMG also von einem einwilligungsunfähigen minderjährigen Patienten aus. Ist der Minderjährige nicht mehr im Kleinkindalter, so ist er seinem Reifegrad angemessen über das Vorhaben und die damit verbundenen Risiken und Nutzen aufzuklären. Bringt der Patient

---

327 DRZE zur Medizinischen Forschung mit Minderjährigen 2010, S. 1 ff.

daraufhin zum Ausdruck, mit dem medizinischen Eingriff nicht einverstanden zu sein, haben sowohl die gesetzlichen Vertreter als auch der Arzt dies zu achten. Das AMG umschreibt damit das sogenannte Mitsprache- und Veto-Recht[328]. Zur Einwilligung ist der Minderjährige nicht berechtigt, jedoch kann er sich gegen die Einwilligung seines gesetzlichen Vertreters aussprechen, sofern deutlich wird, dass er die Behandlung verständig abgewogen hat. Ist er darüber hinaus sogar in der Lage, „Wesen, Bedeutung und Tragweite der klinischen Prüfung" zu erfassen, so ist auch seine Einwilligung in die Forschungsmaßnahme erforderlich[329]. Mit dem Patienten ist dann nicht nur ein bloßes Aufklärungs-, sondern ein intensives Beratungsgespräch zu führen, in dem die Bedingungen der klinischen Prüfung vollumfänglich und altersgerecht verständlich erörtert werden. § 40 Abs. 4 Nr. 3 AMG legt damit ein individuelles, an dem jeweiligen Patienten orientiertes Vorgehen fest. Es ist Aufgabe des behandelnden Arztes, die Entwicklungsstufe seines Patienten zu erkennen und ihn dementsprechend einzubinden. Gemäß § 41 Abs. 2 S. 1 AMG finden die Voraussetzungen des § 40 Abs. 1-4 AMG ebenfalls Anwendung auf erkrankte Minderjährige. Zusätzlich muss gem. § 41 Abs. 2 S. 1 Nr. 1 AMG das zu prüfende Arzneimittel angezeigt sein, um das Leben der betroffenen Person zu retten, ihre Gesundheit wiederherzustellen oder ihr Leiden zu erleichtern. § 41 Abs. 2 S.1 Nr. 2 AMG enthält weitere Einschränkungen, soweit die klinische Prüfung einem Gruppennutzen dienen soll. Die Prüfung darf nur mit einem minimalen Risiko und einer minimalen Belastung verbunden sein. § 41 Abs. 2 S. 2 AMG enthält weiterhin Voraussetzungen für einwilligungsunfähige Minderjährige.

bb) Medizinproduktegesetz

Maßgeblich für die Forschung an Minderjährigen ist daneben § 20 Abs. 4 des Medizinproduktegesetzes (MPG). Auch hierin werden minderjährige Patienten vergleichbar in die Entscheidung eingebunden. Zunächst obliegt es grundsätzlich dem gesetzlichen Vertreter, die Einwilligung in die klinische Prüfung eines Medizinproduktes zu erteilen. Je nach geistigem Reifegrad ist aber auch der Minderjährige in den Entscheidungsprozess einzubeziehen. Bei vollumfänglichem Verständnis des Geschehens ist sogar seine schriftliche Einwilligung

---

328 Obiter Dictum des BGH im Urteil v. 10.10.2006 – VI ZR 74/05, NJW 2007, 217 (218); *Nebendahl*, MedR 2009, 197 (198); *Wölk*, MedR 2001, 80 (83); *Coester-Waltjen*, MedR 2012, 553 (556).
329 *Wachenhausen*, Arzneimittelgesetz, § 40 Rn. 112.

erforderlich[330]. Somit müssen insbesondere bei verständigen Jugendlichen die eigene Einwilligung und kumulativ die des gesetzlichen Vertreters vorliegen.

cc) Ethik-Kommissionen

Unabhängig davon, ob der Patient voll- oder minderjährig ist, verankern sowohl das AMG als auch das MPG das Erfordernis der zustimmenden Bewertung zur klinischen Prüfung durch eine Ethik-Kommission (vgl. § 40 Abs. 1 i.V.m. § 42 AMG und § 20 Abs. 1 i.V.m. § 22 MPG). Die Genehmigung erfolgt dann durch die zuständige Bundesbehörde (§ 40 Abs. 1 i.V.m § 42 Abs. 2 AMG und § 20 Abs. 1 i.V.m. § 22a MPG). Die Ethik-Kommission berät, ob eine Genehmigung nach ethischen, psychosozialen und rechtlichen Gesichtspunkten möglich ist. § 42 Abs. 1 AMG fordert, dass die Kommission Sachverständige und Gutachter auf dem Gebiet der Kinderheilkunde anzufordern hat, sofern sie nicht über eigene qualifizierte Fachkenntnisse verfügt.

b) Anwendung des Transplantationsgesetzes bei Minderjährigen

Auch das Transplantationsgesetz (TPG) manifestiert in § 8 Abs. 3 TPG die Einberufung einer Kommission, bevor einem Lebenden (sowohl voll- als auch minderjährig) ein Organ entnommen werden darf. Im Unterschied zum AMG und MPG wird die Kommission nach landesrechtlichen Bestimmungen gebildet, sie muss sich aber zwingend aus einem unabhängigen Arzt, einer Person mit Befähigung zum Richteramt und einem Psychologen zusammensetzen. Ausdrücklich geregelt ist die Entnahme von Knochenmark bei minderjährigen Personen in § 8 a TPG. Darin wird die Entnahme von Knochenmark an diverse Voraussetzungen geknüpft. Unter anderem findet sich in § 8 a Nr. 4 TPG das Einwilligungsrecht des gesetzlichen Vertreters, das unabhängig von der Einsichts- und Urteilsfähigkeit des minderjährigen Patienten erforderlich ist. Daneben enthält der Paragraph die Aufklärungspflicht gegenüber dem Minderjährigen sowie gem. § 8 a Nr. 5 TPG ein Mitspracherecht des Minderjährigen, sofern er in der Lage ist, Wesen, Bedeutung und Tragweite der Entnahme zu erkennen[331]. Zusätzlich fordert das TPG eine Entscheidung des Familiengerichts im Sinne des § 1629 Abs. 2 S. 3 i.V.m. § 1796 BGB, wenn das Knochenmark für Verwandte ersten Grades, also Elternteile des Kindes, verwendet werden soll. Dem betroffenen Elternteil wird auf Grund der Interessenkollision zwischen eigener Gesundheit

---

330 *Rehmann*, in: Medizinproduktegesetz, § 20 Rn. 15.
331 *Häberle*, in Strafrechtliche Nebengesetze, § 8 a Rn. 1.

und der des Kindes die Vertretungsmacht entzogen[332]. In den vorab dargestellten Gesetzen zur Forschung an Minderjährigen wurde keine Einbindung des Familiengerichts verlangt. Dies begründet sich damit, dass die Forschungsmaßnahme auch dem Minderjährigen selbst zu Gute kommen und etwaige gesundheitliche Risiken minimal gehalten werden sollen. Die Übertragung von Knochenmark hingegen hat für den Minderjährigen keinen Nutzen und stellt zum Nachteil des jungen Spenders einen Vorteil für seinen Verwandten, den Knochenmarkspende-Empfänger, dar. Somit sind die strikten gesetzlichen Vorgaben des § 8 a TPG zum Schutz der Gesundheit des Kindes und des Kindeswohls erforderlich. Lebendorganspenden Minderjähriger sind außerhalb der im Transplantationsgesetz geschilderten Fälle nicht zulässig[333]. In postmortale Organspenden können Minderjährige gem. § 2 Abs. 1a und Abs. 2 TPG mit Vollendung des 16. Lebensjahres einwilligen. Mit Vollendung des 14. Lebensjahres können sie einer postmortalen Spende widersprechen, § 2 Abs. 2 TPG.

c) Medizinische Behandlungen unter Beachtung der elterlichen Sorge

Neben den speziellen Gesetzen finden sich auch im Bürgerlichen Gesetzbuch Regelungen zur medizinischen Behandlung Minderjähriger. Im 4. Buch hat der Gesetzgeber in den §§ 1631b, 1631c und 1631d BGB Voraussetzungen und Einschränkungen bestimmter Behandlungen festgelegt.

§ 1631b BGB enthält Voraussetzungen für die freiheitsentziehende Unterbringung Minderjähriger. Die Unterbringung in einer geschlossenen Einrichtung bedarf, außer in Eilfällen, der Genehmigung des Familiengerichts, § 1631b S.1 BGB. Sie ist gem. § 1631b S. 2 HS. 2 BGB nur zulässig, wenn keine mildere Maßnahme zur Verfügung steht. Das Familiengericht hat, unter Berücksichtigung des Rechts der Sorgeberechtigten auf Bestimmung des Aufenthaltsortes ihres Kindes, eine Verhältnismäßigkeitsprüfung durchzuführen[334]. Darüber hinaus muss die geschlossene Unterbringung „im wohlverstandenen Interesse des Kindes liegen"[335], d.h. die Abwendung der Selbst- oder Fremdgefährdung bezwecken, § 1631b S. 2 HS. 1 BGB.

---

332 *Schmidt-Recla*, GesR 2009, 566 (570).
333 *Coester-Waltjen*, MedR 2012, 553 (556).
334 *Götz*, in: Palandt, § 1631b BGB Rn. 9.
335 *Götz*, in: Palandt, § 1631b Rn. 8.

§ 1631c BGB enthält das absolute Verbot[336] der Sterilisation eines Kindes, um einen voreiligen und in seiner Gesamtheit nicht absehbaren körperlichen Eingriff zu verhindern[337].

Die medizinisch nicht indizierte Beschneidung von nicht einsichts- und urteilsfähigen Kindern wird in § 1631d BGB an die Voraussetzungen der Einhaltung der ärztlichen Kunst (Abs. 1 S. 1) und der Berücksichtigung des Kindeswohles (Abs. 1 S. 2) geknüpft. § 1631d Abs. 2 BGB erlaubt zudem, die religiös motivierte Beschneidung von Kindern bis zum Alter von sechs Monaten durch jemanden, der kein Arzt aber ähnlich qualifiziert ist. Die medizinisch notwendige Beschneidung fällt nicht in den Anwendungsbereich des § 1631d BGB. Ebenso verhält es sich mit einsichtsfähigen Minderjährigen, die auch vor Eintritt der Volljährigkeit in ihre Beschneidung einwilligen dürfen[338]. § 1631d BGB ist beispielhaft dafür, dass Normen einen Ausgleich zwischen Kindes- und Elternrechten herbeiführen können. Die Beschneidung tangiert das Recht des Kindes auf körperliche Unversehrtheit (Art. 2 Abs. 2 GG), sein Recht auf Ausübung der eigenen Religion (Art. 4 Abs. 2 GG), aber eben auch das Recht der Eltern auf Bestimmung der Religionszugehörigkeit ihres Kindes (Art. 4 GG sowie Art. 6 GG)[339] und das einfachgesetzlich ausgestaltete Recht zur Personensorge aus § 1626 BGB[340].

d) Berücksichtigung in den Grundsätzen der ärztlichen Sterbebegleitung

Neben den einfachgesetzlichen Vorschriften berücksichtigen auch die „Grundsätze der Bundesärztekammer zur ärztlichen Sterbebegleitung"[341] im Abschnitt V schwerstkranke und im Sterbeprozess befindliche Kinder und Jugendliche. Die Bundesärztekammer teilt die Minderjährigen in drei Entwicklungsstufen auf: Neugeborene, Kinder und Jugendliche. Grundsätzlich sind die Sorgeberechtigten für die ärztliche Behandlung ihres Kindes zuständig. Dieser Grundsatz gilt insbesondere für Neugeborene und extrem unreife Kinder, d.h. solche mit schwersten körperlichen und geistigen Beeinträchtigungen.

Sind die Organe eines Säuglings nach der Geburt zu schwach, um selbständig zu funktionieren, und liegt Einvernehmen zwischen Arzt und Sorgeberechtigten

---

336 *Götz*, in: Palandt, § 1631b Rn. 1.
337 *Kemper*, in: Schulze BGB, § 1631c Rn. 1.
338 *Kemper*, in: Schulze BGB, § 1631d Rn. 2.
339 *Kemper*, in: Schulze BGB, § 1631d Rn. 1.
340 *Götz*, in: Palandt, § 1631d Rn. 1.
341 Grundsätze der BÄK zur ärztlichen Sterbebegleitung in: Deutsches Ärzteblatt 2011, 108 (7), A 346 – A 348.

vor, so gestatten die Grundsätze das Unterlassen oder Beenden lebenserhaltender Maßnahmen, wenn keine Aussicht auf Heilung oder Besserung besteht und das Sterben unausweichlich unmittelbar bevorsteht.

Kinder sind über ihre Erkrankung und den Sterbeprozess „wahrheits- und altersgemäß zu informieren". Die Entscheidungskompetenz liegt zwar noch immer bei den Sorgeberechtigten, die kleinen Patienten sollen aber ihrem Entwicklungsstand angemessen in die Entscheidungen einbezogen werden. Äußert ein Kind einen bestimmten Behandlungswunsch oder fällt es eine Entscheidung, nachdem es kindgerecht aufgeklärt wurde, so muss dieser Wille berücksichtigt werden. Die BÄK gesteht schwerstkranken Kindern zu, durch die vorangegangenen Behandlungen „oft einen frühen Reifungsprozess" durchlebt zu haben, wodurch sie ein „hohes Maß an Entscheidungskompetenz" bekommen[342].

Für Jugendliche gilt selbstverständlich Gleiches. Zusätzlich ist deren Entscheidungskompetenz weiter gefasst. In ihren Grundsätzen zur Sterbebegleitung folgt die BÄK der Grundsatzentscheidung des BGH von 1958[343], wonach ein Minderjähriger in einen Eingriff rechtswirksam einwilligen kann, wenn er in der „Lage ist, Bedeutung und Tragweite der ärztlichen Maßnahme zu verstehen und zu beurteilen". Für die Durchführung bedeutsamer und riskanter ärztlicher Maßnahmen besteht weiterhin eine kumulative Einwilligungszuständigkeit für Kind und Eltern. Der mündige Patient kann aber nicht nur einwilligen, sondern auch Entscheidungen ablehnen, so dass ihm ein vollumfängliches Veto-Recht zusteht. Spätestens ab dem 16. Lebensjahr kann von einer solchen Reife ausgegangen werden. Die BÄK setzt damit jedoch keine feste Altersgrenze, wie der Wortlaut „Davon wird ab einem Alter von 16 Jahren *regelmäßig* ausgegangen" verdeutlicht[344].

Die Grundsätze sehen in zweierlei Sachverhalten die Notwendigkeit, das Familiengericht anzurufen: zum einen, wenn das Verhalten der Sorgeberechtigten das Kindeswohl gefährdet, und zum anderen, wenn Meinungsverschiedenheiten zwischen den Sorgeberechtigten intern oder zwischen Sorgeberechtigten und Kind nicht beigelegt werden können.

---

342 Grundsätze der Bundesärztekammer zur ärztlichen Sterbebegleitung, S. 348.
343 BGH Urteil v. 05.12.1958 – VI ZR 266/57, NJW 1959, 811; Einwilligung Minderjähriger wurde auch schon im Jahr 1929 danach beurteilt, ob Fähigkeit, Bedeutung und Tragweite zu verstehen, vorhanden ist, in: *Peicher*, Die Sterbehilfe im Strafrecht, S. 54 f.
344 Grundsätze der Bundesärztekammer zur ärztlichen Sterbebegleitung, S. 348.

e) Bedeutung der Gesetze für die Sterbehilfe bei Minderjährigen

Nun fragt sich, wie der Umgang mit Minderjährigen in diesen Gesetzen die Sterbehilfethematik beeinflusst.

Gemeinsam ist den Gesetzen, dass der Gesetzgeber stets zwischen Geschäfts- und Einwilligungsfähigkeit unterscheidet. Jedes Gesetz beinhaltet dann aber ein individuelles Einwilligungsmodell, wodurch die Rechtslage unübersichtlich bleibt. Die Gesetze geben weder Ärzten, Pflegern noch dem Patienten und seinen Angehörigen einen klar strukturierten Rahmen vor.

Die Gesetzestexte § 40 AMG, § 20 MPG und § 8 a TPG unterscheiden nicht zwischen den Begriffen der Zustimmung und Einwilligung, sondern wählen einheitlich den Wortlaut „Einwilligung". Geht es um die Rechte der Minderjährigen, meinen sie jedoch einhellig „Zustimmung". Sowohl für die klinische Prüfung von Arzneimitteln und Medizinprodukten als auch für die Organ- und Gewebeentnahme ist die Einwilligung der gesetzlichen Vertreter notwendig, ganz gleich welche geistige Reife der minderjährige Patient besitzt. Obendrein ist auch die Zustimmung des Minderjährigen erforderlich, sobald dieser Vorteile gegen Risiken der Behandlung abwägen kann. Er kann dann entweder zustimmen oder ablehnen, also von seinem Veto-Recht Gebrauch machen. Für die Sterbehilfedebatte bedeutet dies, dass eine eindeutige Regelung der Einwilligung und Zustimmung ausgearbeitet werden sollte, um Fehlinterpretationen der Gesetzestexte zu vermeiden. Folgerichtig erscheint hingegen, die Festlegung auf feste Altersstufen zu Gunsten der individuellen geistigen Fähigkeiten von Minderjährigen zu vermeiden.

Anders verhält sich dies bei der Beschneidung des männlichen Kindes. § 1631d Abs. 2 BGB enthält eine feste Altersgrenze. Die religiös motivierte, medizinisch nicht indizierte Beschneidung darf bei einem Säugling bis zum 6. Lebensmonat auch von einer Person durchgeführt werden, die kein Arzt ist. Diese Altersgrenze ist jedoch im Übrigen für die Ausarbeitung eines Sterbehilfegesetzes für Minderjährige irrelevant, da der Eingriff nicht mit der Behandlung einer bereits angelegten Krankheit einhergeht.

Entscheidungen bezüglich passiver und indirekter Sterbehilfe können einwilligungs- bzw. zustimmungsfähige Minderjährige in der Form treffen, dass sie den Abbruch ihrer medizinischen Behandlung mitbestimmen. Die indirekte und passive Sterbehilfe sind zwar nicht einfachgesetzlich ausformuliert, finden sich aber ausdrücklich in den Grundsätzen der BÄK zur Sterbebegleitung und in den Grundgedanken der Forschungs- und Transplantationsgesetze wieder. Für den ärztlich assistierten Suizid und die aktive Sterbehilfe bei Minderjährigen können hieraus jedoch keine Rechtsgrundlagen abgeleitet werden.

Die medizinische Behandlung Minderjähriger im Rahmen der elterlichen Sorge enthält, wie bereits vorab dargestellt, in § 1631c BGB das absolute Verbot der Sterilisation des Kindes. Das Verbot dieses unumkehrbaren Vorgangs könnte darauf hindeuten, dass somit das unumkehrbare Leisten von Sterbehilfe bei Minderjährigen erst recht verboten ist. Gegen diesen Rückschluss, der schlichtweg auf dem gemeinsamen Nenner der „Unumkehrbarkeit" beruht, spricht aber, dass der Regelungsgehalt eines einfachen Gesetzes nicht derart weit reichen kann. Selbst durch Auslegung dieser Norm ist kein anderes Ergebnis zu erreichen, da zum einen bereits die erforderliche Regelungslücke fehlt und zum anderen der Auslegungskanon, der die grammatikalische, systematische, historische, teleologische und verfassungskonforme Auslegung umfasst, keine Ausweitung auf das Gebiet der Sterbehilfe zulässt. Für anderweitige medizinische Behandlungen ist das Verbot somit nicht maßgeblich.

Somit lässt sich einzig den Forschungs- und Transplantationsgesetzen ein Grundgedanke entnehmen: Mindestvoraussetzungen einer Sterbehilfeerlaubnis für Minderjährige sollten sein
1. die Einberufung einer Ethik-Kommission als Genehmigungsinstanz, wie sie das AMG und MPG vorschreiben, und/oder
2. das Familiengericht als Genehmigungsinstanz im Voraus und Kontrollinstanz während der Durchführung, wie es das TPG und § 1631b BGB vorsehen.

Zwar zielen die Gesetze eigentlich nicht darauf ab, einen rechtlichen Rahmen für Sterbehilfe zu bieten, ihre rechtlichen Grundvoraussetzungen können aber mit Hilfe eines „Erst-Recht-Schlusses" als Basisregelung für die Sterbehilfe zu werten sein. Denn wenn schon bei den geringfügigeren Eingriffen der Forschungs- und Transplantationsmaßnahmen eine Kommissionsentscheidung oder zur geschlossenen Unterbringung ein Gerichtsbeschluss beigebracht werden muss, dann sollte dies erst recht der Fall sein, wenn über die Beendigung des Lebens eines Menschen befunden werden soll.

Gewiss kann man Forschungs- und Transplantationsmaßnahmen nicht als geringfügig bezeichnen, da auch sie zu einer irreversiblen Verschlechterung des Gesundheitszustandes und unter Umständen zum Tod des Patienten führen können. Auch die Entziehung der Freiheit durch die Unterbringung in einer geschlossenen Einrichtung ist kein geringfügiger Eingriff in die persönliche Entfaltung. Diese Maßnahmen zielen aber nicht auf den Patiententod ab, wie es der Sterbehilfe immanent ist.

2. Übertragbarkeit der Gesetze für Voll- auf Minderjährige

Da die Gesetze, die minderjährige Patienten ausdrücklich berücksichtigen und ihre Behandlungsoptionen regeln, kaum Rückschlüsse zur Sterbehilfe bei Minderjährigen ziehen lassen, fragt sich, ob die Gesetze für Volljährige herangezogen und auch auf Minderjährige übertragen werden können. Möglicherweise könnte im Wege der Gesetzesauslegung oder mit Hilfe von Analogien Rechtsklarheit für die jungen Patienten geschaffen werden.

Ausgangspunkt aller Überlegungen ist neben der Wahrung des Kindeswohls stets das medizinische Selbstbestimmungsrecht des Minderjährigen und die Frage, wie umfassend ein solches ausgeprägt ist. Medizinische Entscheidungen können Volljährige mit Hilfe der Patientenverfügung auch bereits für künftige Behandlungen treffen. Gesteht man auch Minderjährigen ein Selbstbestimmungsrecht zu, so wäre es nur konsequent, ihren Patientenverfügungen ebenfalls Gültigkeit zukommen zu lassen. Ebenso interessant ist die Untersuchung des medizinischen Selbstbestimmungsrechts Minderjähriger im Rahmen eines Schwangerschaftsabbruchs. Dürfen sie über das Leben des Ungeborenen frei bestimmen oder gilt es, die Erziehungsberechtigten einzubeziehen?

a) Schwangerschaftsabbruch bei Minderjährigen

Der Tatbestand des Schwangerschaftsabbruchs findet sich in den §§ 218 ff. StGB. Die Normen unterscheiden nicht zwischen Voll- und Minderjährigkeit, so dass für den Schwangerschaftsabbruch bei Minderjährigen auch ein Blick auf das Sorgerecht der Eltern aus § 1626 Abs. 1 BGB angebracht ist. Es gilt, einen Ausgleich zwischen straf- und zivilrechtlichen Erfordernissen zu schaffen. Nach § 218a StGB kann die Schwangere den Abort verlangen, nachdem sie eingehend beraten wurde. Das heißt, in strafrechtlicher Hinsicht muss die Minderjährige in den Schwangerschaftsabbruch aktiv einwilligen und ihn ausdrücklich verlangen[345], um ihr Entscheidungsrecht ausüben zu können[346]. Die Einwilligung wird wirksam, sobald die Schwangere aus Sicht des Arztes die natürliche Einsichts- und Urteilsfähigkeit erkennen lässt[347], das heißt Tragweite und Bedeutung ihrer Entscheidung versteht. Die Freiheit ihrer Entscheidung wird unter anderem durch § 218 Abs. 2 StGB und § 170 Abs. 2 StGB geschützt. In zivilrechtlicher Hinsicht muss die Minderjährige geschäftsfähig sein, insbesondere um den

---

345   *Kühl*, in: Lackner/Kühl, § 218a Rn. 4; *Seibel*, Straf- und zivilrechtliche Probleme des „beratenen" Schwangerschaftsabbruchs, S. 15.
346   *Frommel*, Schwangerschaftsabbruch bei Minderjährigen, S. 2.
347   *Eser*, in: Schönke/Schröder StGB, § 218a Rn. 61.

Behandlungsvertrag mit dem Arzt wirksam schließen zu können. Das Strafund Zivilrecht wirken bezüglich der Eigenständigkeit der Minderjährigen (Erfordernis der bloßen Einsichts- oder gar Geschäftsfähigkeit) in entgegengesetzte Richtungen, sodass sich die Frage stellt, ob der gesetzliche Vertreter stets mit einbezogen werden muss. Im Gegensatz zu einer Operation am eigenen Leib kann das medizinische Selbstbestimmungsrecht der Minderjährigen nicht alleine oder mittels eines Veto-Rechts ausgeübt werden, da hier das Kindeswohl des ungeborenen Kindes mit dem Kindeswohl der minderjährigen Mutter kollidiert[348]. Anderer Ansicht nach steht die Gewissensentscheidung der Schwangereren im Fall des Schwangerschaftsabbruchs über dem Aspekt des Kindeswohls[349]. Grundsätzlich könnte daher die Einwilligung der Eltern bzw. Sorgeberechtigten erforderlich sein. Umstritten ist jedoch, bis zu welcher Altersgrenze der minderjährigen Mutter dies gilt. Das Sorgerecht aus § 1626 Abs. 1 BGB erlischt erst mit Erreichen der Volljährigkeit. Daran ändert auch § 1626 Abs. 2 BGB nichts, der die Einbindung des Kindes in Entscheidungen mit zunehmender Reife normiert. Ein Verlust des Entscheidungsrechts geht damit nicht einher[350]. § 36 SGB I verhilft Minderjährigen ab 15 Jahren mit Sozialleistungen zur Kostenübernahme eines Eingriffs, selbst wenn der Behandlungsvertrag mangels Genehmigung des gesetzlichen Vertreters zivilrechtlich unwirksam ist. In Ausnahmefällen kann das Entscheidungsrecht daher doch alleine bei der Minderjährigen liegen, insbesondere wenn die Eltern bevormundend und nicht entscheidungsoffen mit ihrer Tochter reden[351]. Dieses Ergebnis unterstreichend erläutert Frommel, dass die gesetzlichen Vertreter der Schwangeren keine über den Staat hinausgehenden Rechte und Pflichten haben können, da die Schutzpflicht des Staates bereits erfüllt wird, indem er für eine ergebnisoffene Beratung zur Entscheidungsfindung der Schwangeren sorgt[352]. Das „Schutzkonzept der Beratungslösung"[353] würde sonst leer laufen. Einen strafbefreiten Schwangerschaftsabbruch i.S.d. § 218a StGB dürfen Ärzte mithin auch bei einwilligungsfähigen Minderjährigen vornehmen, ohne dass die gesetzlichen Vertreter zustimmen. Problematischer gestaltet sich dies bei einwilligungsunfähigen Schwangeren. Tritt hier ein unüberbrückbarer Konflikt mit den Erziehungsberechtigten – etwa aus ethisch-religiösen Motiven

---

348 *Olzen,* in: MüKo BGB, § 1666 Rn. 66.
349 *Frommel,* Schwangerschaftsabbruch bei Minderjährigen, S. 5.
350 *Olzen,* in: MüKo BGB, § 1666 Rn. 70.
351 *Frommel,* Schwangerschaftsabbruch bei Minderjährigen, S. 3.
352 ebd.
353 *Frommel,* Schwangerschaftsabbruch bei Minderjährigen, S. 4.

– auf, so ist ein Familiengericht anzurufen und die Entscheidung des gesetzlichen Vertreters nach § 1666 Abs. 3 Nr. 5 BGB zu ersetzen.

b) Patientenverfügungen von Minderjährigen

Das für Minderjährige bestehende Entscheidungsrecht im Rahmen von Schwangerschaftsabbrüchen geht mit der Beendigung eines Lebens, sogar dem Leben eines Dritten, einher. Ebenso könnte sich daher ein Entscheidungsrecht in Form des Verfassens einer Patientenverfügung gebieten.

Wie bereits im zweiten Kapitel ausführlich dargestellt, dienen Patientenverfügungen im Sinne des § 1901a BGB dazu, im Zeitpunkt der eigenen Einwilligungsfähigkeit Behandlungswünsche zu äußern bzw. bestimmte Behandlungsmaßnahmen abzulehnen für den Fall des Eintritts der Einwilligungsunfähigkeit. Sie stellen also kein direktes Sterbehilfegesetz dar, stehen aber in so engem Zusammenhang mit dem willensgesteuerten selbstbestimmten Ableben, dass sie unmittelbaren Einfluss auf die indirekte und passive Sterbehilfe nehmen. Vor Einführung des aktuellen Gesetzes wurde mit verschiedenen Gesetzentwürfen gestritten, ob für das wirksame Verfassen einer Patientenverfügung die Geschäfts- oder Einwilligungsfähigkeit oder Volljährigkeit notwendig ist. Die Geschäftsfähigkeit des Erklärenden richtet sich nach §§ 104 ff. BGB und sollte im Zeitpunkt des Verfassens der Verfügung vorliegen[354]. Sowohl die herrschende Lehre als auch der Bundesgerichtshof[355] befinden die Einwilligungsfähigkeit für ausreichend, begründet damit, dass die Patientenverfügung eine antizipierte Einwilligung in einen ärztlichen Heileingriff sei. Die Einwilligungsfähigkeit wiederum ist nicht an die Volljährigkeit geknüpft, sondern an die Fähigkeit, Tragweite, Bedeutung und Risiken der Entscheidung zu verstehen und seinen Willen danach auszurichten[356].

Im Gegensatz zu den anderen Gesetzesentwürfen sah der Stünker-Entwurf[357] eine Verknüpfung von Einwilligungsfähigkeit und Volljährigkeit vor

---

354 *Zuck*, in: Medizinrecht, § 68 Rn. 170; *Kaiser*, in: Handbuch Medizinrecht, §12 Rn. 497.
355 BGH Beschl. v. 17.03.2003 – XII ZB 2/03, NJW 2003, 1588 (1589); *Kaiser*, in: Handbuch Medizinrecht, §12 Rn. 498; *Beermann*, FPR 2010, 252 (252); *Brodführer*, Die Regelung der Patientenverfügung, S. 62; *Borrmann*, Akzessorietät des Strafrechts zu den betreuungsrechtlichen Regelungen, S. 259.
356 BGH Urteil v. 05.12.1958 – VI ZR 266/57, NJW 1959, 811 (811); *Lesch*, NJW 1989, 2309 (2309); *Spickhoff*, FamRZ 2009, 1949 (1950); *Müller*, BeckOK BGB, § 1901a Rn. 12; *Schwab*, in: MüKo BGB, § 1901a Rn. 9.
357 BT-Drucksache 16/8442, S. 12.

und ebnete damit den Weg zum heutigen § 1901a BGB. Nach Sternberg-Lieben/ Reichmann[358] mangelt es den §§ 1901a ff. BGB durch diese Verknüpfung an Schlüssigkeit, da die Einwilligung eben keine Willenserklärung, sondern die Gestattung einer tatsächlichen Handlung sei[359], durch die das Persönlichkeitsrecht ausgeübt wird[360].
Die Einordnung als Willenserklärung ist insofern wichtig, da bei Annahme einer solchen die §§ 104 ff. BGB Anwendung finden müssten[361]. Nach dieser Ansicht besteht eine Rechtsähnlichkeit, da medizinische Eingriffe sogar weitaus gravierender sein können als der Abschluss eines Rechtsgeschäfts[362]. Nach anderer Ansicht ist die Einwilligung keine Willenserklärung, §§ 104 ff. BGB seien jedoch analog aus Gründen des Verkehrsschutzes anzuwenden. Gestützt wird diese Auffassung vom Wortlaut der §§ 630a ff. BGB. Die Zusammenschau von § 630a Abs. 1 BGB und § 630d Abs. 1 BGB zeigt, dass die Geschäftsfähigkeit Voraussetzung für die Eigenschaft als Patient im Sinne des Gesetzes zur Verbesserung der Rechte von Patientinnen und Patienten ist. Dieses Ergebnis ist vom Gesetzgeber ausweislich der Gesetzesbegründung auch gewollt[363] unter Anerkennung, dass es im Einzelfall, beispielsweise bei Kindern, zulässige Ausnahmen gibt[364]. Als weiteres Argument diente lange Zeit, dass die individuelle Ermittlung der Einwilligungsfähigkeit eine Gefährdung der Rechtssicherheit der ärztlichen Behandlung darstelle[365]. Entkräften lässt sich das Argument wiederum, da der Verkehrsschutz hinter dem Minderjährigenschutz, wozu auch das Selbstbestimmungsrecht zählt, zurücktreten muss[366]. Daher wandelte sich im Laufe der letzten Jahre die Haltung grundlegend, hin zur Bejahung der Einwilligung durch das Kind in die eigene ärztliche Behandlung[367]. Dennoch könnte ein Argument zu Gunsten der analogen Anwendung der §§ 104 ff. BGB sein, dass Minderjährigen Geschäfte des Alltags verboten oder zumindest unter Auflage

---

358 *Sternberg-Lieben/Reichann*, NJW 2012, 257 (259).
359 So auch *Holzhauer*, FamRZ 2006, 518 (519) und *Coester-Waltjen*, MedR 2012, 553 (556); *Spickhoff*, Medizinrecht, § 1901a Rn. 4.
360 *Lipp*, FamRZ 2004, 317 (320); BGH Urteil v. 05.12.1958 – VI ZR 266/57, NJW 1959, 811.
361 *Mameghani*, Der mutmaßliche Wille, S. 93.
362 *Kaeding/Schwenke*, MedR 2016, 935 (936).
363 BT-Drucksache 17/10488, S. 37 Anlage 3.
364 BT-Drucksache 17/10488, S. 52 Anlage 4.
365 *Gitter*, in: MüKo zum BGB 1993, § 104 Rn. 89.
366 *Borrmann*, Akzessorietät des Strafrechts zu den betreuungsrechtlichen Regelungen, S. 258.
367 *Huber*, in: MüKo zum BGB § 1626 Rn. 42 ff.

gestellt sind und daher nicht einzusehen sei, warum sie im medizinischen Bereich mündiger sein sollten[368]. Diese Feststellung entbehrt der Vergleichbarkeit, da es bei ärztlichen Behandlungen nicht um die Abwicklung von Waren- oder Massengeschäften geht und der Einzelfall höchstpersönliche Rechtsgüter betrifft, die individuell betrachtet werden müssen[369]. Außerdem zeigen auch das AMG, MPG und TPG, dass der Gesetzgeber zwischen Geschäfts- und Einwilligungsfähigkeit trennt. Daher scheidet die analoge Anwendung der §§ 104 ff. BGB aus[370] und die Einwilligung ist eine Gestattung einer tatsächlichen Handlung und eben keine Herbeiführung eines Willensaktes[371]. Das heißt, der Patient muss, wie auch schon beim Schwangerschaftsabbruch festgestellt, nur imstande sein, das Für und Wider abzuwägen.

Diese Fähigkeit können schon Minderjährige besitzen, wie auch der BGH spätestens mit dem Zugeständnis eines Veto-Rechts Minderjähriger bei medizinischen Behandlungen bestätigt[372]. Dieses Veto-Recht, als Ausdruck des Patientenwillens, ist vorrangig bei der medizinischen Behandlung zu berücksichtigen, wodurch ein Widerspruch zu § 1901a BGB entsteht und sich Minderjährige in ihrem Grundrecht auf medizinische Selbstbestimmung verletzt sehen. Der Grundrechtseingriff zu Lasten des Minderjährigen müsste verfassungsrechtlich gerechtfertigt sein. In Betracht kommt eine „staatliche Schutzpflicht für Leben und Gesundheit"[373]. Vorliegend würde der Staat den Patienten aber vor sich selbst und nicht vor Gefahren ausgehend von Dritten schützen. Im Fall der Einwilligungsunfähigkeit besteht eine Schutzpflicht, jedoch können Minderjährige, wie soeben dargestellt, entscheidungs- und einwilligungsfähig sein. Der Minderjährigenschutz lässt kein anderes Ergebnis zu. Richtig ist, dass den Staat besondere Pflichten gegenüber Minderjährigen als den Schutzbedürftigsten der Gesellschaft treffen. Ebenso kommt der elterlichen Sorge auf Grund des Näheverhältnisses eine höhere Schutzfunktion zu als der beim Betreuten[374]. Dennoch ist es widersprüchlich, Minderjährigen einerseits medizinische Verantwortung zuzugestehen und den Patientenwillen als bindend zu werten, um

---

368 *Wölk*, MedR 2011, 80 (82).
369 *Wölk*, MedR 2011, 80 (82); *Nebendahl*, MedR 2009, 197 (199).
370 BGH Urteil v. 05.12.1958 – VI ZR 266/57, NJW 1959, 811 (811); *Kaeding/Schwenke*, MedR 2016, 935 (936); *Nebendahl*, MedR 2009, 197 (200).
371 *Schmitt*, in: MüKo BGB § 107 Rn. 10; *Kaeding/Schwenke*, MedR 2016, 935 (936).
372 Obiter Dictum des BGH im Urteil v. 10.10.2006 – VI ZR 74/05, NJW 2007, 217 (218).
373 *Sternberg-Lieben/Reichann*; NJW 2012, 257 (260).
374 *Coester-Waltjen*, MedR 2012, 553 (559); zur elterlichen Sorge siehe auch *Streit*, Patientenverfügungen Minderjähriger, S. 58 ff.

sie im nächsten Moment wieder zu bevormunden. Das generelle Versagen der Entscheidungsbefugnis ist daher eine Beschneidung des medizinischen Selbstbestimmungsrechts Minderjähriger und lässt sich verfassungsrechtlich nicht mit einer staatlichen Schutzpflicht rechtfertigen[375].

Möglicherweise könnten die §§ 1901a ff. BGB analog angewendet oder verfassungskonform ausgelegt werden. Der eindeutige Wortlaut unter Bezugnahme auf Volljährige verhindert jedoch sogleich beide Möglichkeiten. Ebenso scheidet die stellvertretende Errichtung durch die gesetzlichen Vertreter wegen der Höchstpersönlichkeit der Patientenverfügung wie auch ein Umweg über § 1901a Abs. 2 wegen der Bezugnahme auf die in Abs. 1 geforderte Volljährigkeit aus[376].

Sternberg-Lieben/Reichmann sehen eine Möglichkeit in der verfassungskonformen Auslegung des § 1904 Abs. 5 BGB. Weder der Gesetzeswortlaut noch der gesetzgeberische Wille stünden der Einwilligungsbevollmächtigung einer Vertrauensperson des Minderjährigen entgegen. Dafür streitet, dass § 1904 BGB lediglich die partielle Geschäftsfähigkeit erfordert, womit Einsichts- und Urteilsfähigkeit des Vollmachtgebers gemeint sind. Bedenken gegen eine solche verfassungskonforme Auslegung erheben hingegen Coester-Waltjen und Spickhoff, da diese rechtsgeschäftliche Lösung im Ergebnis nur zu einer indirekten Selbstbestimmung des Minderjährigen führen würde, die ohnehin bereits über die Grundsätze des Kindeswohls abgedeckt sei[377]. Auch Bichler lehnt die Auslegung des § 1904 Abs. 5 BGB ab, da ein Minderjähriger die Vollmachterteilung, als selbständiges einseitiges Rechtsgeschäft, nur unter Mitwirkung der gesetzlichen Vertreter abschließen könne. Die Mitwirkung der gesetzlichen Vertreter sei jedoch höchst unwahrscheinlich, wenn deren Willen dem des Minderjährigen entgegenstünde[378]. Die Möglichkeit der analogen Anwendung der Normen des Betreuungsrechts, unter anderem auf Minderjährige, wird mangels unbewusster Regelungslücke ebenso von vielen Gerichten abgelehnt[379].

---

375 So auch *Sternberg-Lieben/Reichmann;* NJW 2012, 257 (260).
376 *Sternberg-Lieben/Reichann,* NJW 2012, 257 (261).
377 *Coester-Waltjen,* MedR 2012, 553 (560); *Spickhoff,* AcP 208, 2008, 345 (401).
378 *Bichler,* GesR 2014, S. 3.
379 BGH Beschl. v. 07.08. 2013 – XII ZB 559/11, NJW 2013, 2969 (2970); OLG Brandenburg Beschl. v. 17.02.2000 – 10 UF 45/99, NJW 2000, 2361 (2362); LG Essen Beschl. v. 12.03.1993 – 7 T 148/93, FamRZ 1993, 1347 (1348); LG München I Beschl. v. 18.02.1999 – 13 T 478/99, NJW 1999, 1788 (1789); LG Augsburg Beschl. v. 04.08.1999 – 5 T 2780/99, NJW 2000, 2363 (2364); AG Hamburg-Barmbek Beschl. v. 24.06.2008 – 887 F 49/06, FamRZ 2009, 792 (792); *Putz/Geißendörfer/May,* MM 141, S. 20.

Alternativ bietet sich ein Lösungsweg über die direkte Bindung des Arztes an die unwirksame Patientenverfügung des einwilligungsfähigen Minderjährigen an. Sein Wille wird hinreichend deutlich, selbst wenn das Dokument nach §§ 1901a ff. BGB unwirksam ist. Problematisch ist, dass bislang nicht höchstrichterlich entschieden wurde, ob Patientenverfügungen als unmittelbare Legitimationsgrundlage für ärztliches Handeln dienen[380]. Das Geflecht aus Grundrechten, Straf- und Betreuungsrecht sowie der länderspezifischen Berufsordnungen gibt keinen eindeutigen Aufschluss. Der betreffende Passus in den Empfehlungen der BÄK zum Umgang mit Vorsorgevollmacht und Patientenverfügung lautet: „Vorsorgliche Willensbekundungen von minderjährigen Patienten werden von den Vorschriften des Betreuungsrechts nicht erfasst, da das Betreuungsrecht nur für Volljährige gilt. Solche Äußerungen sind jedoch bei der Entscheidungsfindung im Kontext mit den Befugnissen der sorgeberechtigten Eltern bei der ärztlichen Behandlung des minderjährigen Patienten mit wachsender Reife zu beachten."[381]. Somit berücksichtigt die BÄK die §§ 1901a ff. BGB, schafft aber sogleich eine Verbindung zum medizinischen Selbstbestimmungsrecht in Form des Veto-Rechts des Minderjährigen.

Unumstritten hingegen ist die Möglichkeit der Errichtung einer sog. „Empfehlung zum Vorgehen in Notfällen" (EVN-Order)[382]. Dabei wird zwischen Arzt, Kind und Eltern für den Eintritt einer Notfallbehandlung vorzeitig eine Therapieentscheidung des minderjährigen Patienten getroffen. Dieses Vorgehen wird bei lebenslimitierenden Erkrankungen von Ärzten empfohlen[383] und bietet eine rechtssichere Alternative zur Patientenverfügung von Minderjährigen.

III. Alternativen zur Sterbehilfe bei Minderjährigen

Neben der restriktiven Handhabung der Forschungsvorhaben mit erkrankten Minderjährigen, erschweren fehlende personelle Kapazitäten auf dem Gebiet der pädiatrischen palliativmedizinischen Versorgung den Ausbau der pädiatrischen Behandlungsalternativen. Sowohl den Mitarbeitern der ambulanten Kinderpflegedienste als auch denen der Kinderhospize wird viel abverlangt. Deutschlandweit waren im Jahr 2012 ungefähr 50.000 Minderjährige von lebensverkürzenden

---

380 *Sternberg-Lieben,* in: Festschrift für Claus Roxin, S. 546; *Schork,* Ärztliche Sterbehilfe und die Bedeutung des Patientenwillens, S. 91.
381 Empfehlung der BÄK zum Umgang mit Vorsorgevollmacht, in: Deutsches Ärzteblatt 2013, 110(33–34), A 1580–1585.
382 Musterformular abgebildet in: *Speer/Gahr,* Pädiatrie, S. 1049.
383 *Firnau/Zernikow,* in: Speer/Gahr, Pädiatrie, S. 1048.

Erkrankungen betroffen[384]. Von ihnen sterben zwischen 3.500[385] bis 5.000[386] Kinder jährlich. Seit 1998 eröffneten 17 stationäre Kinder- und Jugendhospize deutschlandweit, die Kinder und Jugendliche ab der Diagnose der lebensverkürzenden Erkrankung begleiten und in den letzten Lebensmonaten rund um die Uhr betreuen. Ein wenig Entlastung erfahren die Kinderhospize durch das Angebot des ambulanten Hospizdienstes, der die gesamte Familie im eigenen Zuhause unterstützt. Eine weitere Alternative stellt auch bei minderjährigen Patienten die Palliativmedizin dar. Die Methoden der palliativmedizinischen Behandlung von Erwachsenen sind allerdings nicht auf die von Kindern übertragbar. Während diese bei volljährigen Patienten hauptsächlich gegen Krebsleiden angewandt werden, sind Kinderkrankheiten zumeist Stoffwechsel- oder Muskelerkrankungen und erfordern daher eine andere Herangehensweise und Behandlung. Wenige Ärzte sind hierauf spezialisiert, so dass sich die Palliativmedizin für Minderjährige erst noch entwickeln muss. Bislang gibt es in Deutschland nur drei Palliativstationen für Kinder. Seit Einführung des § 37b SGB V im Jahr 2007 hat jeder Patient mit einer nicht heilbaren und weit fortgeschrittenen Erkrankung, der einer besonders aufwändigen Versorgung bedarf, einen gesetzlichen Anspruch auf palliativmedizinische Versorgung. In Anbetracht der auch noch nach zehn Jahren bestehenden beschränkten Kapazitäten der drei Stationen fragt sich, wie die minderjährigen Patienten diesen Anspruch durchsetzen können. Hier besteht deutlicher Handlungsbedarf. Zum einen muss der Staat den Ausbau von Kinder-Palliativstationen u.a. finanziell fördern und zum anderen muss die palliativmedizinische Aus- und Fortbildung von Fachkräften verstärkt erfolgen. Erste Ansätze zur Verbesserung der Situation hat das Hospiz- und Palliativgesetz bereits bewirken können.

1. *Stationäre und ambulante Kinderhospizversorgung*

Im Jahr 1982 eröffnete in Oxford das weltweit erste Kinderhospiz namens „Helen House".[387] Weitere 16 Jahre vergingen, bis in Deutschland, in Olpe, das erste Kinderhospiz „Balthasar" eröffnete[388]. Ebenfalls Anfang der 90er Jahre wurden die ersten beiden ambulanten Hospizdienste in Berlin und Kirchheim unter

---

384 https://www.deutscher-kinderhospizverein.de/frag-den-dkhvde/frage7 (abgerufen am 26.04.2017).
385 *Mayer*, Münchner Ärztliche Anzeigen Februar 2014, S. 3.
386 *Kuhlen/Borkhardt*, Monatsschrift Kinderheilkunde OnlineFirst 30.03.2017, S. 1.
387 *Kuhlen/Borkhardt*, Monatsschrift Kinderheilkunde OnlineFirst 30.03.2017, S. 1.
388 *Bayer*, Kinder- und Jugendhospizarbeit: Celler Modell, S. 9.

Teck von Eltern schwerkranker Kinder gegründet[389]. An eine derart organisierte ambulante Versorgung im häuslichen Umfeld nach heutigen Maßstäben war damals jedoch noch nicht zu denken. Heute gewährt § 39a SGB V final erkrankten Patienten jeden Alters einen Anspruch auf ambulante oder, sollte diese nicht möglich sein, stationäre Hospizversorgung. Unterschieden wird die vollstationäre, teilstationäre und ambulante Hospizversorgung. Der Anspruch wird nach § 39a Abs. 1 S. 4 SGB V und § 39a Abs. 2 S. 8 SGB V durch den Spitzenverband Bund der Krankenkassen in Kooperation mit weiteren Spitzenorganisationen der stationären und ambulanten Hospizversorgung umgesetzt[390]. Die vereinbarten Rahmenbedingungen dienen der Orientierung der Hospizmitarbeiter und setzen Vorgehensweisen sowie Werte und Ziele der Hospizarbeit fest. Diese Rahmenvereinbarungen werden regelmäßig auf ihre Aktualität überprüft. Im März 2016 wurde die aktualisierte Rahmenvereinbarung zur ambulanten Hospizarbeit veröffentlicht. Diese umfasst, ebenso wie die Rahmenvereinbarungen zur stationären Hospizarbeit aus dem Jahr 2010, Regelungen sowohl für voll- als auch minderjährige Erkrankte, differenziert nun aber zwischen den Belangen und schenkt dadurch den speziellen Bedürfnissen der Versorgung von Kinderhospizen Beachtung. Während im Jahr 2003 nur sechs stationäre Hospize für Kinder und Jugendliche vorhanden waren[391], waren es im Jahr 2014 bereits 13 und heute 17 stationäre Kinderhospize[392]. Hinzu kommt eine Vielzahl ambulanter Hospizdienste, die schwerstkranke Kinder in ihrem eigenen Zuhause pflegen und der Familie dadurch etwas Entlastung bieten. Neben der positiven Entwicklung der Anzahl hospizlicher Einrichtungen hat das 2015 eingeführte Hospiz- und Palliativgesetz auch die Bezuschussung stationärer Kinderhospize erhöht. Während § 39a Abs. 1 S. 2 SGB V vor der Neueinführung Hospize für Erwachsene mit 95% bezuschusst hat, wurden Kinderhospize nur in Höhe von 90% gefördert[393]. Der neue Wortlaut („Die Krankenkasse trägt die zuschussfähigen Kosten nach Satz 1 unter Anrechnung der Leistungen nach dem Elften Buch zu 95 Prozent.") hebt die Benachteiligung auf[394]. Für die stationäre Kinderhospizversorgung gelten weitestgehend dieselben Grundsätze wie für die Hospize der Erwachsenen. Die Versorgung erfolgt jedoch umfassender, da die gesamte Familie begleitet

---

389 *Bayer*, Kinder- und Jugendhospizarbeit: Celler Modell, S. 21.
390 *Föllmer*, Palliativversorgung in der gesetzlichen Krankenversicherung, S. 60.
391 BT-Drucksache 15/2125, S. 2.
392 Liste der stationären Kinderhospize abrufbar unter: http://www.wegweiser-hospiz-palliativmedizin.de/angebote/filter (abgerufen am 27.04.2017).
393 BGBl Teil I Nr. 48 zum HPG vom 07.12.2015.
394 *Föllmer*, Palliativversorgung in der gesetzlichen Krankenversicherung, S. 82.

wird und so auch die Geschwister des Kindes und die Eltern umsorgt werden. Darüber hinaus setzt die Begleitung des Kindes oder des Jugendlichen und seiner Familie zu einem viel früheren Zeitpunkt als bei Erwachsenen ein. Kinderhospize sind auf die Begleitung ab der Stellung der Diagnose ausgerichtet[395]. Dies verdeutlicht § 2 Abs. 1 a) der Rahmenvereinbarung[396], in dem darauf hingewiesen wird, dass anspruchsberechtigte Versicherte auch erkrankte Kinder sind, die eine begrenzte Lebenserwartung von Tagen, Wochen, Monaten oder eben auch Jahren sind. Typischerweise leiden diejenigen Kinder, die vollstationär aufgenommen werden, an Stoffwechselerkrankungen, die kein hohes Lebensalter erwarten lassen, z.B. genetisch bedingte Erkrankungen, Immunerkrankungen und Fehlbildungen mit lebensverkürzender Prognose. Stationäre Kinderhospize sind als selbständige Einrichtungen mit speziell auf die Bedürfnisse von Kindern geschultem Personal konzipiert[397]. Besonderheiten des Konzepts „Kinderhospiz" sind unter anderem die pädagogische Begleitung sowie die Mitaufnahme der Familie. Hierin offenbart sich der Unterschied zur therapeutischen Behandlung im Krankenhaus. Der Fokus liegt nicht auf der Verlängerung des Lebens, sondern darauf, neben körperlichen Beschwerden die mit der Krankheit verbundenen psychischen Leiden zu lindern. Ergänzende Unterstützung erfahren stationäre Hospize durch die ambulante Hospizarbeit. Sie widmet sich zum großen Teil der Unterstützung der Betroffenen und deren Familien durch Sicherstellung der palliativen Versorgung. Die „kindgemäße, entwicklungsrelevante und altersentsprechende Begleitung der Kinder"[398] wird überwiegend von ehrenamtlichen Mitarbeitern geleistet, wobei selbstverständlich Fachkräften die Koordination obliegt. Die ambulante Versorgung wird gemäß § 39a Abs. 2 S. 1 SGB V von den Krankenkassen für diejenigen Versicherten gefördert, die keiner Krankenhausbehandlung und keiner (teil-) stationären Hospizaufenthalte bedürfen. Die Begleitung der Familie kann auf Wunsch auch über den Tod des Kindes hinausgehen, wird dann jedoch finanziell nicht mehr gefördert[399].

---

395 Rahmenvereinbarung nach § 39a Abs. 1 S. 4 SGB V über stationäre Hospizversorgung, S. 2.
396 Rahmenvereinbarung nach § 39a Abs. 1 S. 4 SGB V über stationäre Hospizversorgung, S. 5.
397 Rahmenvereinbarung nach § 39a Abs. 1 S. 4 SGB V über stationäre Hospizversorgung, S. 4.
398 Rahmenvereinbarung nach § 39a Abs. 2 S. 8 SGB V über ambulante Hospizversorgung, S. 5.
399 ebd.

2. Pädiatrische Palliativmedizin und spezialisierte ambulante pädiatrische Palliativversorgung

Eine weitere Unterstützung im Umgang mit lebensbedrohlichen oder lebenslimitierenden Erkrankungen bieten die pädiatrische Palliativmedizin, die spezialisierte ambulante pädiatrische Palliativversorgung (SAPPV) sowie ambulante Kinderkrankenpflegedienste. Die Disziplinen Hospizarbeit und Palliativunterstützung gehen Hand in Hand und ergänzen sich bestmöglich, wodurch ein interdisziplinäres palliatives Netzwerk entsteht[400]. Die pädiatrische Palliativmedizin steht noch ganz am Anfang und ist im Vergleich zur allgemeinen Palliativmedizin ein sehr junges Fachgebiet[401]. Gab es im Jahr 2009 noch kein einziges spezialisiertes ambulantes Palliativversorgungsteam für Kinder, so gibt es heute 29 SAPPV-Teams[402]. Ebenso stieg die Zahl der Kinderpalliativstationen von einer einzigen im Jahr 2014 auf nunmehr drei im Jahr 2017 an[403]. Da pro Palliativstation lediglich acht Betten für die Patienten bereit stehen, ist die Bettenzahl deutschlandweit sehr gering. Die Eingrenzung der Bettenzahl innerhalb der Stationen dient der Aufrechterhaltung einer umfassenden individuellen Betreuung der Kinder und Jugendlichen. Darüber hinaus ermöglicht eine geringere Zahl an Betten den Schutz der Privatsphäre in einem Alltag, der ohnehin bereits von Ärzten, Pflegern, Ehrenamtlichen und weiteren Personen begleitet wird. Berücksichtigt werden muss auch, dass die Aufnahme eines erkrankten Kindes stets mit der Anwesenheit von Angehörigen einhergeht und auch diesen Schlafmöglichkeiten sowie Aufenthaltsräume anzubieten sind, so dass das Familienleben bestmöglich gestaltet werden kann.

Trotz einer zunehmenden Anzahl an SAPPV-Teams und der drei Palliativstationen für Kinder gibt es bislang nur wenige Palliativspezialisten in der Pädiatrie[404]. Einer der bekanntesten ist Boris Zernikow, Chefarzt in der deutschlandweit ersten pädiatrischen Schmerzambulanz in der Vestischen Kinder- und

---

400 Deutscher Hospiz- und Palliativverband e.V., Grundsätze der Kinder- und Jugendhospizarbeit, S. 8.
401 *Kuhlen/Borkhardt*, Monatsschrift Kinderheilkunde OnlineFirst 30.03.2017, S. 1; Leopoldina/Union, Stellungnahme Palliativversorgung in Deutschland, S. 57.
402 Dt. Ärzteblatt Medizin Studieren, 3/2015, 18 (19); http://www.wegweiser-hospiz-palliativmedizin.de/institutions/category/9/sapv_teams_fuer_kinder_und_jugen (abgerufen am 03.05.2017).
403 http://www.wegweiser-hospiz-palliativmedizin.de/angebote/erwachsene/4-kinder_palliativstationen (abgerufen am 03.05.2017).
404 Auf der Seite der DGP werden zum Zeitpunkt der Recherche lediglich 7 pädiatrische Palliativmediziner gelistet: http://www.wegweiser-hospiz-palliativmedizin.

Jugendklinik Datteln und Inhaber des weltweit ersten Lehrstuhls für Kinderschmerztherapie und Pädiatrische Palliativmedizin an der Universität Witten/Herdecke. Neben den Vorlesungsveranstaltungen seines Lehrstuhls gibt es ein steigendes Angebot an Schulungen, Seminaren und Fortbildungen auf dem Gebiet der pädiatrischen Schmerz- und Palliativtherapie. Dennoch überwiegt bislang der Anteil an allgemeinen Palliativmedizinern, die nicht auf die Bedürfnisse der Kinder und Jugendlichen geschult sind. Ebenso mangelt es der pädiatrischen Palliativmedizin an aussagekräftige Studien zu den Symptomen von Kinderkrankheiten, wie beispielsweise „Tagesunruhe und Schlafstörungen, Fatigue, Kachexie, Spastik, Hypersalivation, Dyspnoe und neuropathische Schmerzen"[405] sowie Blutungen, Juckreiz oder Obstipation[406]. Bislang gibt es kaum wissenschaftliche Erkenntnisse zu den Wechselwirkungen der diversen verabreichten Medikamente, wodurch es dem Arzt bei der Auswahl und Dosierung der Arzneimittel an Leitlinien fehlt und er seine minderjährigen Palliativpatienten nach eigenem Ermessen medikamentös einstellen muss[407]. Pädiatrische Palliativpatienten müssen „oft über 10 verschiedene Medikamente an 3–5 Einnahmezeitpunkten pro Tag"[408] einnehmen. Neben der Menge macht den Patienten die Größe der Tablette und die Bitterkeit der Säfte zu schaffen. Abhilfe könnten sog. „Retard-Präparate" schaffen, die mehrere Wirkstoffe kombinieren und die Vielzahl an Einzeldosen ersetzen. Nur können diese Retard-Präparate oftmals nicht über Sonden verabreicht werden, so dass diese Möglichkeit vielen Palliativpatienten noch verwehrt bleibt.

Nicht mehr verwehrt bleibt den Patienten die Möglichkeit, zu Hause versorgt zu werden. Einer der größten Fortschritte der pädiatrischen Palliativmedizin ist der kontinuierliche Ausbau des ambulanten Kinderkrankenpflegedienstes und der SAPPV-Versorgung. SAPPV entstand zunächst aus der Eigeninitiative einiger Ärzte. Gerade Kinder sehnen sich danach, in ihrer gewohnten häuslichen Umgebung gepflegt zu werden. Viele Jahre versuchten Kinderpalliativspezialisten, die medizinische Versorgung durch ehrenamtliche Hausbesuche nach Ende ihrer Krankenhausschicht zu gewährleisten. Im Universitätsklinikum Düsseldorf wurde erstmals 1983 ein Kind durch Klinikmitarbeiter zu Hause

---

de/angebote/erwachsene/10-palliativmedizinerinnen_fuer_kin (abgerufen am 03.05.2017).
405 Leopoldina/Union, Stellungnahme Palliativversorgung in Deutschland, S. 58.
406 Deutsches Ärzteblatt 2008, 105 (25), Tabelle A 1378.
407 Leopoldina/Union, Stellungnahme Palliativversorgung in Deutschland, S. 58.
408 Deutsches Ärzteblatt 2008, 105 (25), Tabelle A4.

palliativmedizinisch versorgt[409]. Bis zum Jahr 2006 richtete sich das Angebot nur an Krebspatienten. Schrittweise erweiterte sich das Spektrum der Behandlungen im häuslichen Umfeld, wobei treibende Kraft die Kinder- und Jugendärzte waren, die einen Bedarf auch bei Kindern mit Stoffwechsel- und anderen nicht-onkologischen Krankheiten sahen[410]. Im Jahr 2015 wurde dann in Düsseldorf ein festes multiprofessionelles Team aus Pädiatern, speziell geschulten Pflegern und einer Sozialarbeiterin aufgebaut. Ebenso entwickelte sich die SAPPV für Kinder und Jugendliche am Klinikum der Ludwig-Maximilians-Universität in München. Im Jahr 2004 rief der aus Eigeninitiative gegründete Arbeitskreis Pädiatrische Palliativmedizin am Klinikum der LMU das Projekt „HOMe" ins Leben[411]. Das zunächst rein spendenfinanzierte Projekt bekam im Jahr 2009 Aufwind, als die Kassenfinanzierung vereinbart wurde. Das Klinikum schloss den bundesweit ersten SAPPV-Vertrag für Kinder und Jugendliche[412]. Eine besondere Herausforderung der SAPPV ist die 24-stündige Rufbereitschaft. Das Team verspricht bei „Symptomkrisen"[413] und Notfällen sofort unterwegs zu sein, was sich bei einem Anfahrtsweg von bis zu 100 km zu dem jeweiligen Patienten schwierig gestalten kann. Dies zeigt wiederum, wie wichtig der Auf- und Ausbau eines interdisziplinären landes- oder gar deutschlandweiten Netzwerks ist.

3. Pädiatrische terminale Sedierung

Als weitere Alternative zur Sterbehilfe, die jedoch schon stark an indirekte Sterbehilfe erinnert, ist die terminale, auch palliative Sedierung anzuführen (siehe Erstes Kapitel A. III. 3.), die nicht mit der allgemeinen pädiatrischen Sedierung, die insbesondere im Bereich der Kinderonkologie für CT-, MRT- und sonstige langwierige Untersuchungen[414] eingesetzt wird, verwechselt werden darf. Zu unterscheiden sind die intermittierende, kontinuierliche, milde, intermediäre und tiefe Sedierung[415]. Die pädiatrische terminale Sedierung ist die tiefe Sedierung und meint, genau wie bei erwachsenen Patienten, das künstliche Versetzen in einen kontinuierlich sedierten Zustand bis zum Eintritt des Todes. Damit können den Patienten leidvolle Tage und Wochen in vollem Bewusstsein der Schmerzen

---

409 *Kuhlen/Borkhardt*, Monatsschrift Kinderheilkunde OnlineFirst 30.03.2017, S. 2.
410 *Kuhlen/Borkhardt*, Monatsschrift Kinderheilkunde OnlineFirst 30.03.2017, S. 3.
411 *Mayer*, Münchner Ärztliche Anzeigen Februar 2014, S. 3.
412 ebd.
413 *Mayer*, Münchner Ärztliche Anzeigen Februar 2014, S. 4.
414 *Philippi-Höhne u.a.*, Anästh. Intensivmed. 2010, 603 (610).
415 *Baumann-Köhler/Frühwald/Jürgens*, Palliativmedizin 2010, 11 – D3_2.

erspart werden. Sie können bildlich ausgedrückt „in [ihren] Tod hinein schlafen"[416]. Grundsätzlich gelten bei der Sedierung Minderjähriger, die bereits im ersten Kapitel zur terminalen Sedierung dargelegten rechtlichen Grundsätze. Auch wenn dieser Sedierung teilweise die Nähe zur indirekten oder gar aktiven Sterbehilfe nachgesagt wird, so ist sie innerhalb der Ärzteschaft als probates Mittel der Schmerzbefreiung anerkannt und wird weder berufs- noch strafrechtlich verfolgt. Unterschiede zur Sedierung eines Volljährigen ergeben sich jedoch abermals wegen der diversen Alters- und Entwicklungsstufen Minderjähriger und der damit einhergehenden unterschiedlichen Kommunikations- und Einwilligungsfähigkeit[417]. Ebenso geht mit jeder weiteren Entwicklungsstufe ein schärferes Bewusstsein einher, was mit dem eigenen Körper passiert und was der Tod bedeutet. Dass auch sie irgendwann sterben, fangen Kinder zwischen sieben und neun Jahren an zu verstehen, aber was „tot sein" wirklich bedeutet und dass dies irreversibel ist, begreifen sie frühestens mit zehn Jahren[418]. Spätestens ab diesem Zeitpunkt muss dem medizinischen Selbstbestimmungsrecht Minderjähriger Rechnung getragen werden. Im Alter von sieben Jahren haben Kinder oft noch Angst vor dem Tod, so dass in der Regel kein Sterbenswunsch gebildet wird. Ab dem 11. Lebensjahr wandelt sich das Verständnis und die Vorstellung vom Sterben und der Tod wird als „defintive[r] Abbruch aller gewohnten menschlichen Beziehungen"[419] verstanden. Fragen nach der Gerechtigkeit der eigenen Krankheit treiben Kinder dieses Alters um. Sie fragen sich, warum ausgerechnet sie selbst betroffen sind und die anderen Kinder gesund bleiben. Diese Kinder benötigen eine altersgerechte Einbindung in Entscheidungen und die Möglichkeit, die restliche Lebenszeit nach eigenen Wünschen zu gestalten[420]. Die terminale Sedierung ist bei Säuglingen und Kindern (0–13 Jahre) eine sehr gute Möglichkeit, um therapiefraktäre Symptome zu lindern und die krankheitsbedingten Schmerzen zu stillen. In diesen frühkindlichen Altersstufen können Kinder noch nicht das Verständnis entwickeln, dass die Krankheit mit all ihren Symptomen auch nach einer Sedierung fortschreitet. Ihnen fehlt das Bewusstsein, dass der Körper ungehindert weiterarbeitet und beispielsweise Blutungen und Ekzeme auftreten oder der Tumor aus dem Körper hervortritt. Für schwer kranke Jugendliche (14–17 Jahre), die bereits begreifen, dass die Erkrankung auch nach der terminalen Sedierung fortschreitet, kann dieses Wissen vielmehr

---

416 *Salomon*, Journal für Neurologie, Neurochirurgie und Psychiatrie 2007, 8 (2), S. 19.
417 *Baumann-Köhler/Frühwald/Jürgens*, Palliativmedizin 2010, 11 – D3_2.
418 Deutsches Ärzteblatt 2008, 105 (25), eTabelle 2; *Schmidt*, FAZ v. 05.03.2014.
419 Deutsches Ärzteblatt 2008, 105 (25), eTabelle 2.
420 ebd.

zusätzlich zu einem psychischen Leiden führen. Genau wie für final erkrankte Erwachsene ist der Gedanke, keine Schmerzen mehr haben zu müssen, einerseits erleichternd. Auf der anderen Seite ist es für sie aber schmerzlich, sich endgültig von der Familie zu verabschieden und nicht mehr ansprechbar zu sein, obwohl sie noch am Leben sind. Zu begreifen, dass die Körperhülle weiter verfällt, könnte manchen Jugendlichen mehr Leid aussetzen als ihr endgültiger Tod. Zusammengefasst ist die pädiatrische terminale Sedierung eine echte Alternative zur Sterbehilfe, solange der minderjährige Patient die Entscheidung zur Sedierung auch unter psychologischen Aspekten mitträgt. Eine vertiefende Betrachtung der psychologischen Aspekte der terminalen Sedierung schließt sich im vierten Kapitel in der Stellungnahme an. Diese ist von zentraler Bedeutung für die Frage der Notwendigkeit des ärztlich assistierten Suizids und der aktiven Sterbehilfe bei Minderjährigen.

D. Sterbehilfe bei Minderjährigen in den Niederlanden und Belgien

Im Gegensatz zu Deutschland gehen die Beneluxstaaten, insbesondere Belgien und die Niederlande, mit dem Thema „Sterbehilfe bei Minderjährigen" offen um. Beide Länder haben Sterbehilfegesetze ausformuliert, die auch minderjährige Schwerstkranke einbeziehen.

I. Die niederländische Rechtslage

Bereits das 2002 in Kraft getretene „Wet toetsing levensbeëindiging op verzoek en hulp bij zelfdoding" („Gesetz über die Kontrolle der Lebensbeendigung auf Verlangen und der Hilfe bei Selbsttötung"; kurz: GKL[421]) eröffnete die Möglichkeit der aktiven Sterbehilfe für unheilbar kranke minderjährige Patienten ab 12 Jahren[422]. Grundsätzlich steht gem. Art. 293 Abs. 1 nlStGB auch in den Niederlanden die vorsätzliche Beendigung des Lebens eines anderen, selbst auf dessen ausdrückliches und ernstliches Verlangen hin, unter Strafe. Art. 293 Abs. 2 nlStGB enthält Strafausschließungsgründe, die ausschließlich für Ärzte gelten und auch nur dann greifen, wenn die Sorgfaltskriterien des Art. 2 GKL

---

421 Abrufbar unter: https://www.dgpalliativmedizin.de/images/stories/pdf/euthanasie.pdf (abgerufen am 08.06.2017).
422 http://www.drze.de/im-blickpunkt/sterbehilfe/module/sterbehilfe-fuer-minderjaehrige (abgerufen am 08.06.2017).

und zusätzlich die Meldevoraussetzung des Art. 7 Abs. 2 des Gesetzes über das Leichen- und Bestattungswesen eingehalten wurden.

Die Voraussetzungen für strafloses Leisten aktiver Sterbehilfe sind somit zunächst die gleichen wie die bei Volljährigen (siehe 2. Kapitel B. V.). Das heißt, der Arzt muss gem. Art. 2 Abs. 1 a-f GKL zu der Überzeugung gelangt sein, dass der Patient seine Bitte freiwillig und nach reiflicher Überlegung gestellt hat, dass der Zustand des Patienten aussichtslos und sein Leiden unerträglich ist, dass der Patient aufgeklärt wurde und gemeinsam beschlossen wurde, dass es keine andere annehmbare Lösung gibt und ein weiterer unabhängiger Arzt die vorangegangenen Sorgfaltskriterien bestätigen kann. Dabei ist unerheblich, ob sich der Patient bereits in der terminalen Phase befindet[423]. Die Sorgfaltskriterien werden jedoch je nach Alter des Patienten verschärft. Schon seit 1985 wird es jungen Patienten mit Vollendung des 16. Lebensjahres ermöglicht, um Sterbehilfe zu bitten. Die Volljährigkeit beginnt im Allgemeinen zwar erst mit 18 Jahren. Minderjährige Patienten gelten jedoch durch das Gesetz über den ärztlichen Behandlungskontrakt („Wet Geneeskundige Behandelings-overeenkomst"; kurz: WGBO[424]) ab dem vollendeten 16. Lebensjahr im medizinischen Kontext als volljährig[425]. Mit der Gesetzesnovelle im Jahr 2004 wurde ein Altersstufenmodell eingeführt, das sogar schon 12-Jährigen die Ausübung ihrer medizinischen Rechte zubilligt.

Das Altersstufenmodell gliedert sich wie folgt auf:
Gem. Art. 2 Abs. 2 S. 2 GKL finden die soeben aufgezählten Kriterien des Abs. 1 Anwendung auf Patienten, die das 16. Lebensjahr vollendet und eine schriftliche Erklärung abgegeben haben, die eine Bitte um Lebensbeendigung beinhaltet, aber aktuell nicht mehr in der Lage sind, ihren Willen zu äußern. Um der Erklärung Bedeutung zumessen zu können, muss der Minderjährige bei Abgabe „als zur vernünftigen Beurteilung seiner Interessen fähig angesehen werden" (Art. 2 Abs. 2 S. 1; im Folgenden als „einsichts- und urteilsfähig" abgekürzt). Erst dann darf der behandelnde Arzt der Bitte entsprechen. Die Erklärung hat eine unbeschränkte Geltungsdauer, solange der Patient zum Zeitpunkt des Verfassens in der Lage war, die Bedeutung zu erfassen[426]. Art. 2 Abs. 3 betrifft ebenfalls Patienten, die zwischen 16 und 17 Jahren alt, aber zusätzlich ansprechbar sind. Dieser Absatz besagt, dass der Arzt einer Bitte um Lebensbeendigung oder Hilfe bei der Selbsttötung nachkommen darf, wenn der Patient

---

423 *Wöretshofer,* Die strafrechtl. Situation der Sterbehilfe in den Niederlanden, S. 189.
424 Genaue Fundstelle: Buch 7, Titel 7, Art. 450 Burgerlijk Wetboek; Norm im Anhang abgedruckt.
425 *Wöretshofer,* Die strafrechtl. Situation der Sterbehilfe in den Niederlanden, S. 191.
426 *Wöretshofer,* Die strafrechtl. Situation der Sterbehilfe in den Niederlanden, S. 192.

einsichts- und urteilsfähig ist und zusätzlich die Eltern oder sein Vormund in die Beschlussfassung einbezogen worden sind. In diesem Fall braucht es demnach kein Einverständnis des Vormunds, sondern lediglich das Einbeziehen im Entscheidungsprozess. Dieser hat kein Vetorecht.

Bitten minderjähriger Patienten zwischen 12 und 15 Jahren kann der Arzt gem. Art. 2 Abs. 4 GKL entsprechen, soweit sie einsichts- und urteilsfähig sind und die Eltern oder der Vormund ihr Einverständnis zur Lebensbeendigung oder zur Hilfe bei der Selbsttötung geben. Diese Altersstufe erfährt den stärksten Schutz, da neben Patient und behandelndem Arzt nicht nur ein weiterer unabhängiger Arzt sein Einverständnis erklären muss, sondern zusätzlich die gesetzlichen Vertreter. Dem Verweis des Art. 2 Abs. 4 S. 2 lässt sich entnehmen, dass Ärzte ebenfalls den schriftlichen Willenserklärungen Minderjähriger zwischen 12 und 15 Jahren Folge zu leisten haben, die aktuell nicht mehr in der Lage sind, ihren Willen zu äußern. Der Gesetzgeber gesteht den jungen Patienten zu, auch vor Erreichen des 16. Lebensjahres Willenserklärungen zu erstellen, die genügend deutlich sind und überlegt verfasst wurden. Ist dies der Fall und tritt die vorgestellte Situation ein, ohne dass Anzeichen dafür bestehen, dass sich der Wille des Minderjährigen geändert hat, so hat seine Willenserklärung trotz der momentanen Einwilligungsunfähigkeit Rechtskraft[427].

Nach diesem Gesetz unzulässig und strafbar sind hingegen Bitten um Sterbehilfe von Eltern oder Erziehungsberechtigten im Namen des Minderjährigen sowie das Leisten von Sterbehilfe bei Minderjährigen unter 12 Jahren.

Eine Regelung für Sterbehilfe bei Neugeborenen enthält das Gesetz nicht. Sowohl die Euthanasie bei Neugeborenen als auch die Spätabtreibung sollen weiterhin als Straftaten gelten[428]. Ob von einer strafrechtlichen Verfolgung des Arztes abgesehen werden kann, hat die Staatsanwaltschaft zu entscheiden. Die Niederlande haben jedoch 2005 eine Grundlage für den Umgang mit schwer behinderten Neugeborenen geschaffen, anhand derer sich die Staatsanwaltschaft orientieren soll. Das Groningen Protokoll für neonatale Euthanasie[429] legt Bedingungen fest, deren Vorliegen die aktive Sterbehilfe an Babys erlaubt. Diese sind zusammengefasst: das Leiden des Neugeborenen muss von mehreren Ärzten als unheilbar und unerträglich bewertet werden, das Vorgehen muss der

---

427 Tweede Kamer 1999–2000, 26691, Nr. 6, S. 94–98; *Wöretshofer*, Die strafrechtl. Situation der Sterbehilfe in den Niederlanden, S. 193.
428 http://www.drze.de/im-blickpunkt/sterbehilfe/rechtliche-regelungen (abgerufen am 08.06.2017).
429 Groningen Protokoll, abgedruckt in *Verhagen/Sauer*, in: New Engl Journal Med 2005, 352: 959–962.

medizinischen Sorgfalt genügen und vor allem muss die Zustimmung beider Elternteile vorliegen. Dem Protokoll kommt kein Gesetzescharakter zu, es ist lediglich eine Richtlinie. Orientiert sich der Arzt an dieser, ist es jedoch sehr unwahrscheinlich, dass ihm der Prozess gemacht wird, da die Dokumentation und Einhaltung der Sorgfaltskriterien für ein wohlüberlegtes Vorgehen mit medizinischer Sorgfalt spricht.

Erkrankte Neugeborene, die für eine „end-of-life-decision" in Frage kommen, können in drei Gruppen eingeteilt werden[430]: Zunächst in die Gruppe der Säuglinge, die ohne jedwede Überlebenschance auf die Welt kommen und kurz nach der Geburt auf natürlichem Wege sterben. Daneben Säuglinge, die eine infauste Überlebensprognose haben und auf intensivmedizinische Versorgung angewiesen sind. Als Beispiel führen Verhagen und Sauer angeborene unheilbare Hirnschäden an. Zuletzt gibt es noch die Gruppe der Säuglinge mit einer hoffnungslosen Prognose, die zwar nicht oder nicht mehr unbedingt auf Intensivmedizin angewiesen sind, deren Körper sich aber nie normal entwickeln wird und deren Erkrankung lebenslänglich zu stärkstem körperlichem Schmerz und Leid führt. Beispielhaft für Betroffene der dritten Gruppe ist die Fehlbildung „Spina Bifida", der offene Rücken, bei dem bei starker Ausprägung das Rückenmark dauerhaft stark geschädigt ist, oder „Epidermolysis bullosa", eine unheilbare Hautkrankheit.

Bezüglich der ersten und zweiten Gruppe besteht weitestgehend Einigkeit in Europa und den USA, dass die Änderung des Therapieziels und das Beenden lebensverlängernder Maßnahmen als Ausprägung der sog. passiven Sterbehilfe straffrei ist (mit Ausnahme streng katholisch geprägter Länder, bspw. Polen).

Bei der Behandlung von Patienten der dritten Gruppe besteht noch keine Einigkeit. In den Niederlanden ergab eine Umfrage unter Neonatologen, dass jedes Jahr etwa 15 bis 20 Fälle aktiver Sterbehilfe praktiziert würden, vorwiegend wegen der Krankheiten „Epidermolysis bullosa" und „Spina Bifida"[431]. Sterbehilfe werde aber immer nur auf ausdrückliches Verlangen und im Einverständnis mit den Eltern geleistet.

Vor Erarbeitung der Richtlinien des Groninger Protokolls gab es bereits zwei wegweisende Gerichtsentscheidungen[432], die als Leitlinie für Sterbehilfe bei

---

430 *Verhagen/Sauer*, in: New Engl Journal Med 2005, 352: 959–962.
431 *Keilitz*, Bens Botschaft , in Zeit Online v. 19.01.2014.
432 Entscheidung des District Court of Alkmaar v. 26.04.1995 zum sog. „baby Rianne case" – Dr. Pins war der behandelnde Arzt der Neugeborenen Rianne. Sie kam mit einem offenen Rücken und weiteren körperlichen Behinderungen auf die Welt. Dr. Pins war der erste Arzt der Niederlande, der einem nichteinwilligungsfähigen

niederländischen Minderjährigen herangezogen wurden. Mitte der 90er Jahre verhalfen Ärzte einem Säugling mit stark ausgeprägter „Spina Bifida" sowie einem Säugling mit Trisomie 13 zum Sterben. Beide Babys litten unter extremen Schmerzen und hatten eine geringe Überlebenschance. Das Gericht befand jeweils, dass die medizinische Sorgfalt eingehalten wurde[433].

Vertiefende Ausführungen zur Sterbehilfe in der Neonatologie würden an dieser Stelle ein zu weites Feld eröffnen. Diese Arbeit beschäftigt sich vorwiegend mit der Möglichkeit der Sterbehilfe bei einsichts- und einwilligungsfähigen Minderjährigen, da bei der Ausarbeitung eines Sterbehilfegesetzes für Deutschland die Stärkung der Ausübung des medizinischen Selbstbestimmungsrechts Minderjähriger im Vordergrund stehen soll. Ebenso wie in den Niederlanden ist es jedoch denkbar, im Anschluss an die Einführung eines solchen Gesetzes eine Richtlinie nach Vorbild des Groningen Protokolls für Deutschland zu erarbeiten.

Im Nachgang des Leistens von Sterbehilfe bei einem niederländischen Minderjährigen sind weitere Sorgfaltspflichten einzuhalten. Hat ein Arzt Sterbehilfe bei einem Minderjährigen geleistet, darf er keinen Totenschein ausstellen, sondern muss gem. Art. 7 des Gesetzes über das Leichen- und Bestattungswesen den Tod und seine Ursache dem kommunalen Leichenbeschauer melden. Der Leichenbeschauer liest sich den vom Arzt verfassten Bericht durch, der eine Beantwortung eines festgelegten Fragenkatalogs beinhaltet. Liegt die Todesursache im Leisten von Sterbehilfe, so hat der Leichenbeschauer nach Art. 10 Abs. 2 des Gesetzes über das Leichen- und Bestattungswesen den Tod sowie den Bericht direkt an die Regionale Kontrollkommission weiterzuleiten. Die Kontrollkommission besteht aus drei Mitgliedern, einem Juristen, einem Arzt sowie einem Sachkundigen in Ethikfragen[434]. Die Staatsanwaltschaft wird nur informiert,

---

Patienten aktiv zum Sterben verhalf. Die Eltern des Babys baten ausdrücklich um Sterbehilfe für ihre Tochter. Das Gericht sah die Tötung des Babys als gerechtfertigt an, da Rianne eine schlechte Lebensprognose und starke Schmerzen hatte.
Entscheidung des District Court of Groningen v. 13.11.1995 zum „Trisomie-13-Baby" – Das Neugeborene wurde mit Trisomie 13 und weiteren schwerwiegenden Behinderungen geboren. Da ihre Lebenserwartung gering war und Ärzte und Eltern sich gegen aufwändige Operationen entschieden, nahmen die Eltern ihre Tochter zum Sterben zunächst mit nach Hause. Als sich ihr Zustand stark verschlechterte und die Schmerzen stärker wurden, baten sie den Arzt Dr. Kadijk um aktive Sterbehilfe für ihre Tochter. Das Gericht sah das Handeln des Arztes, wie zuvor im Fall des Baby Rianne, als gerechtfertigt an; *De Jong*, Child's Nervous System 2008, 13 (15); *Ten Haven/Welie*, Medical Power, S. 112 f.

433 ebd.
434 Regionale Toetsingscommissies *Euthanasie*, Jaarverslag 2013, S. 11.

wenn der Leichenbeschauer Zweifel an der Einhaltung der Sorgfaltskriterien hat und er daher keinen Totenschein ausstellen kann. Ebenso übermittelt die Regionale Kommission binnen sechs Wochen ihre Einwände, sollten sie an dem Vorgehen des Arztes zweifeln[435]. Hat die Staatsanwaltschaft begründeten Verdacht, dass die Sorgfaltskriterien nicht eingehalten wurden, kann sie Ermittlungen einleiten und gegebenenfalls Anklage erheben[436].

In der Zeitspanne zwischen 2002 und 2016 wurden in den Niederlanden acht Fälle aktiver Sterbehilfe bei Minderjährigen gemeldet (fünf 17-Jährige, ein 16-Jähriger, ein 12-Jähriger und ein altersunbekannter Minderjähriger)[437].

II. Die belgische Rechtslage

Während die Niederlande in ihrem Sterbehilfegesetz feste Altersgrenzen verankern, verabschiedete Belgien im Jahr 2014 eine Erweiterung zu der seit 2002 geltenden „Loi relative à l'euthanasie"[438], einem Gesetz zur Legalisierung von Sterbehilfe ohne Rücksicht auf Altersgrenzen. Sterbehilfe im Sinne des Gesetzes definiert Kapitel 1 Art. 2 als „[…] die von einer Drittperson ausgeführte Handlung […], durch die dem Leben einer Person auf deren Bitte hin vorsätzlich ein Ende gesetzt wird." Diese Formulierung bezieht somit auch die aktive Sterbehilfe ein.

Nach dieser Legaldefinition geht das Gesetz in Kapitel 2 direkt dazu über, Bedingungen und Vorgehensweisen festzulegen, die zur Straffreiheit der Sterbehilfe durch den leistenden Arzt führen. Spricht der Gesetzeswortlaut in Art. 2 noch von „Drittpersonen", beschränken die folgenden Artikel die mögliche Straffreiheit nur auf die Ärzteschaft. Im Einzelnen sind die in Art. 3 § 1 aufgelisteten Bedingungen und Voraussetzungen für die Straflosigkeit, dass der Patient zum Zeitpunkt seiner Bitte handlungsfähig und bei Bewusstsein ist, dass die Bitte freiwillig ohne Druck von außen, überlegt und wiederholt formuliert worden

---

435 *Wöretshofer*, Die strafrechtl. Situation der Sterbehilfe in den Niederlanden, S. 186.
436 *Wöretshofer*, Die strafrechtl. Situation der Sterbehilfe in den Niederlanden, S. 187.
437 Regionale Toetsingscommissies Euthanasie, Jaarverslag 2015, S. 14; Regionale Toetsingscommissies Euthanasie, Jaarverslag 2016, S. 15.
438 Gesetz 2002 in deutscher Fassung veröffentlicht im Belgischen Staatsblatt v. 12.06.2003, S. 31821 abrufbar unter: https://www.health.belgium.be/sites/default/files/uploads/fields/fpshealth_theme_file/loi20020528mb_de.pdf (abgerufen am 08.06.2017);
Gesetzeserweiterung 2014 veröffentlicht im Belgischen Staatsblatt v. 12.03.2014, S. 21053 abrufbar unter: http://www.dekamer.be/FLWB/PDF/53/3245/53K3245001.pdf (abgerufen am 08.06.2017).

ist und dass der Patient sich in einer medizinisch aussichtslosen Lage befindet mit anhaltenden unerträglichen körperlichen oder psychischen Qualen. Diese Qualen dürfen nicht linderbar und müssen Folge eines schlimmen oder unheilbaren unfall- oder krankheitsbedingten Leidens sein. Weitere Voraussetzungen sind gem. Art. 3 § 2 Nr. 1 die umfassende Aufklärung des Patienten durch den Arzt zum Stand seiner Gesundheit, Lebenserwartung und möglicher Therapieoptionen unter Einbeziehung der Palliativmedizin sowie der jeweiligen Folgen. Der Patient muss den Arzt davon überzeugen, dass es für ihn keine andere akzeptable Lösung gibt und er die Entscheidung aus freien Stücken gefällt hat. Nr. 2 des Paragraphen normiert erneut, dass die anhaltende Qual festzustellen und das wiederholte Bitten des Patienten in mehreren Gesprächen mit dem Arzt zu erörtern sind, und dies über einen längeren „annehmbaren Zeitraum", der allerdings nicht näher eingegrenzt ist. Des Weiteren muss ein weiterer Arzt hinzugezogen werden, der sich sowohl mit Hilfe der Patientenakte als auch im persönlichen Gespräch mit Patient und behandelndem Arzt gründlich ein Bild machen muss. Neben dem unabhängigen Arzt hat der behandelnde Arzt das Pflegeteam des Krankenhauses zu Rate zu ziehen und darauf hinzuwirken, dass der Patient die Möglichkeit hat, auf seinen Wunsch hin mit Freunden, Angehörigen und weiteren Personen zu reden. § 3 berücksichtigt den Fall, dass der Patient noch nicht in der terminalen Phase seiner Erkrankung ist. Tritt der Tod offensichtlich nicht in absehbarer Zeit ein, obliegt es dem Arzt neben den Pflichten aus § 2 einen zweiten Arzt, der Psychiater oder der Facharzt für die vorliegende Krankheit ist, einzubeziehen. Darüber hinaus muss mindestens ein Monat zwischen der schriftlich formulierten Bitte des Patienten und der Leistung der Sterbehilfe verstrichen sein. Das Erfordernis der schriftlichen Erklärung des Patienten und deren Modalitäten werden in § 4 festgelegt. Den behandelnden Arzt sowie die hinzugezogenen Ärzte trifft durch § 5 eine Dokumentationspflicht über alle Vorgänge vor und während des Leistens von Sterbehilfe.

Kapitel 3 eröffnet die Möglichkeit der antizipierten Willenserklärung, ähnlich unserer deutschen Patientenverfügung. Gem. Art. 4 § 1 des Gesetzes kann jeder handlungsfähige Volljährige oder für mündig erklärte Minderjährige für den Fall des Handlungsunvermögens in einer schriftlichen Erklärung einen Arzt darum bitten, er möge ihm Sterbehilfe leisten, wenn „[…] er von einem schlimmen und unheilbaren unfall- oder krankheitsbedingten Leiden befallen ist", „[…] er nicht mehr bei Bewusstsein ist und […] diese Situation nach dem aktuellen Stand der Wissenschaft unumkehrbar ist." Der Erklärende kann eine oder mehrere Vertrauenspersonen angeben, die den Arzt über das vorab Verfügte in Kenntnis setzen. Alle Vertrauenspersonen sind aufzuschreiben, damit der behandelnde Arzt in jedem Fall über den Patientenwillen unterrichtet werden kann, auch wenn einzelne Vertrauenspersonen aus Gewissensgründen oder anderen Gründen ausfallen. Ausgeschlossen sind Ärzte und Pflegepersonal als Vertrauenspersonen. Formal bedarf es zur wirksamen vorgezogenen Willenserklärung einiger Voraussetzungen. Verlangt wird Schriftlichkeit und das Aufsetzen im Beisein zweier volljähriger Zeugen, „von denen zumindest einer kein materielles Interesse am Tod des Erklärenden hat", sowie die Unterschrift aller Anwesenden. Ebenso wie Art. 3 § 4 eröffnet auch Art. 4 für körperlich dauerhaft eingeschränkte Personen die Möglichkeit, ihren Willen durch eine andere Person festhalten zu lassen. Unter Angabe der Gründe, die zum Unvermögen des eigenen Verfassens führen, und unter Beilegung eines ärztlichen Attests, dass dies dem Erklärenden tatsächlich persönlich nicht möglich ist, kann ein Vertrauter des Erklärenden den Willen schriftlich niederlegen. Im Übrigen gelten die soeben aufgezählten Voraussetzungen, insbesondere das Erfordernis zweier Zeugen und der Ausschluss eines Interessenkonflikts. Als weiteres Kontrollinstrument normiert die „Loi relative à l'euthanasie" eine 5-Jahres-Frist. Die vorgezogene Willenserklärung findet nur Berücksichtigung, wenn sie fünf Jahre vor Eintritt der Willensunfähigkeit des Patienten abgefasst oder bestätigt wurde. Liegt eine solche wirksame Willenserklärung vor und ist der Patient nicht mehr bei Bewusstsein, darf der Arzt ihm zum Sterben verhelfen, wenn er die Auflagen des Art. 4 § 2 einhält. Die Auflagen dieses Paragraphen stimmen weitestgehend mit den vorab aufgelisteten Voraussetzungen überein. Der Arzt muss sich zunächst vergewissern, dass tatsächlich einer der vorgestellten und vorab verfügten Fälle eingetreten ist, um sodann einen weiteren unabhängigen fachkundigen Arzt zu Rate zu ziehen, sich mit dem Pflegeteam und der angegebenen Vertrauensperson sowie deren Angehörigen zu besprechen und diese Schritte sorgfältig in der Patientenakte zu dokumentieren.

Unter Einhaltung dieser Maßnahmen hat der Arzt keine Strafverfolgung zu befürchten, solange er anschließend der viertägigen Meldepflicht aus Kapitel 4 Art. 5 nachkommt. Die Meldung in Form eines „Registrierungsdokuments" im Sinne des Art. 7 gelangt zur Föderalen Kontroll- und Bewertungskommission, die sich aus sechzehn Mitgliedern, bestehend aus Medizinern, Rechtswissenschaftlern und Personen mit Fachkenntnissen zu unheilbaren Krankheiten, zusammensetzt.

Das abschließende Kapitel 6 beinhaltet grundlegende Bestimmungen. Art. 14 gesteht Ärzten die Wahlfreiheit zu, ob sie der Bitte eines Patienten um Sterbehilfe nachkommen oder nicht. Sie sind im Fall der Ablehnung lediglich verpflichtet, dem Patienten die Gründe zu nennen und dessen Bitte an einen anderen Arzt weiterzuleiten. Wurden alle Voraussetzungen beim Leisten der erbetenen Sterbehilfe eingehalten und wurden die Kontrollinstanzen durchlaufen, so gilt der Patient gem. Art. 15 des Gesetzes als eines natürlichen Todes verstorben.

Diese Ausführungen gelten bereits seit dem Jahr 2002, daher ist zu untersuchen, welche Modifikationen der Gesetzgeber im Jahr 2014 vorgenommen hat. Darin hat Belgien als erstes Land der Europäischen Union aktive Sterbehilfe für Kinder jeden Alters erlaubt, die unter unerträglichen Schmerzen leiden und deren weitere medikamentöse Behandlung keine Linderung verspricht. Schon das ursprüngliche Gesetz schloss in Art. 3 § 1 Spiegelstrich 1 „für mündig erklärte minderjährige Personen" ein. Ergänzend wurde Art. 3 § 1 Spiegelstrich 4 aufgenommen, der besagt, dass ein Arzt sich auch dann nicht strafbar macht, wenn er einem minderjährigen Patienten zum Sterben verhilft, der zwar nicht mündig, aber dennoch einsichts- und urteilsfähig ist, sich in einer ausweglosen physischen Leidenssituation von Dauer befindet, die nicht geheilt werden kann und die innerhalb kurzer Zeit zum Tod führen wird. Die Qual bzw. das Leid müssen ausweislich des Gesetzestextes Folge eines „schlimmen und unheilbaren unfall- oder krankheitsbedingten Leidens" sein.

Der Unterschied zum mündigen minderjährigen Patienten ist das Erfordernis der terminalen Phase. Der unmündige Minderjährige kann nur Sterbehilfe empfangen, wenn seine Erkrankung so weit fortgeschritten ist, dass sie innerhalb kurzer Zeit zum Tode führt. Weitere Bedingungen finden sich in dem neu eingefügten § 2 Nr. 7. Der behandelnde Arzt muss einen Kinderpsychiater oder Psychologen hinzuziehen, wenn ein minderjähriger Patient, der noch nicht mündig ist, um Sterbehilfe bittet. Dieser wertet wiederum die Patientenakte aus, überprüft das Vorliegen der Einsichts- und Urteilsfähigkeit des Minderjährigen und erforscht die Gründe seiner Bitte. Das Ergebnis der psychologischen Untersuchung muss der behandelnde Arzt dem Patienten und seinen gesetzlichen Vertretern mitteilen. In einem gesonderten Gespräch mit den gesetzlichen Vertretern informiert der Arzt über den Gesundheitszustand, etwaige Behandlungsoptionen und deren Folgen und versichert sich, dass er deren Zustimmung bzw. Einwilligung zur Bitte um Sterbehilfe des Minderjährigen erhält. Befindet sich der Minderjährige noch nicht in der terminalen Phase, so gelten seit dem Jahr 2014 auch für ihn die Voraussetzungen des Art. 3 § 3. Dies gilt jedoch nur für mündige minderjährige Patienten („le mineur émanicpé"), nicht für Minderjährige, denen bloß Einsichtsfähigkeit unter Konsultation der gesetzlichen Vertreter zugestanden wird. Die Bitte des Patienten muss, genau wie bei Volljährigen, schriftlich abgefasst werden. Zusätzlich bedarf es gem. dem neuen Art. 3 § 4 der schriftlichen Einwilligungserklärung der gesetzlichen Vertreter. § 4 wird um einen Absatz erweitert, der die Betreuung der Familie bzw. ausweislich des Gesetzeswortlauts der betreffenden Personen durch einen Psychologen anbietet.

Die Modifikation der „Loi relative à l'euthanasie" gelang dem belgischen Gesetzgeber mit wenigen juristischen Handgriffen. Die Erweiterung des Kreises der für Sterbehilfe in Frage kommenden Personen war bereits vorab durch das ursprüngliche Gesetz angelegt, wurde im Jahr 2014 aber präzisiert. Das belgische Gesetz legt keine Altersgrenze fest, sondern setzt eine Einzelfallbetrachtung der geistigen Altersentwicklung des jeweiligen Kindes voraus. Viele von ihnen kämpfen seit mehreren Jahren gegen ihre Krankheit, wodurch sie schneller reifen als gesunde Gleichaltrige und oftmals sogar fähiger als gesunde Erwachsene sind, über das Leben nachzudenken[439]. Belgien regelt nicht die Neugeborenen- oder Kleinkinder-Euthanasie, bei der alleine der gesetzliche Vertreter über Leben oder Tod entscheiden müsste.

Die nationale Evaluationskommission Belgiens gab bekannt, dass im Jahr 2015 einem Minderjährigen zum Sterben verholfen wurde[440]. Dies geschah jedoch außerhalb der öffentlichen Wahrnehmung und ohne Bekanntgabe weiterer Einzelheiten. Im August 2016 praktizierten belgische Ärzte zum zweiten Mal Sterbehilfe auf Bitte eines 17-jährigen final erkrankten Patienten[441]. Über Geschlecht und Erkrankung des Patienten wurden damals keine Auskünfte erteilt. Ebenso fehlten Angaben zum Sterbevorgang, insbesondere ob es sich um ärztlich assistierten Suizid oder doch einen Fall aktiver Sterbehilfe handelte. Im Jahr 2018 hat die belgische Evaluationskommission erneut einen Bericht veröffentlicht, wonach zwei weitere Minderjährige (9 und 11 Jahre alt) Sterbehilfe in den Jahren 2016 und 2017 empfangen haben. Als Krankheitsbilder nennt die Kommission einen unheilbaren Hirntumor, Cystische Fibrose sowie eine schwere Muskelerkrankung[442].

---

439 http://www.demorgen.be/dm/nl/2461/Opinie/article/detail/1735733/2013/11/06/Haal-levenseinde-voor-minderjarigen-uit-het-duister.dhtml (abgerufen am 10.06.2017).
440 Deutsches Ärzteblatt v. 08.02.2017.
441 Deutsches Ärzteblatt v. 19.09.2016.
442 Commission fédérale de Contrôle et d'Évaluation de l'Euthanasie Huitième rapport aux Chambres législatives années 2016–2017, S. 14.

E. Rechtsvergleichende Betrachtung der deutschen mit der niederländischen und belgischen Rechtslage

Eine rechtsvergleichende Betrachtung mit anderen Ländern bietet eine gute Möglichkeit, eigene Gesetze zu überprüfen, Lücken aufzudecken und Gesetzesvorschläge voranzutreiben. Ausgangspunkt des dieser Arbeit zu Grunde liegenden Rechtsvergleiches ist die Frage, ob die niederländischen und belgischen Sterbehilfegesetze einen Beitrag zur Fortentwicklung der deutschen Debatte um Sterbehilfe leisten können. Auf Grund der Tatsache, dass die Sterbehilfe bei Minderjährigen in Deutschland noch keinen gesetzlichen Rahmen bekommen hat, kann die Rechtslage nur zur Sterbehilfe im Allgemeinen verglichen werden, dies allerdings auch unter Berücksichtigung der niederländischen, belgischen und deutschen Haltung bezüglich minderjähriger Schwerstkranker. Wie unterschiedlich die Sterbehilfediskussion geführt wird, zeigt bereits der Euthanasie-Begriff. Während „Euthanasie" in Belgien und den Niederlanden geschichtlich unvorbelastet und daher die gebräuchliche Bezeichnung für Sterbehilfe ist, wird dieser in Deutschland vermieden. Den Euthanasie-Begriff in ein deutsches Gesetz einzubinden, ist undenkbar. Schon hieran zeigt sich, wie stark Länder und Gesetze durch ihre Historie geprägt werden.

I. Beginn der Volljährigkeit

Die grundlegendste Gemeinsamkeit der drei Länder ist der Eintritt der Volljährigkeit mit 18 Jahren. Vor Beginn der Volljährigkeit gesteht jedes Land in unterschiedlichen Altersstufen den Minderjährigen eigene Privilegien zu, die vollumfängliche Mündigkeit beginnt jedoch erst mit Vollendung des 18. Lebensjahres. Eine Fiktion im niederländischen „Wet op de Geneeskundige Behandelings-overeenkomst" (WGBO), das Patientenrechte stärkt, indem es den Abschnitt „Behandlungsvertrag" ins niederländische Bürgerliche Gesetzbuch einfügt[443], verhilft 16-jährigen Patienten dazu, als volljährig und damit entscheidungsmündig angesehen zu werden (Buch 7, Titel 7, Art. 450 Burgerlijk Wetboek[444]). Das belgische Gesetz ist so formuliert, dass es ohne Nennung von Altersgrenzen und somit ohne Fiktion der Volljährigkeit eines Patienten auskommt. Dort entscheidet alleine die Einsichts- und Urteilsfähigkeit des Patienten über die Reichweite seines medizinischen Selbstbestimmungsrechts. Auch in Deutschland können Minderjährige bei ihren medizinischen Behandlungen

---

443 *Kubella,* Patientenrechtegesetz, S. 38.
444 Die Norm findet sich abgedruckt im Anhang.

mitentscheiden. Wie bereits dargestellt, wird ihnen jedoch grundsätzlich nur ein Veto-Recht ab dem 16. Lebensjahr zugesprochen[445]. Die schrankenlose Ausübung des medizinischen Selbstbestimmungsrechts wird in Deutschland demnach an die Volljährigkeit gekoppelt.

II. Sterbehilfe als Straftat

Entscheidend für die Verfolgung oder Nichtverfolgung des Leistens von Sterbehilfe ist die Gesamtschau des jeweiligen Strafrechts mit den Sterbehilfegesetzen. In Belgien sind Art. 393 und Art. 394 belgStGB im Zusammenhang mit der „Loi relative à l'euthanasie" zu sehen. In den Niederlanden sind Art. 293 und Art. 294 nlStGB[446] mit dem „Gesetz über die Kontrolle der Lebensbeendigung auf Verlangen und der Hilfe bei der Selbsttötung" zu betrachten. Im Gegensatz dazu werden in Deutschland ausschließlich §§ 211 ff. StGB zur Beurteilung der Strafbarkeit herangezogen. Unter Umständen strahlt das ärztliche Standesrecht in die Wertung hinein. Vergleicht man das niederländische, belgische und deutsche Strafrecht, besteht Einigkeit darüber, dass eine Unterscheidung von Mord, Totschlag und Sterbehilfe vorgenommen wird. Nicht einig sind sich Gesetzgebung und Rechtsprechung der drei Länder hingegen darin, wie die einzelnen Termini zu definieren sind und wie das Strafmaß ausfällt. Die Tatbestände Mord und Totschlag erfahren in den Niederlanden und Belgien eine geringere Differenzierung als in Deutschland, begründet damit, dass der ethische Unwertgehalt beider Handlungen ähnlich sei[447]. Während das deutsche Strafrecht gem. §§ 211 und 212 StGB nach Mordmerkmalen und -motiven abgrenzt, wird in den Niederlanden und Belgien[448] ausschließlich nach der Vorsatzform abgegrenzt. Mord ist dort schlichtweg Totschlag mit stärkerem Vorsatz[449]. Belgien und die Niederlande gehen somit von einer grundsätzlichen Strafbarkeit der Tötung eines Menschen und damit auch des Leistens aktiver Sterbehilfe in ihrem Strafgesetzbuch aus[450]. Für aktive Sterbehilfe durch Angehörige gilt die Strafbarkeit nach dem niederländischen oder belgischen Strafgesetzbuch. Den belgischen und der niederländischen Strafgesetzen ist jedoch gemeinsam, dass in den gesonderten

---

445 Obiter Dictum des BGH im Urteil v. 10.10.2006 – VI ZR 74/05, NJW 2007, 217 (218).
446 Die Normen finden sich abgedruckt im Anhang.
447 *Reuter*, Die gesetzliche Regelung der aktiven ärztlichen Sterbehilfe der Niederlande, S. 9; *Frieß*, Komm süßer Tod, S. 95.
448 Dies zeigt sich an Art. 393 und Art. 394 belgStGB sowie Art. 287 und Art. 289 nlStGB – Die Normen finden sich abgedruckt im Anhang.
449 *Wörestshofer*, Die strafrechtl. Situation der Sterbehilfe in den Niederlanden, S. 198.
450 *Griffiths*, in: Giving Death a Helping Hand, S. 78.

Euthanasiegesetzen die Strafbarkeit von ordnungsmäßig handelnden Ärzten ausgeschlossen wird. Ärzte können straflos der Bitte eines voll- oder minderjährigen Patienten um aktive Lebensbeendigung und Beihilfe zur Lebensbeendigung nachkommen, sofern die vorab dargestellten Voraussetzungen erfüllt sind. Neben den medizinischen Aspekten ist an dieser Stelle vor allem nochmals auf das Erfordernis der engen Arzt-Patient-Beziehung hinzuweisen. Weder im niederländischen noch im belgischen Euthanasiegesetz ist eine Delegation vom Arzt an andere Personen, auch nicht an medizinisches Fach- und Pflegepersonal, gestattet[451]. Im Unterschied hierzu wird ein deutscher Arzt, der aktiv oder assistierend Sterbehilfe leistet, strafrechtlich verfolgt werden. Teilregelungen bezüglich Sterbehilfe finden sich im deutschen Strafgesetzbuch in §§ 216 und 217 StGB. Grundsätzlich wird die aktiv tötende Handlung eines Menschen gegenüber einem anderen Menschen als Mord oder Totschlag bestraft. Eine Privilegierung mit milderem Strafrahmen findet sich in § 216 StGB, wenn eine Person jemanden auf dessen Verlangen hin tötet. Der jüngst eingefügte § 217 StGB beinhaltet zwar kein Verbot der aktiven Sterbehilfe, diese unterfällt weiterhin §§ 211 oder 212 StGB, bezieht sich jedoch auf die Förderung, Gewährung, Verschaffung oder Vermittlung der Gelegenheit zur Selbsttötung. Die Suizidassistenz hat mit einer Freiheitsstrafe bis zu drei Jahren oder einer Geldstrafe das geringste Strafmaß der Delikte, die im Zusammenhang mit Sterbehilfe stehen. Ärzte trifft abseits der indirekten und passiven Sterbehilfe obendrein ein gesondertes Disziplinarverfahren und Strafmaß durch ihre Berufsordnung. Eine andere Rechtslage ergibt sich, wenn Angehörige beim Suizid assistieren. § 217 Abs. 2 StGB als persönlicher Strafausschließungsgrund befreit Angehörige und nahestehende Personen ausnahmsweise von einer Strafverfolgung. Der Gesetzgeber möchte Einzelfälle, in denen enge Bezugspersonen des Schwerstkranken ihm beistehen wollen und aus diesem Motiv des Mitleids und Mitgefühls heraus handeln, nicht pönalisieren[452].

III. Passive und indirekte Sterbehilfe

Gemeinsam ist den drei Ländern die Haltung zur passiven und indirekten Sterbehilfe. Die medizinisch indizierte Schmerzbehandlung bis hin zur Tiefensedierung ist ebenso legal wie der Abbruch der Behandlung und die Änderung des Therapieziels am Lebensende, wenn keine alternativen Behandlungsmöglichkeiten

---

451 *Reuter*, Die gesetzliche Regelung der aktiven ärztlichen Sterbehilfe der Niederlande, S. 62.
452 BT-Drucksache 18/5373, S. 19 f.

bestehen. Dies gilt auch in Deutschland unabhängig vom Alter des Patienten, da bereits die für jedermann geltende Menschenwürde aus Art. 1 GG die Abwendung eines qualvollen Leidens gebietet.

IV. Die Patientenverfügung

Patientenverfügungen können in allen drei Ländern verfasst werden. Sowohl die Niederlande als auch Belgien und Deutschland erkennen über dieses Instrument das medizinische Selbstbestimmungsrecht ihrer Bürger an. In Deutschland ist die Patientenverfügung in §§ 1901a ff. BGB geregelt. In Belgien heißt sie „De wilsverklaring" bzw. „La déclaration anticipée" und findet sich im 3. Kapitel des Sterbehilfegesetzes. Die Niederlande haben sie ebenfalls in ihrem Sterbehilfegesetz unter Art. 2 Abs. 2 aufgenommen.

Entscheidende Unterschiede der Patientenverfügungen sind die Volljährigkeitsgrenze und ihre Reichweite.

§§ 1901a ff. BGB setzen die Volljährigkeit des Verfassers voraus, damit die Patientenverfügung Wirksamkeit erlangt. Verschriftlicht ein Minderjähriger seine Behandlungswünsche, entfaltet dieses Schriftstück bloße Indizwirkung, ist aber keine Patientenverfügung im Rechtssinne. Minderjährige in Belgien und den Niederlande hingegen werden ausdrücklich im Gesetz berücksichtigt. Die Niederlande gestehen jedem Patienten ab 12 Jahren zu, eine Patientenverfügung wirksam aufzusetzen, sofern er über die nötige Einsichts- und Urteilsfähigkeit zur Beurteilung der Gesamtsituation verfügt. Das belgische Gesetz stellt auf die Mündigkeit des Minderjährigen ab. Ist diese feststellbar, so kann er in jedem Alter eine vorgezogene Willenserklärung abgeben. Feine Nuancen differenzieren wiederum die niederländische und belgische Erklärung. Während die schriftliche Willenserklärung in den Niederlanden dauerhaft gültig ist, findet sie in Belgien nur Berücksichtigung, wenn zwischen Niederschrift und Fortfall der Einwilligungs- und Einsichtsfähigkeit nicht mehr als fünf Jahre liegen.

Einen deutlichen Unterschied stellt die Reichweite des Inhalts der Patientenverfügung dar, also das, was der Patient in seiner Erklärung festlegen darf. Die Reichweite der belgischen und niederländischen Erklärungen umfasst neben Behandlungswünschen auch die Bitte um aktive Sterbehilfe und Assistenz bei der Lebensbeendigung. Demgegenüber können deutsche volljährige Patienten nur darüber verfügen, welche Behandlungsmethoden sie zulassen oder ablehnen wollen. Das Absehen von lebenserhaltenden Maßnahmen kann verlangt werden, wohingegen die Bitte um Sterbehilfe in Form einer Hilfe zum Sterben unwirksam ist.

Gemeinsam ist den drei Ländern wiederum, dass die Patientenverfügung für jedes Stadium einer Krankheit verfasst werden kann, ohne Begrenzung auf das nahe Lebensende und für jede Art von Erkrankung.

V. Die Kommissionen in den Niederlanden und Belgien

Einem Rechtsvergleich sind auch die Kommissionen in den Niederlanden und Belgien zugänglich. Die Meldepflicht trifft den behandelnden Arzt erst nach dem Tod seines Patienten, das heißt die Kommission wird erst nach dessen Ableben eingeschaltet.

In den Niederlanden darf der Arzt, der einem Patienten zum Sterben verholfen hat, gem. Art. 7 des Gesetzes über das Leichen- und Bestattungswesen keinen Totenschein ausstellen, sondern muss den Tod und seine Ursache dem kommunalen Leichenbeschauer melden. Dieser benachrichtigt seinerseits gem. Art. 10 Abs. 2 die Regionale Kontrollkommission.

Im Gegensatz dazu müssen belgische Ärzte keinen Leichenbeschauer anfordern, sondern wenden sich direkt an die Föderale Kontroll- und Bewertungskommission, Art. 5 der „Loi relative à l'euthanasie". Beachtenswert ist die unterschiedliche Zusammensetzung der Kommissionen. Den 16 Kommissionsmitgliedern in Belgien stehen nur drei Mitglieder der niederländischen Regionalen Kommission gegenüber. Die Meldepflicht, Zusammensetzung und Aufgaben der belgischen Föderalen Kontroll- und Bewertungskommission sind innerhalb des belgischen Sterbehilfegesetzes ab dem 4. Kapitel niedergelegt. Die 16 Mitglieder setzen sich gem. Art. 6 § 2 aus acht Doktoren der Medizin, vier Professoren der Rechtswissenschaft oder Rechtsanwälten und vier Fachkundigen, die mit unheilbaren Krankheiten befasst sind, zusammen. Die niederländische Kommission muss gem. Art. 3 Abs. 2 des Sterbehilfegesetzes aus einer ungeraden Zahl von Mitgliedern bestehen, mindestens drei Personen – ein Jurist als Vorsitzender, ein Arzt und ein sachkundiger Ethiker.

In beiden Ländern trifft die Kommissionen eine Berichterstattungspflicht über die Zahl der gemeldeten Fälle von Lebensbeendigung, die Gründe und wie sie zu der Annahme gekommen sind, dass die Ärzte rechtmäßig gehandelt haben. Art. 17 des niederländischen Sterbehilfegesetzes fordert eine jährliche Berichterstattung zu Händen der Minister, wohingegen die belgische Kommission alle zwei Jahre einen statistischen Bericht gem. Art. 9 ihres Sterbehilfegesetzes für die gesetzgebenden Kammern verfassen muss. Das belgische Recht fordert zudem eine rechtliche Wertung, ob die Anwendung der vorliegenden Gesetze gelingt und gegebenenfalls die Ausarbeitung einer Empfehlung für eine Gesetzesinitiative. Mithin überprüft die belgische Kommission nicht nur das ärztliche Handeln, sondern kann durch ihre enge Verknüpfung mit der Gesetzgebung auch Einfluss auf das Sterbehilfeverfahren nehmen. Die Arbeit sowohl der niederländischen als auch belgischen Kommissionen ermöglicht es zudem, einen Überblick über Todesursachen zu erhalten und anhand konkreter Zahlen Statistik zu führen. Die Erhebung der Daten hat zum Vorteil, dass Trends frühzeitig entdeckt werden und die Gesetzgeber mit neuen Initiativen bei Bedarf gegensteuern können.

VI. Zeitpunkt der Gewährung von Sterbehilfe

Bei der Festlegung, ab welchem Zeitpunkt Sterbehilfe geleistet werden darf, unterscheiden die Niederlande nicht zwischen terminaler Phase und dem Vorstadium. Vorausgesetzt wird lediglich eine unheilbare Erkrankung, zu der es keinen annehmbaren alternativen Behandlungsweg gibt, und dass die weiteren Sorgfaltskriterien des Art. 2 des niederländischen Sterbehilfegesetzes eingehalten werden. Belgien hat sein Gesetz restriktiver formuliert und zwei Szenarien bedacht. Art. 3 § 1 und § 2 legen Voraussetzungen für den Fall fest, dass sich der Patient aktuell in einer aussichtslosen qual- und leidvollen Lage befindet und der Tod absehbar ist. Für den Fall, dass der Tod nach Einschätzung des Arztes offensichtlich nicht in absehbarer Zeit eintreten wird, richten sich die Voraussetzungen nach Art. 3 § 3. Belgien passt die spezifischen Bedingungen und Vorgehensweisen für das legale Leisten von Sterbehilfe somit an das Vorstadium oder an die terminale Phase einer Erkrankung an.

Der Zeitpunkt, zu welchem passive und indirekte Sterbehilfe in Deutschland geleistet werden darf, ist eng begrenzt. Sie ist Ultima Ratio nach erfolgloser palliativer Behandlung. Die Krankheit muss unausweichlich fortschreiten und bereits zu großem Leid geführt haben, das nicht linderbar ist. Bei komatösen Patienten darf keine Heilungschance mehr bestehen und die passive oder indirekte Sterbehilfe muss dem mutmaßlichen Willen des Patienten entsprechen.

VII. Sterbehilfe bei psychischen Erkrankungen und Demenz

Einen weiteren zu untersuchenden Aspekt stellt die Frage dar, ob auch psychisch kranken oder dementen Patienten Sterbehilfe gewährt werden darf.

Bezogen auf die passive oder indirekte Sterbehilfe ist in Deutschland danach zu unterscheiden, ob der Patient zu einer Zeit, zu der er noch bei klarem Verstand war, eine Patientenverfügung errichtet hat oder ob diese bereits unter Einfluss der psychischen Erkrankung niedergelegt wurde. Die Patientenverfügung ist exakt für den Fall des Verlusts der Selbstbestimmungsfähigkeit am Ende des Lebens gedacht. Der Gesetzeswortlaut des § 1901a BGB „für den Fall seiner

Einwilligungsunfähigkeit" ist einer weiten Auslegung zugänglich, die nicht nur die vom Gesetzgeber ausgewiesenen Fälle der Bewusstlosigkeit umfasst, sondern eben auch den Verlust der geistigen Fähigkeiten durch eine psychische Krankheit oder Psychose einschließt. Tritt die psychische Erkrankung erst nach Errichtung einer wirksamen Patientenverfügung ein, so ist beispielsweise nach einem schweren Unfall die Bitte, lebenserhaltende Maßnahmen zu unterlassen, beachtlich. Ungeklärt bleibt bislang, ob jemand eine Patientenverfügung für den Fall des Eintritts einer psychischen Erkrankung verfassen darf[453]. Ebenso fraglich ist, ob eine Patientenverfügung in lichten Momenten des psychisch Erkrankten oder Dementen wirksam verfasst werden kann, ob zu der psychischen Erkrankung eine weitere Krankheit hinzukommen muss und wie das Betreuungs- und Unterbringungsrecht mit dem medizinischen Selbstbestimmungsrecht des Erkrankten in Einklang zu bringen ist. Eine ausführliche rechtliche Erläuterung dieser Problematik wäre in einer weiteren Untersuchung zu erarbeiten, da sie im Rahmen dieser Dissertation zu weit führt. Festzuhalten bleibt für die vorliegende Arbeit, dass die Änderung des Therapieziels, der Abbruch lebenserhaltender Maßnahmen und die Gabe sedierender Medikamente als Beispiele für passive und indirekte Sterbehilfe durchaus auch bei psychisch erkrankten Personen Anwendung finden können, sofern die übrigen Voraussetzungen und das krankheitsbedingte körperliche Leiden ebenfalls vorliegen.

Uneingeschränkter lässt sich die Frage in Belgien beantworten. Dort sind psychische Probleme eine anerkannte Indikation, die sogar aktive Sterbehilfe legitimiert. Ausweislich des Gesetzeswortlauts Art. 3 § 1 Spiegelstrich 3 des belgischen Sterbehilfegesetzes muss sich der Patient in einer medizinisch aussichtslosen Lage befinden und sich auf anhaltende unerträgliche körperliche oder psychische Qual berufen, die nicht gelindert werden kann und aus einem unfall- oder krankheitsbedingten Leiden resultiert. Im Oktober 2013 wurde einem Transsexuellen zum Sterben verholfen, der nach der Umwandlung sein Erscheinungsbild nicht ertrug[454]. Im Jahr 2015 wurde einer schwerst depressiven 24-jährigen Frau Sterbehilfe bewilligt[455]. Daneben gibt es viele weitere Fälle, in

---

453 Aktion psychisch Kranke e.V., Patientenverfügung und Behandlungsvereinbarung bei psychischen Erkrankungen, S. 6 f.
454 *Heylens et al.*, Journal of Psychiatry, 2016, 19:347, 1 (2); *Paukner*, Ein Land verhandelt über Leben und Tod, in Süddeutsche Zeitung Online v. 02.10.2013.
455 *Dierickx et al.*, BMC Psychiatry, 2017, 17:203, 1 (3); Thienpont et al., BMJ Open 2015, 5:e007454, 1 (5); *Jakat*, Belgien diskutiert über Sterbehilfe für depressive 24-Jährige, in Süddeutsche Zeitung v. 02.07.2015.

denen Depressionen, psychotische Störungen, ausgeprägte Angstgefühle und posttraumatische Störungen zu der Bewilligung von Sterbehilfe führten.

Nicht so eindeutig festgelegt wie in Belgien ist das Vorgehen in den Niederlanden. Der Gesetzeswortlaut des niederländischen Sterbehilfegesetzes ist allgemein formuliert. Erforderlich ist unter anderem ein aussichtsloser „Zustand" und unerträgliches „Leiden". Hierdurch eröffnet sich ein Auslegungsspielraum, der auch psychische Erkrankungen umfassen kann. Diese vage Formulierung führte dazu, dass vereinzelt körperlich gesunden, aber psychisch kranken Personen in den Niederlanden Sterbehilfe gewährt wurde. Medienwirksam diskutiert wurde der Fall eines Missbrauchsopfers[456]. Eine Frau wurde in ihrer Jugend schwer missbraucht, woraus immer stärker werdende Depressionen resultierten, die sich trotz Gabe von Psychopharmaka immer weiter verstärkten. Die junge Frau litt an Halluzinationen, die in körperliche Mangelfunktionen mündeten und in Teilen organisches Versagen zur Folge hatten. Die als unerträglich eingestuften Folgen der posttraumatischen Belastungsstörung führten schlussendlich zur Bewilligung der Sterbehilfe. Der jährliche Bericht der Regionalkommission aus dem Jahr 2015 verzeichnete 56 Bewilligungen von Sterbehilfe basierend auf psychischem Leiden – ein leichter Anstieg zu den Vorjahren, in denen durchschnittlich 42 Fälle registriert wurden[457].

VIII. Einordnung der Todesursache nach Sterbehilfe

Im Nachgang des Leistens von Sterbehilfe durch einen niederländischen oder belgischen Arzt muss die Todesursache geklärt werden. In den Niederlanden hat der Arzt zunächst einen Leichenbeschauer zu bestellen, der seinerseits die Todesursache und die Vorgehensweise des Arztes beim Leisten der Sterbehilfe an die Regionale Kommission meldet. Bei Unregelmäßigkeiten wird die Staatsanwaltschaft eingeschaltet. Art. 7 Abs. 2 des niederländischen Gesetzes über das Leichen- und Bestattungswesen besagt, dass der Arzt keinen Totenschein ausstellen darf, wenn der Tod in Folge von Lebensbeendigung auf Verlangen oder Hilfe bei der Selbsttötung eingetreten ist. Die Todesursache wird also nicht als

---

456 Eine Auswahl an Fällen, in denen niederländischen Patienten Sterbehilfe auf Grund derartiger traumatischer Erlebnisse gewährt wurde: Oordeel 2015–17, Oordeel 2015–64, Oordeel 2015–51, Oordeel 2016–109, Oordeel 2014–82 der Regionale Toetsingscommissies Euthanasie der Niederlande (exakte Fundstelle angegeben im Literaturverzeichnis); *Jacobs,* Niederlande – Missbrauchte Frau erhielt Sterbehilfe, in RP Online v. 14.05.2016.
457 Regionale Toetsingscommissies *Euthanasie,* Jaarverslag 2015, S. 6.

ein natürliches Versterben anerkannt. Anders ist dies in Belgien. Art. 15 der belgischen „Loi relative à l'euthanasie" besagt ausdrücklich, dass bei einer Person, die durch Sterbehilfe unter Einhaltung der gesetzlichen Sorgfaltskriterien verstorben ist, davon ausgegangen wird, dass sie eines natürlichen Todes gestorben ist. Die Einordnung als natürliche Todesursache hat zur Folge, dass Lebens- und Risikolebensversicherungen uneingeschränkt an die Hinterbliebenen ausgezahlt werden können, wohingegen in den Niederlanden und Deutschland sämtliche Ansprüche gegen die Versicherung verloren gehen[458]. In Deutschland versterben die Patienten mangels Praktizierung des assistierten Suizids und der aktiven Sterbehilfe tatsächlich auf natürlichem Wege. Bei der Vergabe sedierender Medikamente, bei denen der Verdacht besteht, sie beschleunigen den Eintritt des Todeszeitpunkts, ist das Versterben dennoch ein natürliches. In der terminalen Phase setzen viele Palliativmediziner Benzodiazepine und schmerzstillende Opioide ein, um das Leiden des Patienten zu mildern und ihm die bereits eingetretene Sterbephase weniger qualvoll zu gestalten. Die Dosen werden jedoch so gering vergeben, dass sie schmerzlähmend wirken, den Tod aber nicht auf direktem Weg herbeiführen. Es gilt weiterhin der Grundsatz, dass Ärzte dem Patienten nicht *zum*, sondern *im* Sterben helfen sollen. Ebenso verhält es sich beim Leisten passiver Sterbehilfe. Der Abbruch lebenserhaltender Maßnahmen stoppt gerade das künstliche Eingreifen in den Organismus und lässt den Körper auf natürliche Weise arbeiten. Sind die Organe final geschädigt, so verstirbt der Patient an natürlichem organischem Versagen.

IX. Fazit des Vergleichs der deutschen mit der niederländischen und belgischen Rechtslage

Der Rechtsvergleich verdeutlicht, dass Belgien und die Niederlande sehr ähnliche Gesetze zur Legalisierung von Sterbehilfe verabschiedet haben. Sowohl die „Loi relative à l'euthanasie" als auch das „Gesetz über die Kontrolle der Lebensbeendigung auf Verlangen und der Hilfe bei Selbsttötung" berücksichtigen ausdrücklich Voll- und Minderjährige und nennen Sorgfaltskriterien, die an den jeweiligen altersbedingten Entwicklungsstand des Patienten angepasst sind. Der deutsche Gesetzgeber hat sich bislang davor gescheut, ein Gesetz auf den Weg zu bringen, das die bestehenden Grauzonen bezüglich des Leistens von Sterbehilfe beseitigt. Dies begründet sich vor allem mit ethischen Bedenken und der restriktiven Haltung der Gesellschaft. Die belgischen und niederländischen Bürger gehen offener mit den Themen „Lebensende und Lebensbeendigung" um und

---

458 *Frieß*, Komm süßer Tod, S. 109.

stimmten bereits 2002 dem Inkrafttreten der entsprechenden Gesetze zu. Indifferente Regelungen, wie die Einführung des § 217 StGB, bringen keinen Wandel und keinen Fortschritt im Umgang mit dem Thema Sterbehilfe. Der deutsche Gesetzgeber wurde bei dessen Ausarbeitung nicht nur in dogmatischer Hinsicht wenig stringent tätig, sondern trug zu einer noch größeren Rechtsunklarheit bei, indem Angehörige unter Umständen straffrei zum Suizid verhelfen dürfen, wobei gerade sie eigennützige Motive haben könnten und in der Regel ohne medizinisches Fachwissen agieren. Die niederländischen und belgischen Gesetze hingegen geben Ärzten einen Rahmen, innerhalb dessen sie Sterbehilfe leisten dürfen, und schaffen damit Rechtsklarheit. Bedenken, dass der Sterbetourismus im eigenen Land ansteigen könne oder sich Schwerkranke verpflichtet fühlen, Sterbehilfe in Anspruch zu nehmen, nur um ihre Angehörigen zu entlasten, gab es in den Niederlanden und Belgien wenig. Genau auf diese Argumente stützen sich die Kritiker der Sterbehilfe. Dabei übersehen sie, dass die Sterbehilfegesetze enge Schranken enthalten, die einen Sterbetourismus verhindern. Erforderlich ist eine fundierte Arzt-Patienten-Beziehung. Eine solche kann nur über einen längeren Behandlungszeitraum aufgebaut werden, so dass ausländische Staatsbürger zunächst über mehrere Monate bei einem niederländischen oder belgischen Arzt in Behandlung sein müssten. Da dies selten der Fall ist, kann zum überwiegenden Teil nur den eigenen Staatsbürgern Sterbehilfe gewährt werden. Anders stellt sich die Lage in der Schweiz dar, in der aktive Sterbehilfe selbst für Ärzte verboten ist. Deshalb assistieren dort hauptsächlich Sterbehilfeorganisationen beim Sterben, wohingegen solche Organisationen in den Niederlanden und Belgien wegen der liberalen Rechte der Ärzte nicht von Nöten sind. Hieran zeigt sich, wie eine gesetzliche Liberalisierung helfen kann, kommerzielle Sterbehilfe durch Organisationen zu vermeiden. Tendenziell steigt die Zahl bewilligter Sterbehilfebitten in den Niederlanden und Belgien an. Wurden in den Niederlanden im Jahr 2011 noch 3.695 Todesfälle durch ärztliche aktive Sterbehilfe und assistierten Suizid registriert, waren es im Jahr 2013 bereits 4.829 und im Jahr 2015 5.516[459]. Ähnlich stiegen die Fallzahlen in Belgien[460]. Mit Blick auf Sterbehilfe bei Minderjährigen traten die Befürchtungen der Kritiker hingegen nicht ein. In den Niederlanden gab es seit 2002 acht Fälle von Sterbehilfe bei Minderjährigen. Seit Inkrafttreten des modifizierten belgischen Sterbehilfegesetzes im Jahr 2014 wurde nur zwei Minderjährigen Sterbehilfe geleistet. Die belgischen minderjährigen Patienten müssen Einsichts- und Urteilsfähigkeit besitzen, wodurch die

---

459 Regionale Toetsingscommissies Euthanasie, Jaarverslag 2015, S. 7.
460 Deutsches Ärzteblatt v. 19.03.2015.

altersunabhängige Gewährung von Sterbehilfe in Belgien de facto doch an die niederländische Altersgrenze von 12 Jahren angeglichen wird. Im Unterschied zu den Niederlanden und Belgien wird 12-jährigen Kindern in Deutschland keine Mündigkeit zugestanden. Sie dürfen weder eine Patientenverfügung aufsetzen noch über den Gang der medizinischen Behandlung eigenständig entscheiden. In den Niederlanden und Belgien geht nicht nur die Gesellschaft offener mit der Thematik des Lebensendes um, auch der Staat hat mehr Vertrauen in seine Bürger, ob voll- oder minderjährig. Den Bürgern wird früher Eigenständigkeit in Form von Mündigkeit zugestanden, um ihr Selbstbestimmungsrecht als zentrales Gut der Rechtsordnung ausüben zu können. In Deutschland hingegen wird der Gedanke der Fürsorge über den der individuellen Freiheit gestellt[461]. Dass das Vertrauen in die selbstbestimmten Entscheidungen am Lebensende sehr groß ist, zeigt sich ebenfalls darin, dass die Ethikkommissionen in beiden Ländern erst nach dem Versterben des Patienten einbezogen werden und nicht als Kontrollinstanz vorgeschaltet sind.

F. Resumé des Falles Hannah Jones

Bezüglich der Frage, ob Hannah Jones noch leben würde, wenn damals die Gesetzeslage in Großbritannien so gewesen wäre wie die heutige belgische, kann diese bejaht werden. Hannah bat lediglich darum, von der Transplantation eines Spenderherzens abzusehen, um nach Hause zu können. Ihr Ziel war es nicht, vor Gericht die Erlaubnis aktiver Sterbehilfe zu erstreiten. Das Unterlassen einer lebenswichtigen Transplantation war als Ausgestaltung passiver Sterbehilfe auch schon vor Inkrafttreten des Gesetzes 2014 zulässig und kein gesetzliches Novum.

Hätte Hannah hingegen einen belgischen Arzt um assistierten Suizid oder aktive Sterbehilfe gebeten, wäre sie im Sinne der belgischen Rechtsordnung sicherlich als einsichts- und urteilsfähige schwerkranke Patientin angesehen und ihrer Bitte um Sterbehilfe wäre nachgekommen worden. Ob die von der belgischen Rechtsordnung vorgesehenen weiteren Gespräche mit unabhängigen Ärzten und Psychologen zu einer Entscheidung für das Leben geführt hätten, bleibt ungewiss.

Fragt sich noch, wie die Bitte in Deutschland aufgenommen werden würde. Hannah Jones' Entscheidung gegen ein Spenderherz wäre auch in Deutschland akzeptiert worden. Sowohl die Krankenhausleitung als auch das Gericht sprachen Hannah Jones genügend Reife und Einsichtsfähigkeit zu, die Folgen

---

461 *Anselm*, epd Dokumentation, Nr. 24, 06/2008, S. 39.

ihres Entschlusses zu begreifen. Das Mädchen musste sich sein Leben lang mit dem Tod auseinandersetzen und wünschte sich, endlich ein friedliches Leben zu Hause verbringen zu können. Der Fall zeigt nicht nur, dass auch Minderjährige entscheidungsfähig sein können, sondern auch, dass selbst wenn der Behandlungsabbruch gestattet wird, dies stets nur eine Option neben Behandlungsalternativen bleibt. Hannah Jones entschied sich später dennoch für eine Herztransplantation und damit für das Weiterleben, weil sie zu Hause neuen Lebensmut sammeln konnte. Andere kranke Kinder denken vielleicht nicht so intensiv über das Leben und den Tod nach und fragen daher nicht nach einem Behandlungsabbruch. An diese Patienten wird die Möglichkeit der Sterbehilfe gar nicht erst herangetragen. Aufgabe der Ärzte und Pfleger ist es, auf die geäußerten Wünsche der Patienten bestmöglich einzugehen und ihnen wahrheitsgemäß Auskunft über ihren Gesundheitszustand zu geben. Nicht nur die ärztliche Leitlinie, sondern schon der Menschenverstand selbst verbietet es, sterbenskranken Kindern, Sterbehilfe vorzuschlagen, ohne dass danach gefragt wurde. Hannahs Fall zeigt jedoch auch, dass trotz der Ermöglichung des Behandlungsabbruchs stets der lebensbejahende Wunsch des Patienten oberste Priorität behalten muss, wann auch immer dieser geäußert wird. Die altersentsprechende Beteiligung und das offene Gespräch über die Wünsche der Patienten sind Grundvoraussetzung im Umgang mit Kindern mit lebensbegrenzenden Erkrankungen.

Viertes Kapitel: Gesetzentwurf zur Regelung der Sterbehilfe unter Einbeziehung der Sterbehilfe bei Minderjährigen

A. Stellungnahme zur Sterbehilfe bei Minderjährigen

Während die Stellungnahme zur Sterbehilfe in Gestalt der aktiven und passiven Sterbehilfe sowie des ärztlich assistierten Suizids bei volljährigen Patienten unter eng gefassten Schranken zu Gunsten dieser Sterbehilfeformen ausfiel, gilt es, trotz vieler Gemeinsamkeiten, zum Schutz Minderjähriger weitergehende Überlegungen anzustellen. Legalen Zugang zu alkoholischen Getränken bekommen Minderjährige frühestens mit 16 Jahren, die Fahrerlaubnis kann ihnen mit 17 Jahren erteilt werden. Alkohol konsumieren oder im motorisierten Verkehr teilnehmen darf ein 12- oder 14-Jähriger nicht. Wie kann ihm dann genügend Reife zugestanden werden, über sein Ableben zu bestimmen? Kinder sollen vor Gefahren und Entscheidungen geschützt werden, deren Folgen sie wegen ihrer geringen Lebenserfahrung noch nicht einschätzen können. Gerade deshalb stehen Eltern ihren Kindern bei, indem sie Entscheidungsbefugnisse im Rahmen der elterlichen Sorge ausüben. Frei über den eigenen Tod entscheiden zu können, bringt mehr Belastung mit sich als jede Entscheidung des alltäglichen Lebens. So ist es zumindest vom Grundsatz her zu betrachten. Es ist allerdings zu bedenken, dass der Alltag eines Minderjährigen, der seit vielen Jahren gegen seine Krankheit ankämpft, ein anderer ist als der gesunder Gleichaltriger. Für diese Kinder geht es nicht darum, welche Computerspiele sie schon spielen dürfen oder ob sie eine Flasche Bier kaufen können. Für sie ist der Alltag ein Lebenskampf. Sie wachsen umgeben von medizinischen Fachtermini und Untersuchungen auf. Daher ist es natürlich, dass sie trotz ihres jungen Alters schneller reifen und das Leben und den Tod eher begreifen. Obwohl die Entwicklung eines Kindes sehr individuell verläuft, enthält § 828 BGB feste Altersgrenzen, ebenso § 19 StGB. Die Deliktsfähigkeit in bürgerlich-rechtlicher Hinsicht beginnt mit dem vollendeten siebten Lebensjahr, da Minderjährigen ab diesem Zeitpunkt zugestanden wird, einzusehen, wenn sie Unrecht getan haben. Im Straßen- und Bahnverkehr beginnt die Deliktsfähigkeit wegen der Komplexität des Verkehrs erst mit zehn Jahren. Ausnahmslos schuldunfähig sind nach dem Strafgesetzbuch Minderjährige unter 14 Jahren. Die aufgezeigten Altersgrenzen decken sich insoweit mit den medizinischen Erkenntnissen des Pädiaters Boris Zernikow, dass Kinder erst im Alter zwischen sieben und zehn Jahren den Tod als irreversiblen

Vorgang verstehen, bei dem alle Vitalfunktionen enden[462]. Ab dem 11. Lebensjahr verstehen Kinder, dass der Tod ein definitiver Abbruch aller gewohnten menschlichen Beziehungen ist[463]. Erst wenn dieses Verständnis vollständig ausgeprägt ist, kann dem Minderjährigen eine selbstbestimmte Einsichts- und Einwilligungsfähigkeit zugestanden werden und die Ausübung des medizinischen Selbstbestimmungsrechts selbständig erfolgen. Gedeckt wird dieses Ergebnis von der Altersgrenze von 12 Jahren im niederländischen Sterbehilfegesetz. Die BÄK hingegen sieht Minderjährige erst ab dem 16. Lebensjahr als medizinisch einwilligungsfähig an[464]. Diese Altersgrenze, selbst für kleinere Eingriffe, erscheint jedoch sehr hoch, gemessen daran, dass die sexuelle Selbstbestimmung mit 14 Jahren beginnt und in Einzelfällen ab dem vollendeten 15. Lebensjahr ein Schwangerschaftsabbruch ohne Zustimmung der Eltern vorgenommen werden kann. Die entscheidende Altersspanne, die es für das medizinische Selbstbestimmungsrecht zu betrachten gilt, auch im Hinblick auf palliativmedizinische Behandlungsmaßnahmen und Sterbehilfe, scheint daher zwischen 12 und 16 Jahren zu liegen. Auch wenn die Entwicklung sehr individuell erfolgt, so kann in dieser Altersstufe grundsätzlich eine gewisse Reife angenommen werden. Dies wird in der Ausformulierung eines Gesetzesentwurfs zu berücksichtigen sein.

Neben der Frage der altersbedingten Reife gibt es drei weitere wichtige Faktoren, die Berücksichtigung finden müssen. Einer der Faktoren ist die Einwilligungs- und Einsichtsfähigkeit, die beispielsweise bei Minderjährigen, die an Kinderdemenz erkrankt sind, fehlen kann. Ebenso entscheidend, vor allem in Bezug auf den assistierten Suizid, ist das Bewegungsvermögen des Patienten. Ganzheitlich gelähmte Patienten dürfen nicht gegenüber zum Suizid fähigen Personen benachteiligt werden. Der dritte Aspekt ist das psychische Leiden einhergehend mit den diversen Alters- und Entwicklungsstufen. Je umfassender ein Kind seine Krankheit versteht, desto schwerer wiegen psychologische Faktoren, die seine Entscheidung für oder gegen eine Tiefensedierung und für oder gegen Sterbehilfe beeinflussen.

I. Erfordernis der Legalisierung des assistierten Suizids und aktiver Sterbehilfe bei Minderjährigen

Als Vorüberlegung der Stellungnahmen zu den einzelnen Sterbehilfearten bei Minderjährigen gilt es zunächst, das Erfordernis einer Legalisierung des

---

462 Deutsches Ärzteblatt 2008, 105 (25), eTabelle 2.
463 ebd.
464 Grundsätze der Bundesärztekammer zur ärztlichen Sterbebegleitung, S. 348.

assistierten Suizids und der aktiven Sterbehilfe bei Minderjährigen zu untersuchen. Wie im vorherigen Kapitel dargestellt, führen viele Erkrankungen, insbesondere im finalen Stadium, zu therapiefraktären Symptomen. In der Pädiatrie sind häufig Dyspnoe, Angst, Unruhe und Krampfanfälle[465] Indikationen, denen nur mit Hilfe der palliativen Sedierung begegnet werden kann. In besonders schweren Fällen ist zur Symptomkontrolle die vollständige Reduktion des Bewusstseins indiziert. Die Entscheidung des Patienten, welchen Weg er am Lebensende gehen möchte, wird sowohl vom physischen als auch vom psychischen Leid geprägt. Der Problemaufriss des 3. Kapitels (siehe dort unter III. 3.) soll an dieser Stelle vertieft werden. Je weiter das Entwicklungsstadium des Minderjährigen, desto umfassender versteht er seine Erkrankung und kann Therapieentscheidungen mittragen oder selbständig treffen. Um dem physischen Leid zu begegnen, ist die terminale Sedierung eine sowohl in der Gesellschaft als auch unter Medizinern anerkannte Option, über die der Minderjährige, soweit er Tragweite und Bedeutung dieser finalen Behandlung versteht, mitentscheiden kann. Allerdings könnten Minderjährige auch bereits im Vorfeld der terminalen Phase ihrer Erkrankung ihr Leben selbstbestimmt beenden wollen, da sie ein Ableben unter vollständiger terminaler Sedierung als „Dahinsiechen" und würdelos empfinden. An diesem Patientenwunsch, der auch Grundlage der Sterbehilfeentscheidung der belgischen und niederländischen Minderjährigen gewesen sein könnte, zeigt sich, dass das Stillen des physischen Schmerzes nicht immer gleichzeitig mit der Minderung des psychischen Leidens einhergeht. In dem Moment, in dem die psychische Komponente überwiegt, müssen die Möglichkeit des assistierten Suizids und der aktiven Sterbehilfe ansetzen und rechtlich in Betracht gezogen werden dürfen. Nach der aktuellen deutschen Rechtslage wird jede Bitte um ärztliche Sterbehilfe unter Verweis auf das schmerzfreie Ableben mit Hilfe terminaler Sedierung verwehrt. Richtig ist es, die Symptome solange palliativmedizinisch und sedierend zu behandeln, wie sie darauf anspringen. Keinesfalls darf Sterbehilfe präventiv bereits im Vorstadium der Erkrankung geleistet werden, um eventuell später auftretenden Schmerzen vorzubeugen. Dennoch gibt es Krankheitsfälle, in denen die Palliativmedizin an ihre Grenzen stößt und der Wunsch nach Sterbehilfe sowohl ethisch als auch medizinisch legitim erscheint.

Sollte das Schmerzempfinden Minderjähriger unkontrollierbar sein, ist es nicht hinnehmbar, ihnen den Schmerz bis zur Vollendung des 18. Lebensjahres mit einem Sterbehilfegesetz, das nur auf Volljährige ausgerichtet ist,

---

465 *Baumann-Köhler/Frühwald/Jürgens*, Palliativmedizin 2010, 11 – D3_2.

aufzubürden. Bis zum Erreichen der Volljährigkeit können Minderjährige in zwei Kategorien eingeteilt werden. Zum einen gibt es diejenigen, die noch zu jung sind, um ein umfassendes Verständnis für die Krankheit, an der sie leiden, zu haben und die Bedeutung der tiefen terminalen Sedierung zu verstehen. Zum anderen gibt es einsichtsfähige Minderjährige, die die Komplexität, Bedeutung und Folgen der tiefen terminalen Sedierung vollumfänglich erfassen. Sollte eine Symptomkontrolle nur mittels tiefer Sedierung möglich sein, so ist diese bei Kindern der ersten Kategorie, die auf Grund ihrer individuellen Fähigkeiten noch nicht als einsichtsfähig oder mündig gelten können, unter Einholung der Einwilligung der Eltern durchzuführen. Hierbei spielt der psychologische Aspekt gegenüber dem Ziel des Linderns von physischem Schmerz eine untergeordnete Rolle. Bittet hingegen ein einsichtsfähiger Jugendlicher seinen Arzt ausdrücklich darum, nicht sediert zu werden, sondern Hilfe zum Sterben zu bekommen, schwingen physische und psychische Aspekte mit, die gleich stark anzuerkennen sind. Der Minderjährige könnte durch Ablehnung seiner Bitte sogar in seinem medizinischen Selbstbestimmungsrecht verletzt sein. Fraglich ist, ob dieses auch ein Recht auf Hilfe zum Sterben umfasst.

Als Ausfluss des Art. 2 Abs. 2 S. 1 GG i.V.m. Art. 1 Abs. 1 GG beinhaltet das Selbstbestimmungsrecht, das Recht auf Leben in Würde. Der Staat ist verpflichtet, das Recht auf Leben, insbesondere vor Gefahren ausgehend von Dritten, zu schützen, aber nur insoweit es vom Willen des Einzelnen gedeckt ist[466]. Daraus legitimieren sich die indirekte und passive Sterbehilfe. Das Recht zu sterben ist als individuelles Abwehrrecht umfasst, nicht hingegen das Recht, die Einleitung des Sterbeprozesses im Sinne von aktiv lebensbeendenden Maßnahmen zu verlangen. Weder Art. 2 der EU-Grundrechtscharta noch Art. 2 EMRK kann eine gegenteilige Wertung entnommen werden[467]. Ebenso verhält es sich mit Art. 8 EMRK, der den Patienten zwar dazu befugt, medizinische Eingriffe abzulehnen, jedoch kein positives Recht auf eine aktive Handlung enthält.

Dennoch eröffnete jüngst das BVerwG durch Auslegung einer einfachgesetzlichen Regelung die Möglichkeit, dem Sterbewunsch eines Schwerkranken nachzukommen. Das Urteil des BVerwG[468] zum Zugang zu letal wirkenden Betäubungsmitteln sollte nach hier vertretener Ansicht auch ausdrücklich auf minderjährige Schwerstkranke erweitert werden, die Bedeutung und Tragweite

---

466 *Anderheiden/Eckart,* Handbuch Sterben und Menschenwürde, S. 1505; *Ambrosy/ Löser,* Entscheidung am Lebensende, S. 20.
467 EGMR Urteil v. 29.04.2002 – 2346/02; *Voss,* Schutz der Grundrechte in Medizin und Biologie, S. 310.
468 BVerwG Urteil v. 02.03.2017 – 3 C 19.15.

der Einnahme des Medikaments, alle Risiken und die Finalität des Entschlusses begreifen und deren Wunsch unter Zuratezeihung von Eltern, Medizinern, eventuell sogar Psychologen, reiflich überlegt wurde. Weitere Rechtssicherheit würde dadurch erlangt, dass das Aushändigen des Medikaments durch einen Arzt geschehen und es unter dessen Aufsicht eingenommen werden sollte. Somit wäre wiederum der Bogen zum ärztlich assistierten Suizid gespannt und eine Legalisierung desselben die Folge. Der Widerstand gegen das Urteil, unter anderem von Bundesgesundheitsminister Gröhe und der Bundesärztekammer, ist wenig nachvollziehbar. „Staatliche Behörden dürfen nicht zum Handlanger der Beihilfe zur Selbsttötung werden", so Gröhe[469]. Die Wiedergabe des üblichen Dammbruch-Arguments, verbunden mit der Angst vor einer Etablierung der assistierten und aktiven Sterbehilfe, hilft therapiefraktären Patienten nicht weiter. Richtig ist es, jegliche Alternativen, insbesondere die Palliativmedizin, fortzuentwickeln. Dazu gehört wiederum auch, das Augenmerk auf die palliativmedizinische Behandlung Minderjähriger zu richten. Es müssen valide Daten gesammelt werden sowie unter strengen Auflagen Forschungen vorangetrieben werden. Es besteht die Notwendigkeit, Pharmakonzerne dazu anzuhalten, sich nicht mit Ausschlussklauseln für die Vergabe von Medikamenten an Minderjährige zu begnügen, die dann wiederum doch in Kliniken unter Augenmaß des Arztes verabreicht werden. Forschung mit Minderjährigen meint nicht, Experimente im großen Stil durchzuführen. Hilfreich wäre es bereits, wenn Ärzte die von ihnen gewählte Dosierung des palliativen Arzneimittels notieren würden und in einer bundesweiten Kartei speicherten, damit andere Ärzte bei der Behandlung ihres Patienten auf die Ergebnisse zurückgreifen könnten. Vor allem muss Ärzten die Angst genommen werden, dass sie sich strafbar machen, obwohl sie sich in einer dieser Extremsituationen befinden.

Die Notwendigkeit des ärztlich assistierten Suizids oder der Sterbehilfe bei Minderjährigen besteht nur in wenigen Fällen. Gerade in diesen ist die Legalisierung aber von außerordentlicher Bedeutung und Gewichtigkeit. Unter dem Eindruck dieser Vorüberlegungen schließt sich nun die Stellungnahme zu den beiden umstrittensten Formen der Sterbehilfe an.

II. Stellungnahme zum assistierten Suizid

Ebenso wie in der Stellungnahme zum assistierten Suizid bei Volljährigen ist lediglich der ärztlich assistierte Suizid in Erwägung zu ziehen, um ein

---

469 *KNA*, Sterbehilfe – Die Büchse der Pandora geöffnet, in Süddeutsche Zeitung Online v. 03.03.2017.

Missbrauchsrisiko abzuwenden. Der den Minderjährigen behandelnde Arzt würde auf dessen Wunsch hin ein letal wirkendes Medikament bereitstellen, das der Minderjährige selbständig einnimmt. Ganz grundsätzlich fragt sich, ob der Gedanke an die Legalisierung des ärztlich assistierten Suizids bei Minderjährigen in einem Land mit christlich geprägten Wertvorstellungen aufkommen sollte. Gänzlich ablehnend äußert sich hierzu die katholische Kirche. Ihre Haltung wurde bereits im Jahr 1974 durch den Ständigen Rat der Deutschen Bischofskonferenz wie folgt festgehalten: „Die Euthanasie [...] ist Ausdruck einer rein diesseitigen Einschätzung des Lebens und eine Absage an die jenseitige Begründung und Verankerung in Gott."[470]. An diesem Hirtenwort orientieren sich die Katholiken noch heute. Die Vertreter der katholischen Kirche betonen stets, dass Hilfe im Sterben und nicht Hilfe zum Sterben geboten sei. Der Heilauftrag des Arztes und der Pfleger schließe die Möglichkeit des ärztlich assistierten Suizids ebenso absolut aus wie die christliche Wahrung des Lebensschutzes[471]. Die evangelische Kirche positioniert sich gegenüber dem assistierten Suizid grundsätzlich ebenfalls ablehnend, jedoch nicht derart strikt wie die katholische Kirche. Sie stellt die Ablehnung des assistierten Suizids unter Vorbehalt der Würdigung des Einzelfalls. Das heißt, die evangelische Kirche misst dem Arzt einen Verantwortungs- und Handlungsspielraum zu[472]. In Bezug auf Minderjährige erklärte die Nordkirche hingegen, dass das belgische Gesetz „in höchstem Maß alarmierend" und die Tötung sterbenskranker Kinder für Christen ethisch unverantwortlich sei[473]. Damit stellt sich die Frage, ob es denn christlich und ethisch verantwortlicher ist, sterbenskranken Kindern im Gegensatz zu Erwachsenen ohne Betrachtung des Einzelfalls eine Lebenspflicht aufzuerlegen. Die evangelische Kirche und in besonderem Maße die katholische Kirche verkennen das Schmerzempfinden von Kindern und Jugendlichen. Mit unreflektierten Aussagen führen sie eine nicht zu rechtfertigende Ungleichbehandlung herbei. Durch diese unberechtigte Differenzierung droht viel mehr eine Abkehr von christlichen Werten.

Berechtigt ist alleine die Frage, ob Sterbehilfe in Form des assistierten Suizids bei Minderjährigen nicht durch terminale Sedierung umgangen werden kann.

---

470 Die Deutschen Bischöfe, Das Lebensrecht des Menschen und die Euthanasie 1975, S. 10.
471 Erzbistum Köln, Entscheidung am Lebensende, S. 25; Deutsche Bischofskonferenz, Sterben in Würde – worum geht es eigentlich?, S. 5.
472 EKD, Sterbebegleitung statt aktiver Sterbehilfe, S. 38; EKD, Wenn Menschen sterben wollen in: epd Dokumentation, Nr. 50a, 11/2008, S. 3.
473 Pressemitteilung v. 15.02.2014 der Kirche Mecklenburg-Vorpommern.

Obwohl schwer kranke Minderjährige oftmals eine gesteigerte geistige Reife und vor allem ein gutes medizinisches Verständnis für ihre Krankheit haben, kommt es sehr selten vor, dass diese Kinder darum bitten, sterben zu dürfen. Auch die junge Hannah Jones fragte nicht danach, ob ein Arzt ihr ein tödliches Arzneimittel verschafft oder aktiv ihr Leben beendet. Sie wollte lediglich keine Weiterbehandlung, um nach langem Krankenhausaufenthalt endlich wieder in ihrem Zuhause leben zu können. Wartet der Patient hingegen nicht auf ein Transplantationsorgan oder eine anderweitige Operation, sondern erliegt schrittweise seiner irreversiblen Krebs- oder Stoffwechselerkrankung, ist ein Abbruch der Behandlung in der Form wie bei Hannah Jones nicht möglich. Die Behandlung besteht bei diesen Krankheiten ohnehin schon schlicht in der Vergabe von schmerzstillenden Medikamenten. Verspürt der Patient trotz der sedierenden Behandlung noch Schmerzen, wäre die tiefe terminale Sedierung eine letzte Option. Für einige Schmerzpatienten ist die Tiefensedierung ausreichend. Ein ärztlich assistierter Suizid ist bei ihnen mangels psychischen Leidens nicht nötig, da ihr Anliegen primär die Linderung ihres physischen Schmerzes ist[474]. Leidet der Patient aber unter dem Wissen, dass die Symptome der Krankheit seinen Körper bis zum Eintritt des Todes unter Sedierung weiter zersetzen, ist der ärztlich assistierte Suizid nach reiflicher Überlegung ein gangbarer Weg.

Der Palliativmediziner Thomas Sitte sagt in einem Interview mit der Tagesschau: „Kinder hängen viel mehr an ihrem Leben"[475]. Er meint damit, dass die wenigsten Kinder an das (vorzeitige) Sterben denken oder sich gar dieses wünschen und das Leben trotz ihrer Krankheit versuchen zu genießen. Die von der Kirche und Kritikern der Sterbehilfe gefürchtete Abkehr von christlichen Werten droht daher selbst im Falle der Legalisierung von Sterbehilfe bei Minderjährigen nicht. Die Einbindung der Eltern, das Hinzuziehen eines unabhängigen Facharztes, eine psychologische Begleitung und das Vorschalten einer Ethikkommission

---

474 Vielen Dank an Herrn *Dr. Roger Kusch* für das ausführliche telefonische Fachgespräch am 12.04.2017, in dem Sie mir zur Erkenntnis verhalfen, dass der Wunsch nach Sterbehilfe primär auf das krankheitsbedingte psychische Leiden des Patienten zurückgeht. Dem physischen Leid kann mit Hilfe der terminalen Sedierung begegnet werden, nicht jedoch dem psychisch belastenden Wissen, dass die Krankheit auch im sedierten Zustand den Körper zersetzt. Das Gespräch mit Herrn Dr. Kusch bezog sich ausschließlich auf Volljährige. Der Gedankengang wurde von mir im Rahmen dieser Arbeit selbständig weiterentwickelt und auf Minderjährige übertragen.

475 Interview zur Sterbehilfe für Minderjährige mit Thomas Sitte – „Kinder hängen viel mehr am Leben" in: Tagesschau Online v. 13.02.2014.

begegnen der Sorge, dass eine „Kultur des Tötens sterbenskranker Kinder"[476] entstehen könne.

III. Stellungnahme zur aktiven Sterbehilfe

Die allgemeine Legalisierung aktiver Sterbehilfe würde grundsätzlich ein zu hohes, schwer zu kontrollierendes Missbrauchsrisiko bergen.

Die ärztliche aktive Sterbehilfe hingegen findet ihre Berechtigung in denjenigen Fällen, in denen sie als Ausdruck der Gleichheit der Patienten geboten ist. Ein ganzheitlich gelähmter minderjähriger Patient kann ebenso Einsichtsfähigkeit besitzen und nach reiflicher Überlegung seinen Arzt darum bitten, ihm zum Sterben zu verhelfen. Selbstredend ist das Leisten aktiver Sterbehilfe wie der ärztlich assistierte Suizid, an enge Voraussetzungen zu knüpfen, insbesondere an den Mangel alternativer Behandlungsoptionen und einen irreversiblen Krankheitsverlauf mit sich stetig verschlechterndem Gesundheitszustand des Patienten. Mit Sorgfalt ist die Dokumentation des Grundes für die ärztliche aktive Sterbehilfe zu führen. Denkbar sind die bereits erwähnte ganzheitliche Lähmung ebenso wie ein mangelnder Schluckreflex oder weitere Mangelfunktionen des Körpers, die dazu führen, dass der Sterbewillige nicht selbst die Tatherrschaft durch Einnahme eines letalen Medikaments übernehmen kann.

IV. Stellungnahme zu den Alternativen

Positiv hervorzuheben ist der Entwicklungsfortschritt der allgemeinen palliativmedizinischen Versorgung in den letzten Jahren. Durch das Engagement einiger Ärzte, die die Notwendigkeit des Aufbaus eines umfassenden Netzwerkes zwischen Ärzten, Pflegediensten und Seelsorgern erkannten, werden heute viele Schwerkranke stationär sowie ambulant gut betreut. Auf dem Gebiet der Pädiatrie wiederum ist der Ausbau der palliativen Maßnahmen langsamer vorangeschritten.

Positiv zu verzeichnen ist, dass die stationäre und ambulante Kinderhospizversorgung im letzten Jahrzehnt schrittweise ausgebaut wurde und seit Einführung des HPG eine finanzielle Entlastung durch höhere Bezuschussung erhält. Dennoch reicht die Entlastung kaum, wodurch einige Kinderhospize weiterhin nicht die dringend benötigten Fachkräfte einstellen können und der Ausbau weiterer Stationen stagniert[477]. Von staatlicher Seite müssen weitere Maßnahmen

---

476 Pressemitteilung v. 15.02.2014 der Kirche Mecklenburg-Vorpommern.
477 *MMR*, Besuch bei todkranken Kindern – Der Alltag ist lustig, in Ärzte Zeitung Online v. 09.02.2017.

ergriffen werden, damit jeder Patient seinen Anspruch auf Hospizversorgung aus dem SGB V geltend machen kann. Es ist nicht hinnehmbar, dass ein Großteil final Erkrankter verstirbt, bevor ein Platz im Hospiz verfügbar wurde[478].

Auch die Weiterentwicklung der pädiatrischen Palliativmedizin sowie der SAPPV sind zeitnah geboten. Der Ausbau des interdisziplinären Netzwerks muss stärker gefördert werden. Dazu gilt es, eine Vielzahl von Palliativmedizinern auf dem Fachgebiet der Pädiatrie auszubilden, um den speziellen Bedürfnissen von Kindern Rechnung tragen zu können. Erfreulich ist immerhin, dass das Themengebiet Palliativmedizin zum festen Ausbildungsbestandteil des Medizinstudiums geworden ist. Veranstaltungen zur Vertiefung der Kinderpalliativmedizin sollten der nächste Schritt sein. Daneben müssen vermehrt regionale SAPPV-Teams gebildet werden, damit sich die derzeitigen Anfahrtswege von teilweise bis zu einigen hundert Kilometern verkürzen und die Akutversorgung in Notfällen erleichtert wird. Ebenso dringend muss der Personalschlüssel überdacht werden und der Beruf der ambulanten Pflegekraft attraktiver gestaltet werden. Nur auf diesem Weg kann die 24-Stunden-Bereitschaft geleistet werden.

Als weitere Aufgabe, die es zu lösen gilt, stellt sich die Forschung mit Arzneimitteln für pädiatrische Patienten dar. Der Vielzahl an therapeutic-orphans kann nur begegnet werden, wenn medikamentöse Forschung mit Kindern gestattet wird. Dazu bedarf es keiner klassischen Versuchsreihen – es würde bereits ausreichen, wenn Ärzte in einer bundesweiten Datenbank anonymisiert Alter, Geschlecht, Gewicht, Körpergröße sowie vergebene Dosierung und Arzneimittelwirkung notieren könnten. Der Rückgriff auf die dadurch gesammelten Erfahrungswerte könnte in künftigen ähnlich gelagerten Fällen eine bewährte Dosierungsempfehlung geben. Ebenso müssen Publikationen auf dem Gebiet der pädiatrischen Palliativmedizin veröffentlicht werden, die nicht nur beschreibenden Charakter[479] haben, sondern eine Anleitung in der Versorgung erkrankter Minderjähriger bieten. Viele Publikationen geben lediglich die Entwicklung der Palliativmedizin oder Beobachtungen zur Schmerzentwicklung bei Kindern wieder. Die steigende Tendenz an Fort- und Weiterbildungskursen für das Medizin- und Pflegepersonal lässt jedoch erwarten, dass einhergehend mit dem Spezialwissen auch die Behandlungsschritte besser dokumentiert und kommuniziert werden können.

Wenn auch bereits im Rahmen der Stellungnahme zum assistierten Suizid abgehandelt, so ist der Vollständigkeit halber auch an dieser Stelle die pädiatrische

---

478 HPV Schleswig-Holstein, Stellungnahme zum Bedarf an stationären Hospizen 2015.
479 Leopoldina/Union, Stellungnahme Palliativversorgung in Deutschland, S. 57.

terminale Sedierung zu erwähnen. Sie ist zweifelsohne die vorzugswürdige Behandlungsmethode bei unheilbar erkrankten Kindern, die auf keine Therapie mehr anspringen. Dennoch wird es weiterhin vereinzelt Minderjährige geben, die der Gedanke an Sterbehilfe nicht loslässt und ihr medizinisches Selbstbestimmungsrecht auf die Probe stellt. Ein Sterbehilfegesetz, durch das sich Ärzte während der Behandlung nicht permanent der Befürchtung ausgesetzt sehen, vor Gericht zu Verantwortung gezogen zu werden, ermöglicht ein ergebnisoffenes Gespräch über Möglichkeiten am Lebensende.

Als Fazit lässt sich sagen, dass Alternativen zur Sterbehilfe vorhanden, aber durchaus noch ausbaufähig sind. Die angestoßenen Projekte, wie der Ausbau des SAPPV Netzwerks, müssen fortgeführt und leistungsfähiger werden.

In gesondertem Maße ist darauf hinzuweisen, dass die vorangestellten Stellungnahmen und Vorschläge zur Einführung eines Sterbehilfegesetzes nicht darauf abzielen, Sterbekliniken[480] wie in den Niederlanden zu etablieren. Ebenso besteht keine Intention, Sterbehilfe derart zu liberalisieren, dass Bürger sog. „Living Cards" oder „Credo Cards" wie Organspendeausweise bei sich tragen müssen. Die Cards, die vorwiegend in den Niederlanden bei sich getragen werden, enthalten die Botschaft, dass die jeweilige Person keine Sterbehilfe empfangen möchte. Um einer solchen Ausweitung zu begegnen, könnte als zusätzliche Kontrollinstanz eine Kommission nach belgischem Vorbild eingeschaltet werden, die allerdings bereits im Vorfeld der Sterbehilfehandlung einzubeziehen wäre. Sowohl in Belgien als auch in den Niederlanden kontrolliert sie das rechtmäßige Handeln erst nach dem Tod des Patienten und setzt damit zu spät an. Hierdurch wäre der Sorge begegnet, der Arzt würde durch Liberalisierung der ärztlichen Sterbehilfe zum – so die Formulierung von Hufeland – „gefährlichste[n] Mensch im Staate"[481]. Hufeland befürchtete schon im Jahr 1836 ebenso wie die heutigen Sterbehilfekritiker, dass sich Ärzte dazu berechtigt sehen, über die Notwendigkeit eines Lebens zu entscheiden[482]. Die Befassung einer Kommission im Voraus verhindert das Entscheidungsmonopol der Ärzteschaft, ermöglicht die Bestätigung der Diagnose des Arztes zu seiner Rechtssicherheit und überdies eine weitergehende Suche nach alternativen Behandlungsmethoden.

---

480 *Klinkhammer*, Deutsches Ärzteblatt 2012, 109 (46), A-2296.
481 *Hufeland*, Enchiridion medicum oder Anleitung zur medizinischen Praxis, S. 898.
482 ebd.

B. Gesetzentwurf zur Regelung der Sterbehilfe unter Einbeziehung der Sterbehilfe bei Minderjährigen

I. Gesetzentwurf zur Änderung des StGB

Das Strafgesetzbuch in der Fassung der Bekanntmachung vom 13. November 1998[483], das zuletzt durch Artikel 1 des Gesetzes vom 17. August 2017[484] geändert worden ist, wird wie folgt geändert:

1. § 216 StGB wird wie folgt geändert:
§ 216 Tötung auf Verlangen
(1) unverändert
(2) unverändert
(3) Die in Abs. 1 genannte Handlung ist nicht rechtswidrig, wenn sie von einem Arzt nach den Regeln der ärztlichen Kunst begangen wurde, der dabei die Kontrollmaßnahmen und Sorgfaltskriterien des Gesetzes über die medizinische Behandlung am Lebensende eingehalten hat.

2. In der Inhaltsübersicht wird § 216a StGB wie folgt eingefügt:
„Beihilfe zum Suizid"
§ 216a StGB wird wie folgt gefasst:
§ 216a Beihilfe zum Suizid

(1) Das Verschreiben und Aushändigen eines tödlich wirkenden Medikaments durch einen Arzt ist nicht rechtswidrig, wenn dies dem ausdrücklichen, ernsthaften und freien Willen des final erkrankten Patienten entspricht und das Medikament selbständig eingenommen werden kann.

(2) Angehörige haben darauf hinzuwirken, dass der Suizidwillige sich mit seiner Bitte an einen Arzt wendet.

3. In der Inhaltsübersicht wird die Angabe zu § 217 StGB wie folgt gefasst:
„Gewerbsmäßige Förderung der Selbsttötung"
§ 217 StGB wird wie folgt geändert:
§ 217 Gewerbsmäßige Förderung der Selbsttötung

(1) Wer in der Absicht, die Selbsttötung eines anderen zu fördern, diesem hierzu gewerbsmäßig die Gelegenheit gewährt, verschafft oder vermittelt, wird mit Freiheitsstrafe bis zu drei Jahren oder mit Geldstrafe bestraft.

(2) fällt weg

---

483 BGBl 1998 I, S. 3322.
484 BGBl 2017 I, S. 3202.

II. Gesetzentwurf „Gesetz über die medizinische Behandlung am Lebensende"

Gesetz über die medizinische Behandlung am Lebensende

Abschnitt 1

§ 1 Begriffsbestimmung

(1) Für die Anwendung des vorliegenden Gesetzes ist unter medizinischer Behandlung am Lebensende die von einem Arzt ausgeführte Handlung zu verstehen, durch die er seinem Patienten aktiv Sterbehilfe leistet oder ihm zum Suizid verhilft. Abschnitt 3 umfasst die passive Sterbehilfe.

(2) Patient im Sinne dieses Gesetzes ist jeder einwilligungsfähige volljährige Patient und jeder einwilligungsfähige minderjährige Patient, der das 14. Lebensjahr vollendet hat.

(3) Einwilligungsfähig ist, wer Einsichts- und Urteilsfähigkeit besitzt, d.h. sich der Tragweite und Bedeutung seiner Entscheidung bewusst ist und das Risiko vernünftig abwägen kann. Die Einwilligungsfähigkeit überprüfen der behandelnde Arzt, ein unabhängiger hinzugezogener Arzt sowie die Ethikkommission.

(4) Arzt ist jeder Mediziner, der eine Approbation nach der Approbationsordnung erteilt bekommen hat.

Abschnitt 2

§ 2 Voraussetzungen für die Straflosigkeit der Beihilfe zum Suizid und der aktiven Sterbehilfe

(1) Ein Arzt, der seinem Patienten Beihilfe zum Suizid leistet, begeht keine Straftat nach § 216 StGB, wenn er sich vergewissert hat:

(a) dass der Patient eine einwilligungsfähige volljährige Person oder eine einwilligungsfähige minderjährige Person ist, die zum Zeitpunkt ihrer Bitte handlungsfähig und bei Bewusstsein ist,

(b) dass die Bitte freiwillig, überlegt und wiederholt formuliert worden ist und nicht durch Druck von außen zustande gekommen ist,

(c) dass der Patient sich in einer medizinisch aussichtslosen Lage befindet und sich auf anhaltende, unerträgliche körperliche Qualen beruft, die nicht gelindert werden kann,

(d) dass der Todesfall nach derzeitigem Stand der Medizin mit sicherer Prognose eintreten wird

und die durch vorliegendes Gesetz vorgeschriebenen Voraussetzungen sämtlich erfüllt sind.

(2) Ein Arzt, der seinem Patienten aktiv zum Sterben verhilft, begeht nur dann keine Straftat nach § 216 StGB, wenn er sich vergewissert hat:
(a) dass die Voraussetzungen des Abs. 1 vorliegen,
(b) und der ärztlich assistierte Suizid deshalb nicht möglich ist, da der Patient, obwohl er bei vollem Bewusstsein ist, körperlich nicht mehr in der Lage ist, eine letal wirkende Dosis eines Medikaments einzunehmen. Dies ist in der Regel bei ausbleibendem Schluckreflex oder ganzheitlicher Lähmung der Fall.
(c) Des Weiteren muss der Arzt die durch das vorliegende Gesetz vorgeschriebenen Voraussetzungen beachten.

§ 3 Der Arzt muss vorher und in allen Fällen:
(1) den Patienten umfassend über dessen Gesundheitszustand und Lebenserwartung aufklären, sich mit dem Patienten über dessen Bitte um Sterbehilfe beraten und mit ihm die noch verbleibenden Behandlungsmöglichkeiten, das palliativmedizinische Angebot und die jeweiligen Folgen seiner Entscheidung besprechen. Er muss mit dem Patienten zu der Überzeugung kommen, dass es keine andere vernünftige Lösung gibt,
(2) sich des anhaltenden Charakters der körperlichen Qual des Patienten und der Wiederholung seiner freiwillig gefassten Bitte mit Hilfe von mehreren Gesprächen, die über einen annehmbaren Zeitraum verteilt sind, vergewissern,
(3) einen unabhängigen Arzt zu Rat ziehen, der eigene Untersuchungen hinsichtlich des qualvollen unheilbaren Charakters des Leides, der Einwilligungsfähigkeit des Patienten und dessen freiwillig gefasster Bitte anstellt. Der unabhängige Arzt muss fachkundig bezüglich der betreffenden Erkrankung sein. Er hat seine Untersuchung sorgfältig zu dokumentieren und den behandelnden Arzt sowie den Patienten über seine Erkenntnisse zu informieren,
(4) wenn es ein Pflegeteam gibt, das regelmäßig mit dem Patienten in Kontakt ist, mit diesem über die Bitte des Patienten beraten,
(5) auf Wunsch des Patienten mit den Angehörigen des Patienten dessen Bitte erörtern
(6) und die Patientenakte, bisherige Dokumentationen und die geplante Vorgehensweise der zuständigen Ethikkommission vorlegen.

§ 4 Die Ethikkommissionen
(1) Es werden föderale Ethikkommissionen eingesetzt, die eine einheitliche Anwendung des vorliegenden Gesetzes sicherstellen.
(2) Jede Kommission setzt sich aus sechzehn Mitgliedern zusammen, die aufgrund ihrer Fachexpertise geeignet sind, die vorgelegten Fälle fachkundig zu beurteilen. Acht Mitglieder sind Doktoren der Medizin, vier Mitglieder sind Professoren der Rechtswissenschaft oder Anwälte, drei weitere Mitglieder sind

nachweislich mit der Problematik unheilbar erkrankter Patienten befasst und ein Mitglied ist Psychologe.

(3) Die Mitglieder der Kommission werden vom Ministerpräsidenten des Landes ernannt.

(4) Die Kommission wird für eine Dauer von sechs Jahren ernannt.

(5) Bei mangelnder Eignung, mangelnder Sachkunde oder aus anderen schwerwiegenden Gründen können Mitglieder vom Ministerpräsidenten vorzeitig entlassen werden.

(6) Die Kommission prüft die Patientenakte, die bisherigen Behandlungstherapien und Dokumentationen des behandelnden und des zu Rate gezogenen Arztes sorgfältig. Sie überlegt unabhängig von den behandelnden Ärzten unter Konsultation eines Fachkundigen für die betreffende Erkrankung alternative Behandlungsmöglichkeiten. Sollte keine annehmbare alternative Behandlung zur Leidensminderung möglich sein, hat die Kommission das Vorliegen der Vorgehensweisen und Bedingungen dieses Gesetzes zu überprüfen. Sind alle Voraussetzungen gegeben, gibt sie der Bitte um Sterbehilfe statt. Sowohl dem Arzt als auch dem Patienten hat sie in einem schriftlichen Bericht ihr Ergebnis mitzuteilen.

(7) Die Kommission befindet schnellstmöglich. Sie hat maximal zwei Monate Zeit. In Eilfällen hat sie unverzüglich zu entscheiden.

§ 5 Besondere Voraussetzungen bei der Behandlung am Lebensende eines Minderjährigen

(1) Dieses Gesetz ist auf Minderjährige nur anwendbar, wenn der Patient mindestens das 14. Lebensjahr vollendet hat.

(2) Die Möglichkeit der aktiven Sterbehilfe und des assistierten Suizids werden zum Schutz des Minderjährigen niemals von ärztlicher Seite an den Minderjährigen herangetragen. Ausschließlich auf ausdrückliche Bitte des Minderjährigen ist die Möglichkeit der Sterbehilfe zu erörtern.

(3) Die Einwilligungsfähigkeit und geistige Reife des Minderjährigen hat der behandelnde Arzt in mehreren Gesprächen, die über einen annehmbaren Zeitraum verteilt sind, zu überprüfen und sorgfältig zu dokumentieren.

(4) Der Minderjährige ist in jedem Gespräch über den Verlauf seiner Krankheit und alternative Behandlungsmöglichkeiten zu informieren. Die Nichttherapierbarkeit ist dem Minderjährigen altersentsprechend im Beisein seiner Erziehungsberechtigten zu erklären.

(5) Der behandelnde Arzt hat einen weiteren unabhängigen Arzt zu Rat zu ziehen, der Untersuchungen nach Maßgabe des § 3 (3) unternimmt und in der

pädiatrischen Palliativmedizin versiert ist, mindestens aber Pädiater oder fachkundig für die betreffende Krankheit.

(6) Der behandelnde Arzt muss die Bitte des Minderjährigen mit dessen Erziehungsberechtigten besprechen. Sie sind ebenfalls umfänglich über alle Aspekte der Erkrankung ihres Kindes aufzuklären, um das weitere Vorgehen gemeinsam abstimmen zu können.

(7) Sind die Voraussetzungen der § 2, § 3, § 4 und § 5 Abs. 1 – Abs. 6 erfüllt, darf der behandelnde Arzt der Bitte des Minderjährigen im Alter von 14 und 15 Jahren entsprechen, sofern auch seine Erziehungsberechtigten einverstanden sind und dies schriftlich erklärt haben. Kann kein Konsens erzielt werden, ist das Familiengericht anzurufen.

(8) Sind die Voraussetzungen der § 2, § 3, § 4 und § 5 Abs. 1 – Abs. 6 erfüllt, darf der behandelnde Arzt der Bitte des Minderjährigen im Alter von 16 und 17 Jahren entsprechen, sofern seine Erziehungsberechtigten in die Entscheidungsfindung eingebunden und umfassend über die Bitte ihres Kindes informiert wurden.

(9) Das schriftlich niedergelegte Einverständnis der Erziehungsberechtigten ist der Patientenakte beizulegen. Die zuständige Ethikkommission wird über das Einverständnis der Erziehungsberechtigten informiert. Auch die Einbindung der Erziehungsberechtigten in die Entscheidungsfindung ist zu dokumentieren und der Ethikkommission vorzulegen.

(10) Der Patient und seine Familie werden während des gesamten Entscheidungsprozesses psychologisch betreut. Die Familie kann auf Wunsch über den Tod des Patienten hinaus begleitet werden.

§ 6 Dokumentationspflicht

Alle vom Patienten formulierten Bitten und die vom behandelnden Arzt unternommenen Schritte und ihr Ergebnis, einschließlich des Berichts des zu Rate gezogenen unabhängigen Arztes und des Berichts der Ethikkommission, werden sorgfältig in der medizinischen Akte des Patienten aufgezeichnet. Die Dokumentation muss lückenlos und für jeden Fachkundigen nachvollziehbar geführt werden.

Abschnitt 3

§ 7 Voraussetzungen für die Straflosigkeit der passiven Sterbehilfe

(1) Die Begrenzung lebenserhaltender Maßnahmen und der Verzicht auf lebenserhaltende Maßnahmen (passive Sterbehilfe) stellen keine Straftat im Sinne des § 216 StGB dar, wenn der Arzt sich vergewissert hat:

(a) dass die Begrenzung oder der Verzicht medizinisch indiziert sind,

(b) sie dem freien, ernstlichen und ausdrücklichen Willen des Patienten entspricht,

(c) oder bei aktueller Einwilligungsunfähigkeit des Patienten, eine Patientenverfügung nach Maßgabe des § 8 Abs. 1 dieses Gesetzes vorliegt oder der mutmaßliche Wille nach § 8 Abs. 2 feststellbar ist.

§ 8 Patientenverfügung

(1) Hat ein einwilligungsfähiger Volljähriger oder ein einwilligungsfähiger Minderjähriger, der das 14. Lebensjahr vollendet hat, schriftlich festgelegt, ob er in bestimmte, zum Zeitpunkt der Festlegung noch nicht unmittelbar bevorstehende Untersuchungen seines Gesundheitszustands, Heilbehandlungen oder ärztliche Eingriffe einwilligt oder sie untersagt (Patientenverfügung), prüft der Bevollmächtigte, ob diese Festlegungen auf die aktuelle Lebens- und Behandlungssituation zutreffen. Ist dies der Fall, hat der Bevollmächtigte dem Willen des Verfügenden Ausdruck und Geltung zu verschaffen. Eine Patientenverfügung kann jederzeit formlos widerrufen werden.

(2) Liegt keine Patientenverfügung vor oder treffen die Festlegungen einer Patientenverfügung nicht auf die aktuelle Lebens- und Behandlungssituation zu, hat der Bevollmächtigte die Behandlungswünsche oder den mutmaßlichen Willen des Vollmachtgebers festzustellen und auf dieser Grundlage zu entscheiden, ob er in eine ärztliche Maßnahme nach Absatz 1 einwilligt oder sie untersagt. Der mutmaßliche Wille ist aufgrund konkreter Anhaltspunkte zu ermitteln. Zu berücksichtigen sind insbesondere frühere mündliche oder schriftliche Äußerungen, ethische oder religiöse Überzeugungen und sonstige persönliche Wertvorstellungen des Vollmachtgebers.

(3) Die Absätze 1 und 2 gelten unabhängig von Art und Stadium einer Erkrankung des Patienten.

(4) Niemand kann zur Errichtung einer Patientenverfügung verpflichtet werden. Die Errichtung oder Vorlage einer Patientenverfügung darf nicht zur Bedingung eines Vertragsschlusses gemacht werden.

(5) Der behandelnde Arzt prüft, welche ärztliche Maßnahme im Hinblick auf den Gesamtzustand und die Prognose des Patienten indiziert ist. Er und der Bevollmächtigte erörtern diese Maßnahme unter Berücksichtigung des Patientenwillens als Grundlage für die nach § 8 Abs. 1–4 zu treffende Entscheidung.

(6) Bei der Feststellung des Patientenwillens nach § 8 Abs. 1–4 oder der Behandlungswünsche oder des mutmaßlichen Willens nach § 8 Abs. 2 soll nahen Angehörigen und sonstigen Vertrauenspersonen des Verfügenden Gelegenheit zur Äußerung gegeben werden, sofern dies ohne erhebliche Verzögerung möglich ist.

(7) Patientenverfügungen können ausschließlich Maßnahmen der indirekten oder passiven Sterbehilfe zum Inhalt haben. Die antizipierte Bitte um aktive Sterbehilfe ist unwirksam.

(8) Die Patientenverfügung eines einwilligungsfähigen Minderjährigen muss bei der Ethikkommission hinterlegt werden, um Wirksamkeit zu erlangen. Alternativ kann die Hinterlegung bei einem Notar erfolgen. Die Unterzeichnung durch einen Arzt oder die Erziehungsberechtigten reicht nicht aus.

Abschnitt 4

§ 9 Allgemeine Bestimmungen

(1) Kein Arzt ist verpflichtet, Sterbehilfe im Sinne von Beihilfe zum Suizid oder aktiver Sterbehilfe zu leisten.

(2) Lehnt der behandelnde Arzt es ab, der Bitte um Sterbehilfe nachzukommen, hat er seinen Patienten unverzüglich unter Angabe der Gründe davon in Kenntnis zu setzen. Auf Verlangen des Patienten hat er die Patientenakte an einen anderen Arzt zu übermitteln.

III. Gesetzentwurf zur Änderung des Patientenverfügungsgesetzes

Das Patientenverfügungsgesetz in der Fassung aufgrund des Gesetzes zur Änderung der materiellen Zulässigkeitsvoraussetzungen von ärztlichen Zwangsmaßnahmen und zur Stärkung des Selbstbestimmungsrechts von Betreuten vom 17.07.2017[485] ist wie folgt zu ändern:

§ 1901a BGB Patientenverfügung fällt weg.
§ 1901b BGB Gespräch zur Feststellung des Patientenwillens fällt weg.

IV. Entwurf zur Änderung der Musterberufsordnung für Ärzte und Ärztinnen

Die (Muster-)Berufsordnung für die in Deutschland tätigen Ärztinnen und Ärzte – MBO-Ä 1997 – in der Fassung des Beschlusses des 118. Deutschen Ärztetages 2015 in Frankfurt am Main wird wie folgt geändert:

§ 16 Beistand für Sterbende

Ärztinnen und Ärzte haben Sterbenden unter Wahrung ihrer Würde und unter Achtung ihres Willens beizustehen. Die Beihilfe zum Suizid und aktive Sterbehilfe gehören grundsätzlich nicht zu den ärztlichen Aufgaben, können aber unter Einhaltung der Voraussetzungen des Gesetzes über die medizinische

---

[485] BGBl 2017 I, S. 2426.

Behandlung am Lebensende mit dem Gewissen des Arztes vereinbar und geboten sein.

C. Begründung der Gesetzentwürfe

In dogmatischer Hinsicht wäre die Schaffung eines eigenständigen Sterbehilfegesetzes nach niederländischem und belgischem Vorbild dem deutschen Recht fremd[486]. Dies zeigt sich unter anderem schon an dem „Drittem Gesetz zur Änderung des Betreuungsrechts"[487], in dem 2009 die neuen Regelungen zur Patientenverfügung eingefügt wurden, dem „Gesetz zur Verbesserung der Rechte von Patientinnen und Patienten"[488] aus dem Jahr 2013 und dem „Gesetz zur Verbesserung der Hospiz- und Palliativversorgung in Deutschland (Hospiz- und Palliativgesetz – HPG)"[489] von 2015. Diese drei Gesetze wurden nicht als selbstständige Gesetze neu geschaffen, sondern durch Streichungen, Modifikationen und Neueinführung von Paragraphen im StGB, SGB und BGB eingegliedert. Nachteilig an diesem Vorgehen ist eine erhöhte Unübersichtlichkeit, da sich in jedem Gesetz eine Teilregelung findet und insbesondere die Zusammenschau von StGB mit BGB regelmäßig Differenzen aufwirft. Beispielhaft seien nochmals die abweichenden Voraussetzungen für das Feststellen der Einwilligungsfähigkeit Minderjähriger erwähnt. Insbesondere für eine sensible Thematik, wie der Sterbehilfe, ist ein klar strukturiertes Gesetz von Vorteil. Verbote und Gebote, der Haftungsmaßstab und Kontrollmaßnahmen sollten auf einen Blick erkennbar sein. Transparenz kann in Anlehnung an die niederländischen und belgischen Sterbehilfegesetze geschaffen werden. Auch der Verweis des § 219 StGB auf das Schwangerschaftskonfliktgesetz zeigt, dass ergänzende Voraussetzungen in einem eigenständigen Gesetz getroffen werden können.

I. Begründung zu B I.

Zunächst ist § 216 StGB um einen dritten Absatz zu ergänzen. Es bleibt bei der Strafbarkeit der Tötung auf Verlangen, es sei denn der Täter ist Arzt und hat die Kontrollmaßnahmen und Sorgfaltskriterien des Gesetzes über die medizinische Behandlung am Lebensende eingehalten. Die Ausgestaltung des neu eingefügten § 216 Abs. 3 StGB als Rechtfertigungsgrund verdeutlicht, dass die Tötung auf

---

486 So auch *Schwedler,* Ärztliche Therapiebegrenzung lebenserhaltender Maßnahmen, S. 194.
487 BGBl 2009 I, S. 2286 f.
488 BGBl 2013 I, S. 277 ff.
489 BGBl 2015 I, S. 2114 ff.

Verlangen nicht im Allgemeinen strafbefreit praktiziert werden darf, sondern nur unter Einhaltung der ärztlichen Kunst und der übrigen Voraussetzungen des Gesetzes über die Behandlung am Lebensende.

Anders verhält es sich bei der Beihilfe zum Suizid. Generell ist mangels strafbewährter Haupttat kein strafrechtlicher Tatbestand erfüllt. Dennoch ist die ausdrückliche Erwähnung der Straflosigkeit in Form des § 216a StGB geboten. § 216a StGB begegnet der Rechtsunsicherheit, in der sich Ärzte bei Entscheidungen am Lebensende ihres Patienten auf Grund der divergierenden Vorgaben zwischen Berufsordnung und Strafrecht befinden. Ziel ist es, dass schwerstkranke Suizidwillige sich nicht an Angehörige wenden müssen, sondern einen Arzt und dessen Fachexpertise aufsuchen dürfen.

§ 217 StGB wird von „Geschäftsmäßiger Förderung der Selbsttötung" in „Gewerbsmäßige Förderung der Selbsttötung" unbenannt. Das Verbot der geschäftsmäßigen Förderung der Selbsttötung ist zu weit gefasst, da es nicht nur ein Verbot von Sterbehilfeorganisationen beinhaltet, sondern ebenso Onkologen und Ärzte, die auf Grund ihrer medizinischen Fachrichtung häufig Sterbende behandeln, bestraft. Die Umformulierung von geschäfts- zu gewerbsmäßig hält das primäre Ziel des Verbots kommerzieller Sterbehilfeorganisationen aufrecht, ohne Benachteiligung der Ärzteschaft. Die Streichung des zweiten Absatzes empfiehlt sich, um laienhafte Beihilfeversuche Angehöriger und Nahestehender zu verhindern. Schwerstkranke Menschen sollten sich mit ihren Sorgen an den Arzt ihres Vertrauens wenden und eine fachkundige Beratung erfahren dürfen. Die Liberalisierung der Sterbehilfe durch Ärzte soll keine Pönalisierung von Angehörigen, die dem Schwerkranken aus Mitleid zum Sterben verhelfen wollen, zur Folge haben. Dies wäre dogmatisch verfehlt, da es dabei bleibt, dass Selbsttötung keine rechtswidrige Haupttat darstellt.

II. Begründung zu B II.

Ergänzend zu den Änderungen des Strafgesetzbuches wird das „Gesetz über die medizinische Behandlung am Lebensende", ein gemeinsames Sterbehilfegesetz für Erwachsene und Minderjährige ab 14 Jahren, verfasst. Die Vereinheitlichung verdeutlicht, dass schwerkranke Jugendliche in der Regel dasselbe Maß an Verständnis und Aufgeklärtheit über ihre Krankheit und den zu erwartenden Krankheitsverlauf haben wie Volljährige. Das Gesetz orientiert sich stark an der belgischen Loi relative à l'euthanasie, ist jedoch zum Schutz Minderjähriger wesentlich restriktiver ausformuliert. Das belgische Gesetz dient als Grundlage, da es ein bewährtes System darstellt, wenn auch mit einigen Defiziten, die im vorliegenden Gesetzentwurf ausgebessert werden.

Der 1. Abschnitt zeigt unter § 1 den Anwendungsbereich des Gesetzes auf und erklärt die Begriffe des Patienten, der Einwilligungsfähigkeit und des Arztes im Sinne dieses Gesetzes. Hier findet sich die Konkretisierung, dass das Gesetz die aktive Sterbehilfe und die Beihilfe zum Suizid umfasst. Die passive Sterbehilfe findet lediglich im 3. Abschnitt im Rahmen der Patientenverfügung Eingang. Als anerkannte Behandlungsoptionen am Lebensende bedarf es keiner weitergehenden gesetzlichen Manifestierung. So verhält es sich auch bezüglich der indirekten Sterbehilfe. Eine Überregulierung sollte vermieden und die derzeitige Praxis weitergeführt werden.

Der 2. Abschnitt unterscheidet zwischen der ärztlichen Beihilfe zum Suizid und der aktiven Sterbehilfe. Die Voraussetzungen der straffreien ärztlichen Beihilfe zum Suizid finden sich in § 2 Abs. 1 und sind großenteils dem belgischen Gesetz entnommen. Hervorzuheben ist, dass der Patient bei Bewusstsein sein muss, um das letale Medikament selbständig einzunehmen. Nicht erfasst werden somit Komapatienten, die ihr medizinisches Selbstbestimmungsrecht allerdings mit einer vorab erstellten Patientenverfügung ausüben können. Die Bitte um Beihilfe zum Suizid muss freiwillig, überlegt und wiederholt formuliert worden sein, nachdem feststeht, dass dem Patienten das schmerzhafte qualvolle Leiden nicht auf andere Weise genommen werden kann. Entscheidender Unterschied zu der belgischen Regelung ist das Erfordernis der körperlichen Qual. Rein psychisches Leiden, etwa hervorgerufen durch Schizophrenie oder Probleme der Anerkennung der eigenen Geschlechterrolle (Transgender), wird von dem Gesetz über die medizinische Behandlung am Lebensende nicht einbezogen, da diese Erkrankungen andere Bedürfnisse hervorrufen und in erster Linie psychologisch zu behandeln sind. Weiteres Sorgfaltskriterium ist die Voraussetzung, dass der Eintritt des Todes final sein muss, d.h. mit sicherer Prognose eintreten wird. Bewusst wurde auf eine zeitliche Komponente verzichtet, da Erkrankungen einen unterschiedlichen Verlauf nehmen und der Beginn des qualvollen Leidens nicht nach Monaten oder Wochen vorhergesehen werden kann. Entscheidend ist alleine, dass der Tod nach aktuellen medizinischen Kenntnissen unabwendbar eintreten wird.

§ 2 Abs. 1 erschwert einerseits die Beihilfe zum Suizid, da sie nach derzeitiger Gesetzeslage nur im Rahmen der Berufsordnung geahndet wird, nicht jedoch strafrechtlich. Zudem müssen verschiedene Meinungen eingeholt werden. Es obliegt nicht mehr alleine nur dem behandelnden Arzt, Entscheidungen zu treffen, sondern er wird dazu verpflichtet, einen weiteren Arzt hinzuzuziehen und die zuständige Ethikkommission einzubinden. Die Vorzüge der Beweissicherheit, die durch das neue Gesetz geschaffen würden, überwiegen jedoch, da nach derzeitiger Rechtslage Ärzte schnell vor Gericht gebracht werden können und übervorsichtig agieren, um dieser Gefahr zu entgehen. Das Vieraugenprinzip und die Dokumentationspflichten bedeuten eine Absicherung für den Arzt, dienen zugleich auch dem Patienten. Dessen Wille kann offen besprochen und, wenn der Wunsch zu sterben weiterhin besteht, durchgesetzt werden. Auch die Einbeziehung der Ethikkommission bedeutet keinen zeitlichen Nachteil, da in eindeutigen Fällen eine schnelle Kommissionentscheidung zu erwarten ist und zudem gem. § 4 Abs. 7 eine Entscheidungsfrist von maximal zwei Monaten besteht. § 2 Abs. 1 ermöglicht es, dass Sterbehilfe nicht in Wohnzimmern praktiziert werden muss, sondern in spezialisierten Kliniken. Zu diesem Zweck können kleinere Nachteile, beispielsweise der bürokratische Aufwand, in Kauf genommen werden.

Das Leisten aktiver Sterbehilfe ist nach § 2 Abs. 2 nur dann strafbefreit, wenn die Voraussetzungen des Abs. 1 vorliegen und zusätzlich die ärztliche Beihilfe zum Suizid aufgrund von körperlichen Mangelfunktionen des Suizidwilligen unmöglich ist. Als Regelbeispiele sind der ausbleibende Schluckreflex und die ganzheitliche Lähmung aufgeführt, bei denen der Suizidwillige die Tatherrschaft nicht mehr übernehmen kann, selbst wenn er wollte. Das Gebot der Gleichberechtigung und -behandlung erfordert es, für diese Fälle eine besondere gesetzliche Reglung zu schaffen. Die Formulierung „begeht nur dann keine Straftat nach § 216 StGB" soll verdeutlichen, dass die aktive Sterbehilfe eine absolute Ausnahme darstellt und in allen anderen Fällen nur die ärztliche Beihilfe zum Suizid praktiziert werden darf.

Gemeinsame Voraussetzungen des straflosen Leistens aktiver Sterbehilfe und der Beihilfe zum Suizid finden sich in § 3 bis § 6.

§ 3 ist als Pflichtenkatalog für den Arzt ausgestaltet, der sowohl für die Behandlung von voll- als auch minderjährigen Patienten gilt und in jedem Fall eingehalten werden muss. Hervorzuheben ist die Einbeziehung eines unabhängigen Arztes, der auf dem Gebiet der betreffenden Erkrankung versiert ist. Da Sterbehilfe jeglicher Art stets die letzte Behandlungsoption sein sollte, ist es zuvörderst Aufgabe des zu Rate gezogenen Arztes, nach Behandlungsalternativen zu suchen. Dieses Vier-Augen-Prinzip sichert die Diagnose und vor allem die Prognose des Krankheitsverlaufs.

Ein weiteres Kontroll- und Sicherungsinstrument ist die Ethikkommission. Im Unterschied zur gesetzlichen Ausgestaltung in den Niederlanden und Belgien wird die Kommission schon während der Behandlung des Patienten einbezogen und befindet über die Statthaftigkeit der Bitte um Sterbehilfe. Das Einrichten einer Kontrollinstanz nach Versterben des Patienten würde zu spät ansetzen, da dadurch lediglich eine potentielle strafrechtliche Verfolgung ermöglicht wird. Viel wichtiger ist es jedoch, den Patientenschutz zu gewährleisten und die unumkehrbare Entscheidung im Voraus genauestens zu überprüfen. § 4 Abs. 1 verdeutlicht, dass unter Wahrung des föderalen Aufbaus der Bundesrepublik Deutschland nicht nur eine Ethikkommission eingesetzt werden kann, sondern je Bundesland eine Kommission eingesetzt wird. Die Kommissionen sollen jedoch einer möglichst einheitlichen Ordnung unterliegen, um die Einhaltung derselben Standards zu sichern und keine Unterschiede bei derart elementaren Entscheidungen hervorzurufen. Die Aufrechterhaltung der föderalen Aufteilung bietet zusätzlich den Vorteil, dass in 16 Kommissionen über jeden Fall schnellstmöglich befunden werden kann. Die Zusammensetzung der 16 Kommissionsmitglieder aus unterschiedlichen Berufsgruppen dient dazu, differierende Blickwinkel sowie professionsbedingte ethische Wertvorstellungen aufzunehmen. Außerdem wird dadurch sowohl der medizinisch-psychologische Rahmen als auch der rechtliche gewahrt.

§ 5 enthält besondere Voraussetzungen bei der Behandlung am Lebensende von Minderjährigen. Die Altersgrenze von 14 Jahren begründet sich mit den medizinischen Erkenntnissen zur Reife Minderjähriger und zu ihrem Verständnis von Leben und Tod. Wenn Kinder erst mit 11 Jahren den Tod in all seiner Konsequenz begreifen können, könnte die in den Niederlanden verankerte Altersgrenze von 12 Jahren zu niedrig angesetzt sein. Weitere Anhaltspunkte, die die Altersgrenze von 14 Jahren begünstigen, sind der Beginn der Religionsmündigkeit und ebenso der Beginn des sexuellen Selbstbestimmungsrechts. Als Schlussfolgerung der bereits bestehenden Altersgrenzen ergibt sich, dass spätestens ab dem vollendeten 14. Lebensjahr Jugendliche in ihrer geistigen Reife stabil genug sind, um über ihren Körper zu entscheiden. Ab dem vollendeten 15. Lebensjahr gesteht ihnen das SGB I sogar zu, eigenständig eine Abwägung über angelegtes fremdes Leben in Gestalt des Schwangerschaftsabbruchs vorzunehmen. § 5 Abs. 3 gestaltet die Altersgrenze nur als Mindestalter aus. Die geistige Reife und das vollumfassende Verständnis seiner Situation und der Folgen der Entscheidung müssen der behandelnde Arzt sowie ein hinzugezogener unabhängiger Arzt attestieren. Eine wichtige Rolle nehmen die Eltern des Minderjährigen ein. Sie sind in die Gespräche zwischen Arzt und Patient einzubinden und über alle Aspekte des Krankheitsverlaufs ihres Kindes zu informieren. Die Familie kann den Wunsch äußern, psychologisch betreut zu werden, auch nachdem ihr Kind verstorben ist.

Je jünger ein Minderjähriger ist, desto stärker steht er unter besonderem Schutz zu seinem eigenen Wohlergehen. Den besonderen Belangen des

Minderjährigenschutzes trägt das Altersstufenmodell des § 5 Abs. 7 und Abs. 8 Rechnung. Minderjährige Patienten zwischen 14 und 15 Jahren sind berechtigt, Sterbehilfe in jeder Form von ihrem Arzt zu erbitten. Zusätzlich zu allen objektiven Kriterien des 2. Abschnitts müssen sie das Einverständnis ihrer Erziehungsberechtigten erzielen. Die Einbindung der Eltern ist nicht nur zur rechtlichen Absicherung des Arztes wichtig, sondern auch damit zu begründen, dass sie häufig den größten Einfluss auf ihr Kind nehmen können. Unter Umständen können sie die Sorgen ihres Kindes auffangen und der Bitte um Sterbehilfe entgegenwirken. Dennoch soll diese Voraussetzung das Selbstbestimmungsrecht des Minderjährigen nicht einschränken. Sollte wider Erwarten kein Konsens zu erzielen sein, ist das Familiengericht anzurufen, wodurch der Minderjährige sein Recht durchsetzen kann.

Die nächste Stufe umfasst die 16- und 17-Jährigen. Ein schwerkranker 16-Jähriger kennt seinen Körper, seine Krankheit und die Verlaufsprognose sehr genau. Es bestehen zumeist keine geistigen Unterschiede zu volljährigen Patienten. Daher ist es sachgerecht, dem Minderjährigen die alleinige Entscheidungshoheit zu überlassen. Seine Eltern sollen weiterhin eingebunden werden, ihres Einverständnisses bedarf es allerdings nicht. Mündigkeit wird Jugendlichen ab vollendetem 16. Lebensjahr ebenso im Rahmen der Testierfähigkeit durch § 2229 BGB zugestanden, wie auch im Kommunalwahlrecht[490]. Die Ausübung dieser Rechte ist ebenso mit weitreichenden Konsequenzen verbunden. Minderjährige können jedoch nur ein notarielles Testament errichten, d.h. sie werden vorher vom Notar belehrt und während des Verfassens begleitet. Das Aufsetzen eines Testaments kann man nicht gänzlich mit der Entscheidung, sterben zu wollen, vergleichen. Beiden ist aber gemein, dass der Jugendliche unter Begleitung und nach Aufklärung durch einen Volljährigen sehr wohl Angelegenheiten, die den eigenen Tod betreffen, regeln kann. Daher erscheint es nur billig, Jugendlichen, die sich im Verlauf der Jahre zu „Spezialisten" ihrer Krankheit entwickelt haben, eine selbstständige Entscheidungsbefugnis zuzugestehen.

§ 6 des Gesetzes enthält die Dokumentationspflicht. Sie ist die zentrale Absicherung des behandelnden Arztes, der dem Patienten zum Sterben verhilft. Aufgrund der Berichterstattungspflicht des unabhängigen weiteren Arztes und der Ethikkommission ist es wichtig, einen zentralen Ort für die Aufbewahrung der Dokumente festzulegen. Die Krankenakte des Patienten beim behandelnden Arzt eignet sich hierfür am besten.

---

490 Gem. § 5 Abs. 1 Nr. 1 LWahlG SH besteht die Wahlberechtigung ab dem vollendeten 16. Lebensjahr.

Der 3. Abschnitt des Gesetzes umfasst die passive Sterbehilfe. Mit § 7 wird die momentan gängige medizinische Praxis ausformuliert. Das Leisten passiver Sterbehilfe ist als Ausfluss und zur Wahrnehmung des medizinischen Selbstbestimmungsrechts anerkannt. Dies gilt unabhängig von Irreversibilität und Finalität der Erkrankung. Die Begrenzung und der Verzicht auf lebenserhaltende Maßnahmen sind nicht strafbewehrt. Das Gesetz über die medizinische Behandlung am Lebensende bietet einen geeigneten Ort, um dies erstmals ausdrücklich zu erklären. Damit werden die unterschiedlichen Ausgestaltungen in den Berufsordnungen der Länder hinfällig und die Voraussetzungen der Straflosigkeit der passiven Sterbehilfe und die Anforderung an eine Patientenverfügung in einem Abschnitt übersichtlich zusammengefasst.

Die Übersichtlichkeit und Einfachheit in den Formulierungen ist von hoher Bedeutung, da auch heute noch das Wissen um Patientenverfügungen in der Bevölkerung nicht sehr ausgeprägt ist. Lediglich 26% der im Jahr 2015 Befragten haben eine Patientenverfügung erstellt[491]. Aufgrund des Beschlusses des BGH[492] aus dem Jahr 2016 ist davon auszugehen, dass einige dieser Verfügungen nicht bindend und unwirksam sind. Mit diesem Beschluss, der eine hinreichend konkretisierte Behandlungsentscheidung als Voraussetzung für die Wirksamkeit einer Patientenverfügung fordert, und dem Echo in der Presse wurden falsche Signale gesetzt. Die Hürden dürfen nicht derart hoch gesetzt werden, dass der durchschnittliche Bürger beim Verfassen einer wirksamen Patientenverfügung überfordert wird. Entscheidend sollte sein, dass der Wille des Patienten hervortritt. Dieser Ansicht folgend urteilte der BGH Anfang 2017 und erleichterte die strengen Anforderungen aus dem Jahr 2016 zumindest dahingehend, dass er nicht mehr die konkretisierte Benennung bestimmter ärztlicher Maßnahmen fordert. Es reicht nun auch eine weniger detaillierte Benennung bestimmter ärztlichen Maßnahmen aus, sofern durch die Bezugnahme auf eine spezifizierte Krankheit oder eine Behandlungssituation eine Konkretisierung hergestellt werden kann[493]. Ob eine hinreichend konkrete Patientenverfügung vorliegt, muss im Einzelfall durch Auslegung der enthaltenen Erklärung entschieden werden.

Unzulänglich bleibt die Rechtslage bezüglich Minderjähriger mit dem Wunsch, eine Patientenverfügung zu verfassen. Dogmatisch schwierig ist die Eingliederung der Minderjährigenrechte im Betreuungsrecht. Daher sieht der Gesetzesvorschlag die Streichung der § 1901a und § 1901b BGB vor. Für Betreute

---

491 Institut für Demoskopie Allensbach i.A. Roland Rechtsreport 2016, S. 9.
492 BGH Beschl. v. 06.07.2016 – XII ZB 61/16, NJW 2016, 3297 (3301).
493 BGH Beschl. v. 08.02.2017 – XII ZB 604/15, NJW 2017, 1737 (1737).

müsste unter Umständen eine Neuregelung gefunden werden, allerdings schließen § 7 und § 8 des neuen Gesetzes Betreute nicht aus und die Formulierung des geltenden Gesetzes wurde in weiten Teilen übernommen. Der Mehrwert einer einheitlichen Regelung in dem Gesetz über die medizinische Behandlung am Lebensende überwiegt. Sie ermöglicht auch Minderjährigen, Vorkehrungen für eine mögliche künftige Einwilligungsunfähigkeit zu treffen. Wird 14-Jährigen sogar ein Recht auf assistierten Suizid und aktive Sterbehilfe zugestanden, ist es nur konsequent, ihnen das Recht auf Verfassen einer Patientenverfügung zuteil werden zu lassen. Das Selbstbestimmungsrecht dieser Patientengruppe soll umfassend gestärkt und an das der Erwachsenen angeglichen werden. Dem Minderjährigenschutz wird mit Hilfe des § 8 Abs. 8 nachgekommen, in dem festgelegt wird, dass die Patientenverfügung eines einwilligungsfähigen Minderjährigen zum Erlangen der Wirksamkeit bei der Ethikkommission oder einem Notar hinterlegt werden muss.

Eine weitere Besonderheit, die unabhängig von der Frage der Minderjährigkeit des Patienten besteht, findet sich in § 8 Abs. 7. Das Gesetz über die medizinische Behandlung am Lebensende bezieht alle Formen der Sterbehilfe ein. Der bisherige Geltungsbereich der Patientenverfügung hingegen umfasst lediglich die indirekte und passive Sterbehilfe. § 8 Abs. 7 verdeutlicht, dass es dabei bleiben soll. Der assistierte Suizid ist bei komatösen Patienten ohnehin nicht möglich, da sie keine Tatherrschaft mehr ausüben können. Somit verbleibt lediglich die Möglichkeit der antizipierten Bitte um aktive Sterbehilfe. Eine solche Verfügung begegnet jedoch vielseitigen Bedenken. Als bedeutendstes Gegenargument lässt sich die unzulängliche Erforschung des Bewusstseins von Komapatienten anführen. Nachgewiesen ist, dass viele Komapatienten ihre Umwelt wahrnehmen können. Einigen gelingt es sogar zu kommunizieren, beispielsweise mit den Augen wie der Komapatientin Julia Tavalaro[494]. In anderen Fällen kann kein direkter Kontakt mit dem Patienten aufgenommen werden, obgleich seine Gehirnareale auf gewisse Reize reagieren. So konnte ein Wachkomapatient auf die Frage, ob er Schmerzen habe, mit Hilfe der Messung seiner Gehirnströme antworten, dass er keine Schmerzen empfinde[495]. Bei anderen Komapatienten sind sich Ärzte hingegen sicher, dass sie kein Bewusstsein haben. Der mutmaßliche Wille eines Komapatienten ist daher ebenso schwierig zu ermitteln wie die Beurteilung, ob das in der Patientenverfügung vorgestellte Szenario auf den jetzigen Zustand

---

494 *Tavalaro/Tayson*, Bis auf den Grund des Ozeans.
495 *Viciano*, Wachkoma – Wenn das Bewusstsein aufflackert, in: Spiegel Online v. 22.11.2012.

zutrifft. Das Risiko ist zu hoch, einem Patienten, der unerkannt bei Bewusstsein ist, aktiv das Leben zu nehmen. Aktive Sterbehilfe sollte daher nicht zum Inhalt der Patientenverfügung gemacht werden dürfen und auf die in § 2 Abs. 2 beschriebenen Einzelfälle beschränkt bleiben.

Im 4. Abschnitt befinden sich unter § 9 allgemeine Bestimmungen. Hierin wird festgelegt, dass kein Arzt dazu verpflichtet werden kann, Sterbehilfe zu leisten. Verpflichtet ist er hingegen gem. § 9 Abs. 2, die Bitte auf Wunsch des Patienten an einen Kollegen zu übermitteln. Dies gilt für den assistierten Suizid und aktive Sterbehilfe gleichermaßen. Indirekte und passive Sterbehilfe können medizinisch indiziert sein und müssen dann in jedem Fall zur Wahrung des Selbstbestimmungsrechts nach den Regeln ärztlicher Kunst durchgeführt werden.

III. Begründung zu B III.

Der Gesetzesentwurf zur Änderung des Patientenverfügungsgesetzes sieht die Streichung des § 1901a und § 1901b BGB vor. Die Streichung empfiehlt sich aus den obigen Gründen, vor allem der Vereinheitlichung zu Gunsten der Übersichtlichkeit.

IV. Begründung zu B IV.

Aus demselben Grund ist es wünschenswert, einen Gleichklang zwischen der Musterberufsordnung für Ärzte und Ärztinnen und dem Gesetz über die medizinische Behandlung am Lebensende herzustellen. Der vorgeschlagene § 16 S. 2 der MBO besagt, dass Beihilfe zum Suizid und aktive Sterbehilfe zwar im Grundsatz keine ärztliche Aufgabe darstellen, in Einzelfällen jedoch mit dem Berufsethos vereinbar und sogar geboten sein können. Die Formulierung, dass es keine ärztliche Aufgabe ist, bezieht sich auf § 9 des Gesetzes über die Behandlung am Lebensende. Dadurch, dass Ärzte nicht verpflichtet sind, Sterbehilfe zu leisten, ist diese auch nicht Bestandteil ihrer ärztlichen Aufgabe. Das Wort „grundsätzlich" eröffnet jedoch einen Ermessensspielraum für die Abwägung im Einzelfall. Dieser Vorschlag wird durch die Zusammenschau des Entwurfs des Leiters der Palliativmedizinischen Abteilung des Universitätsklinikums Erlangen Ostgathe und der Formulierung des ehemaligen Präsidenten der Bundesärztekammer Hoppe unterstützt.

Ostgathes Entwurf sah vor, § 16 MBO wie folgt zu fassen: „Ärztinnen und Ärzte dürfen grundsätzlich keine Hilfe zur Selbsttötung leisten."[496] Da dieser

---

496 *Ostgathe*, in: Autonomie und Menschenrechte am Lebensende, S. 198.

kurze Satz nicht nur der Auslegung zugänglich ist, sondern sogar der Auslegung bedarf, ist eine Ergänzung um folgenden Satzbaustein Hoppes ratsam: „[…] gehört [grundsätzlich] nicht zu den ärztlichen Aufgaben, aber sie sollte möglich sein, wenn der Arzt es mit seinem Gewissen vereinbart."[497]

Neben dem Inhalt des § 16 MBO ist die Berufsordnung dahingehend anzupassen, dass zumindest dieser sehr bedeutungsvolle Passus in allen Berufsordnungen gleich lauten sollte. Trotz des föderalen Systems ist in grundlegenden Angelegenheiten, die gar das Strafrecht betreffen, eine Vereinheitlichung zu Gunsten der Rechtsklarheit und Rechtssicherheit geboten.

Eine weitere Maßnahme ist die Anpassung des Betäubungsmittelgesetzes. Das Urteil des Bundesverwaltungsgerichts vom März 2017 sollte sich in abgewandelter Form in einem neu einzufügenden Paragraphen des BtMG wiederfinden. Liegen die Voraussetzungen des Gesetzes über die Behandlung am Lebensende vor, so sollte das Bundesinstitut für Arzneimittel und Medizinprodukte letal dosierte Substanzen an Ärzte herausgeben dürfen. Eine lückenlose Dokumentation ist dabei essentiell, nicht hingegen eine eigene Überprüfung durch das Bundesinstitut, da dies zu erheblichen Zeitverzögerungen führen würde. Die Herausgabe an Angehörige, wie durch das Urteil vorgesehen, ist auf Grund des Risikos der laienhaften Anwendung subsidiär zu der Herausgabe an einen Arzt durchzuführen.

Als Resumé dieser Dissertation bleibt schlussendlich zu sagen:

Wenn es nicht mehr um das Ob, sondern nur noch um das Wie des Sterbens geht, sollten einsichts- und selbstbestimmungsfähige voll- und minderjährige Patienten ihren behandelnden Arzt um Hilfe zum (selbstbestimmten) Sterben bitten dürfen.

❖

– Leiden kennt keine Altersgrenzen. –

---

497 FOWID Sterbehilfe Ärztebefragung, S. 1.

Anhang: Ausgewählte Gesetze im Zusammenhang mit Sterbehilfe

Im Anhang finden sich ausgewählte Gesetze im Zusammenhang mit der Thematik der Sterbehilfe. Ausgenommen sind die im Kapitel 3 ausführlich dargestellten Sterbehilfegesetze der Niederlande und Belgien.

A. Deutsche Gesetze

§ 216 StGB Tötung auf Verlangen
(1) Ist jemand durch das ausdrückliche und ernstliche Verlangen des Getöteten zur Tötung bestimmt worden, so ist auf Freiheitsstrafe von sechs Monaten bis zu fünf Jahren zu erkennen.
(2) Der Versuch ist strafbar.
§ 217 StGB Geschäftsmäßige Förderung der Selbsttötung
(1) Wer in der Absicht, die Selbsttötung eines anderen zu fördern, diesem hierzu geschäftsmäßig die Gelegenheit gewährt, verschafft oder vermittelt, wird mit Freiheitsstrafe bis zu drei Jahren oder mit Geldstrafe bestraft.
(2) Als Teilnehmer bleibt straffrei, wer selbst nicht geschäftsmäßig handelt und entweder Angehöriger des in Absatz 1 genannten anderen ist oder diesem nahesteht.

§ 1901a BGB Patientenverfügung
(1) Hat ein einwilligungsfähiger Volljähriger für den Fall seiner Einwilligungsunfähigkeit schriftlich festgelegt, ob er in bestimmte, zum Zeitpunkt der Festlegung noch nicht unmittelbar bevorstehende Untersuchungen seines Gesundheitszustands, Heilbehandlungen oder ärztliche Eingriffe einwilligt oder sie untersagt (Patientenverfügung), prüft der Betreuer, ob diese Festlegungen auf die aktuelle Lebens- und Behandlungssituation zutreffen. Ist dies der Fall, hat der Betreuer dem Willen des Betreuten Ausdruck und Geltung zu verschaffen. Eine Patientenverfügung kann jederzeit formlos widerrufen werden.
(2) Liegt keine Patientenverfügung vor oder treffen die Festlegungen einer Patientenverfügung nicht auf die aktuelle Lebens- und Behandlungssituation zu, hat der Betreuer die Behandlungswünsche oder den mutmaßlichen Willen des Betreuten festzustellen und auf dieser Grundlage zu entscheiden, ob er in eine ärztliche Maßnahme nach Absatz 1 einwilligt oder sie untersagt. Der mutmaßliche Wille ist aufgrund konkreter Anhaltspunkte zu ermitteln. Zu berücksichtigen sind insbesondere frühere mündliche oder schriftliche Äußerungen,

ethische oder religiöse Überzeugungen und sonstige persönliche Wertvorstellungen des Betreuten.

(3) Die Absätze 1 und 2 gelten unabhängig von Art und Stadium einer Erkrankung des Betreuten.

(4) Der Betreuer soll den Betreuten in geeigneten Fällen auf die Möglichkeit einer Patientenverfügung hinweisen und ihn auf dessen Wunsch bei der Errichtung einer Patientenverfügung unterstützen.

(5) Niemand kann zur Errichtung einer Patientenverfügung verpflichtet werden. Die Errichtung oder Vorlage einer Patientenverfügung darf nicht zur Bedingung eines Vertragsschlusses gemacht werden.

(6) Die Absätze 1 bis 3 gelten für Bevollmächtigte entsprechend.

B. Niederländische Gesetze

Deutsche Übersetzung des Art. 293 nlStgB
1. Wer vorsätzlich das Leben eines anderen auf dessen ausdrückliches und ernstliches Verlangen hin beendet, wird mit Gefängnisstrafe bis zu zwölf Jahren oder mit einer Geldstrafe der fünften Kategorie bestraft.

2. Die in Absatz 1 genannte Handlung ist nicht strafbar, wenn sie von einem Arzt begangen wurde, der dabei die in Artikel 2 des Gesetzes über die Kontrolle der Lebensbeendigung auf Verlangen und der Hilfe bei der Selbsttötung genannten Sorgfaltskriterien eingehalten und dem Leichenbeschauer der Gemeinde gemäß Artikel 7 Absatz 2 des Gesetzes über das Leichen- und Bestattungswesen Meldung erstattet hat.

Deutsche Übersetzung des Art. 294 nlStGB
1. Wer einen anderen vorsätzlich zur Selbsttötung anstiftet, wird, wenn die Selbsttötung vollzogen wird, mit Gefängnisstrafe bis zu drei Jahren oder mit einer Geldstrafe der vierten Kategorie bestraft.

2. Wer einem anderen vorsätzlich bei der Selbsttötung behilflich ist oder ihm die dazu erforderlichen Mittel verschafft, wird, wenn die Selbsttötung vollzogen wird, mit Gefängnisstrafe bis zu drei Jahren oder mit einer Geldstrafe der vierten Kategorie betraft. Artikel 293 Absatz 2 gilt entsprechend.

Art. 287 nlStGB
Hij die opzettelijk een ander van het leven berooft, wordt, als schuldig aan doodslag, gestraft met gevangenisstraf van ten hoogste vijftien jaren of geldboete van de vijfde categorie.

(keine amtliche deutsche Übersetzung verfügbar)

Art. 289 nlStGB
Hij die opzettelijk en met voorbedachten rade een ander van het leven berooft, wordt, als schuldig aan moord, gestraft met levenslange gevangenisstraf of tijdelijke van ten hoogste dertig jaren of geldboete van de vijfde categorie.
(keine amtliche deutsche Übersetzung verfügbar)

Buch 7, Art. 450 Burgerlijk Wetboek
Boek 7. Bijzondere overeenkomsten
 Titel 7. Opdracht
 Afdeling 5. De overeenkomst inzake geneeskundige behandeling
 1. Voor verrichtingen ter uitvoering van een behandelingsovereenkomst is de toestemming van de patiënt vereist.
 2. Indien de patiënt minderjarig is en de leeftijd van twaalf maar nog niet die van zestien jaren heeft bereikt, is tevens de toestemming van de ouders die het gezag over hem uitoefenen of van zijn voogd vereist. De verrichting kan evenwel zonder de toestemming van de ouders of de voogd worden uitgevoerd, indien zij kennelijk nodig is teneinde ernstig nadeel voor de patiënt te voorkomen, alsmede indien de patiënt ook na de weigering van de toestemming, de verrichting weloverwogen blijft wensen.
 3. In het geval waarin een patiënt van zestien jaren of ouder niet in staat kan worden geacht tot een redelijke waardering van zijn belangen ter zake, worden door de hulpverlener en een persoon als bedoeld in de leden 2 of 3 van artikel 465, de kennelijke opvattingen van de patiënt, geuit in schriftelijke vorm toen deze tot bedoelde redelijke waardering nog in staat was en inhoudende een weigering van toestemming als bedoeld in lid 1, opgevolgd. De hulpverlener kan hiervan afwijken indien hij daartoe gegronde redenen aanwezig acht.
(keine amtliche deutsche Übersetzung verfügbar)

C. Belgische Gesetze

Art. 393 belgStGB
L'homicide commis avec intention de donner la mort est qualifié meurtre. Il sera puni (de la réclusion de vingt ans à trente ans).
(keine amtliche deutsche Übersetzung verfügbar)

Art. 394 belgStGB
Le meurtre commis avec préméditation est qualifié assassinat. Il sera puni (de la réclusion à perpétuité).
(keine amtliche deutsche Übersetzung verfügbar)

Literaturverzeichnis

Ahrens, Petra-Angela/ Wegner, Gerhard: Die Angst vorm Sterben – Ergebnisse einer bundesweiten Umfrage zur Sterbehilfe, Online Ressource, Hannover 2015

Ambrosy, Heike/ Löser, Angela Paula: Entscheidung am Lebensende, Hannover 2006

Anderheiden, Michael/ Eckart, Wolfgang U. (Hrsg.): Handbuch Sterben und Menschenwürde, Berlin 2012

Arzt, Gunther: Recht auf den eigenen Tod?, in: JR 1986, 309–314

Bamberger, Heinz Georg u.a. (Hrsg.): Beck'scher Onlinekommentar BGB, 43. Auflage, München 2017

Baumann-Köhler, Margit/ Frühwald, Michael C./ Jürgens, Heribert: Palliative Sedierung am Lebensende von Kindern und Jugendlichen mit Krebserkrankungen – eine Bestandsaufnahme in: Zeitschrift für Palliativmedizin 2010, 11 – D3_2

Baumann, Jürgen u.a.: Alternativentwurf eines Gesetzes über Sterbehilfe, Stuttgart/ New York 1986

Bayer, Bernhard: Kinder- und Jugendhospizarbeit: das Celler Modell zur Vorbereitung Ehrenamtlicher in der Sterbebegleitung, Gütersloh 2009

Beermann, Christopher: Die Patientenverfügung in: FPR 2010, 252–255

Benzenhöfer, Udo: Der Gute Tod? Euthanasie und Sterbehilfe in der Geschichte und Gegenwart, München 1999

Bergdolt, Klaus: Das Gewissen der Medizin. Ärztliche Moral von der Antike bis heute, München 2004

Bichler, Christian: Die Patientenverfügung eines Minderjährigen unter dem Aspekt der Kindeswohlgefährdung, in: GesR 2014, 1–6

Birkner, Stefan: Assistierter Suizid und aktive Sterbehilfe – Gesetzgeberischer Handlungsbedarf?, in: ZRP 2006, 52–54

Birnbacher, Dieter/ Dahl, Edgar: Giving Death a Helping Hand, Online Ressource 2008

Borasio, Gian Domenico u.a. (Bearb.): Assistierter Suizid: Der Stand der Wissenschaft mit einem Kommentar zum neuen Sterbehilfe-Gesetz, Berlin/ Heidelberg 2017

Borrmann, Lisa: Akzessorietät des Strafrechts zu den betreuungsrechtlichen (Verfahrens-) Regelungen die Patientenverfügung betreffend (§§ 1901 a ff. BGB), Diss. Kiel, Strafrechtliche Abhandlungen Band 267, Berlin 2016

Bozzaro, Claudia: Der Leidensbegriff im medizinischen Kontext. Ein Problemaufriss am Beispiel der tiefen palliativen Sedierung am Lebensende, in: Ethik in der Medizin 2015, 93–106

Brade, Alexander/ Tänzer, Björn: „Der Tod auf Rezept?", in: NVwZ 2017, 1435–1439

Brandt, Hartwin: Am Ende des Lebens. Alter, Tod und Suizid in der Antike, München 2010

Brodführer, Diana: Die Regelung der Patientenverfügung – Rechtliche Kriterien und ausgewählte Regelungsvorschläge, Diss. Jena, Schriftenreihe Medizinrecht in Forschung und Praxis Band 17, Hamburg 2009

Coester-Waltjen, Dagmar: Reichweite und Grenzen der Patientenautonomie von Jungen und Alten – Ein Vergleich, in: MedR 2012, 553–560

Cornock, Marc, Hannah Jones: Consent and the child in Action: A legal commentary, in: Paediatric Nursing, Vol. 22 Nr. 2, März 2010, 14–20

Deutsch, Erwin/ Spickhoff, Andreas, Medizinrecht, Arztrecht, Arzneimittelrecht: Medizinprodukterecht und Transfusionsrecht, 7. Auflage, Berlin 2014

Deutsche Akademie der Naturforscher Leopoldina e. V./ Union der deutschen Akademien der Wissenschaften e. V., Palliativversorgung in Deutschland – Perspektiven für Praxis und Forschung, Halle (Saale) 2015

Dierickx, Sigrid/ Deliens, Luc/ Cohen, Joachim/ Chambaere, Kenneth: Euthanasia for people with psychiatric disorders or dementia in Belgium: analysis of officially reported cases, in: BMC Psychiatry 2017, 17:203, 1–9

Dreier, Horst: Grenzen des Tötungsverbotes – Teil 2, in: JZ 2007, 317–326

Duttge, Gunnar: Strafrechtlich reguliertes Sterben. Der neue Straftatbestand einer geschäftsmäßigen Förderung der Selbsttötung, in: NJW 2016, 120–125

Engisch, Karl: Arzt und Patient in der Sicht des Strafrechts, in: Juristische Praxis 14, 1965, Heft 139, 1–8

Erbs, Georg (Begr.): Strafrechtliche Nebengesetze Band 1, EL 216, Beck'scher Kurzkommentar Band 17, München 2017

Eser, Albin: Freiheit zum Sterben – Kein Recht auf Tötung, in: JZ 1986, 786–795

Evangelische Kirche in Deutschland: Wenn Menschen sterben wollen – Eine Orientierungshilfe zum Problem der ärztlichen Beihilfe zur Selbsttötung in: epd Dokumentation, Nr. 50a, 11/2008, 1–19

Fischer, Susanne: Entscheidungsmacht und Handlungskontrolle am Lebensende – Eine Untersuchung bei Schweizer Ärztinnen und Ärzten zum Informations- und Sterbehilfeverhalten, Wiesbaden 2008

Fischer, Thomas: Strafgesetzbuch: StGB mit Nebengesetzen, 64. Auflage, München 2017

Föllmer, Johanna: Palliativversorgung in der gesetzlichen Krankenversicherung – Zur Hospizversorgung nach § 39a SGB V und zur spezialisierten ambulanten Palliativversorgung nach § 37b SGB V, Berlin/ Heidelberg 2014

Frieß, Michael: „Komm süßer Tod" – Europa auf dem Weg zur Euthanasie? Zur theologischen Akzeptanz von assistiertem Suizid und aktiver Sterbehilfe, in: Forum Systematik Band 32, Stuttgart 2008

Gerhard, Christoph: Praxiswissen Palliativmedizin: Konzepte für unterschiedlichste palliative Versorgungssituationen, Stuttgart 2014

Griffith, Richard: What is Gillick competence?, in: Human Vaccines& Immunotherapie, Vol. 12 Nr.1, Januar 2016, 244–247

Großkopf, Volker: Sterbehilfe – Spannungsfeld zwischen Menschenwürde und strafrechtlicher Verantwortung, in: RDG 2004, 20–23

Gottwald, Carmen: Die rechtliche Regulierung von Sterbehilfegesellschaften, Diss. Würzburg, Würzburg 2010

Hartogh, Govert den: Zur Unterscheidung von terminaler Sedierung und Sterbehilfe, in: Ethik in der Medizin 2004/4, 378–391

Have, Henk ten/ Welie, Jos: Death and Medical Power – An ethical analysis of dutch euthanasia practice, New York 2005

Heide, Agnes van der (Hrsg.): Clinical and Epidemiological Aspects of End-of-Life Decision-Making, in Koninklijke Nederlandse Akademie van Wetenschappen Verhandelingen, Afd. Natuurkunde, Tweede Reeks, deel 102, Amsterdam 1999

Heine, Günter: Sterbehilfe als rechtliches Problem: Die Situation in der Schweiz, in: JR 1986, 314–319

Herzberg, Rolf Dietrich: Sterbehilfe als gerechtfertigt Tötung im Notstand?, in: NJW 1996, 3043–3049

Herzog, Felix: Leidensmindernde Therapie am Lebensende und „indirekte Sterbehilfe", in: Festschrift für Walter Kargl zum 70. Geburtstag, Berlin 2015, 201–212

Heylens, Gunter/ Elaut, Els/ Verschelden, Gerd/ Cuypere Griet De: Transgender Persons Applying for Euthanasia in Belgium: A Case Report and Implications for Assessment and Treatment, in: Journal of Psychiatry 2016, Vol. 19, 1–2

Hodson, Margaret/ Bilton, Diana/ Bush, Andrew, Cystic Fibrosis: 3. Auflage, London 2007

Hoffmann, Georg F. u.a. (Hrsg.): Pädiatrie Grundlagen und Praxis, 4. Auflage, Berlin/ Heidelberg 2014

Holzhauer, Heinz: Patientenautonomie, Patientenverfügung und Sterbehilfe, in: FamRZ 2006, 518–528

Hoven, Elisa: Für eine freie Entscheidung über den eigenen Tod – Ein Nachruf auf die straflose Suizidbeihilfe, in: ZIS 2016, 1–9

Hufeland, Christoph Wilhelm: Enchiridion medicum oder Anleitung zur medizinischen Praxis, 1837

Hufen, Friedhelm: In dubio pro dignitate – Selbstbestimmung und Grundrechtsschutz am Ende des Lebens, in: NJW 2001, 849–857

Humbert, Vincent: Je vous demande le droit de mourir, Paris 2004

Hurst, Samia A./ Mauron, Alex: Assisted suicide and euthanasia in Switzerland: allowing a role for non-physicians, in: British Medical Journal 326 (7383), 2003, 271–273

Illhardt, Franz Josef/ Heiss, Hermann Wolfgang/ Dornberg, Martin (Hrsg.): Sterbehilfe – Handeln oder Unterlassen, Stuttgart/ New York 1998

Imbach, Paul/ Kühne, Thomas/ Arceci, Robert J. (Hrsg.): Kompendium Kinderonkologie, 3. Auflage, Berlin/ Heidelberg 2014

Jacob, Nicola: Aktive Sterbehilfe im Rechtsvergleich und unter der Europäischen Menschenrechtskonvention, Diss. Berlin, Marburg 2013

Joerden, Jan C./ Neumann, Josef N. (Hrsg.): Medizinethik 4, Schriftenreihe Studien zur Ethik in Ostmitteleuropa, Bern 2003

Jong, Rob De: Deliberate termination of life of newborns with spina bifida, a critical reappraisal, in: Child's Nervous System 2008, 13–28

Kaeding, Nadja/ Schwenke, Laura: Medizinische Behandlung Minderjähriger – Anforderungen an die Einwilligung, in: MedR 2016, 935–940

Klaschik, Eberhard (Mitbegr.): Palliativmedizin, 6. Auflage, Berlin 2017

Klinkhammer, Gisela, Niederlande: Erste Bilanz einer Sterbeklinik, in: Deutsches Ärzteblatt 2012, 109 (46): A – 2296

Dies., Kinderpalliativmedizin: Geborgene Atmosphäre, in: Deutsches Ärzteblatt Medizin Studieren, Ausgabe 3, 2015, 18–21

Kubella, Kathrin, Patientenrechtegesetz: Kölner Schriften zum Medizinrecht Band 7, Berlin 2011

Kügel, J.Wilfried/ Müller, Rolf-Georg/ Hofmann, Hans-Peter (Hrsg.): Arzneimittelgesetz, Beck'scher Kurzkommentar, 2. Auflage, München 2016

Kühl, Kristian/ Heger Martin (Bearb.): Kommentar zum Strafgesetzbuch, 28. Auflage, München 2014

Kuhlen, Michaela/ Borkhardt, Arndt: 30 Jahre Kinderpalliativmedizin am Universitätsklinikum Düsseldorf, in: Monatsschrift Kinderheilkunde, Ausgabe 22, März 2017

Kusch, Roger: Tabu Sterbehilfe, in: NJW 2006, 261–264

Kutzer, Klaus: Strafrechtliche Grenzen der Sterbehilfe, in: NStZ 1994, 110–115

Lanzerath, Dirk: Sterbehilfe und ärztliche Beihilfe zum Suizid – Positionswandel in der Ärzteschaft?, in: Analysen& Argumente KAS Ausgabe 90, Berlin 2011

Laufs, Adolf/ Katzenmeier, Christian/ Lipp, Volker, Arztrecht: 7. Auflage, München 2015

Laufs, Adolf/ Kern, Bernd-Rüdiger (Hrsg.): Handbuch des Arztrechts, 4. Auflage, München 2010

Lenhard-Schramm, Niklas: Das Land Nordrhein-Westfalen und der Contergan-Skandal: Gesundheitsaufsicht und Strafjustiz in den „langen sechziger Jahren", Göttingen 2016

Lenz-Brendel, Nina/ Roglmeier, Julia: Die neue Patientenverfügung, München 2009 dies., Richtig vorsorgen, München 2012

Lesch, Heiko: Die strafrechtliche Einwilligung beim HIV-Antikörpertest an Minderjährigen, in: NJW 1989, 2309–2313

Lindner, Josef Franz: Verfassungswidrigkeit des kategorischen Verbots ärztlicher Suizidassistenz, in: NJW 2013, 136–139

Lipp, Volker: „Sterbehilfe" und Patientenverfügung, in: FamRZ 2004, 317–324

Lorenz, Jörn: Sterbehilfe – Ein Gesetzesentwurf, Baden-Baden 2008

Mameghani, Jussi Raafael: Der mutmaßliche Wille als Kriterium für den ärztlichen Behandlungsabbruch bei entscheidungsunfähigen Patienten und sein Verhältnis zum Betreuungsrecht, Diss. Göttingen, Recht und Medizin Band 102, Frankfurt am Main 2009

Maunz, Theodor/ Dürig, Günter (Begr.): Grundgesetz Kommentar, 79. Auflage, München 2016

Mayer, Caroline: Münchner Ärztliche Anzeigen, Ausgabe 3, Februar 2014, 3–4.

Meyer-Rentz, Monika/ Rantze, Birte: Sterbehilfe aus rechtlicher Perspektive, in: Unterricht Pflege 3/ 2005, 20–25

Miller, Robert G./ Appel, Stanley H.: Introduction to supplement: the current status of treatment for ALS, in: Amyotrophic Lateral Sclerosis and Frontotemporal Degeneration 2017, Vol. 18, Issue S1, 1–4

Möllering, Jürgen: Schutz des Lebens – Recht auf Sterben: Zur rechtlichen Problematik der Euthanasie, Stuttgart 1977

Mühlbauer, Bernd u.a.: Off-label-Gebrauch von Arzneimitteln im Kindes- und Jugendalter – Eine Verordnungsanalyse für Deutschland, in: Deutsches Ärzteblatt 2009, 106 (3)

Münchener Kommentar zum BGB, Band 1 Allgemeiner Teil §§ 1–240 AGB-Gesetz, 3. Auflage, München 1993

Münchener Kommentar zum BGB, Band 8 Familienrecht II §§ 1589–1921 SGB VIII, 7. Auflage, München 2017

Nebendahl, Mathias: Selbstbestimmungsrecht und rechtfertigende Einwilligung des Minderjährigen bei medizinischen Eingriffen, in: MedR 2009, 197–205

Otto, Harro: Patientenautonomie und Strafrecht bei der Sterbebegleitung, in: NJW 2006, 2217–2222

Palandt, Otto (Begr.): Bürgerliches Gesetzbuch, 77. Auflage, München 2018

Peicher, Carl-Theodor: Die Sterbehilfe im Strafrecht, Diss. Königsberg, Kleine Strafrechtliche Schriften Band 72, Pilkallen 1929

Philippi-Höhne, Claudia u.a.: Analogsedierung für diagnostische und therapeutische Maßnahmen im Kindesalter, in: Anästhesie und Intensivmedizin 2010, 603–614

Plinius, Buch 2: Kosmologie: Naturkunde, in: Naturalis Historia, Hrsg. und übersetzt v. Roderich König, 2. Auflage, Düsseldorf/ Zürich 1974

Plinius, Buch 28: Medizin und Pharmakologie: Heilmittel aus dem Tierreich: Naturkunde, in: Naturalis Historia, Hrsg. und übersetzt v. Roderich König, München 1988

Pott, Gerhard/ Meijer, Durk: Sterbebegleitung in Europa am Beispiel Deutschlands und der Niederlande mit einem Exkurs zur intuitiven Ethik, Stuttgart 2015

Preidel, Caroline: Sterbehilfepolitik in Deutschland: Eine Einführung, Wiesbaden 2016

Putz, Wolfgang: Die Patientenverfügung, in: FPR 2012, 13–16

Putz, Wolfgang/ Geißendörfer, Sylke E./ May, Arnd T.: Therapieentscheidungen am Lebensende – Ein „Fall" für das Vormundschaftsgericht?, in: Medizinethische Materialien, Heft 14, 2002

Quaas, Michael/ Zuck, Rüdiger/ Clemens, Thomas, Medizinrecht: 3. Auflage, München 2014

Ratzel, Rudolf/ Luxenburger, Bernd (Hrsg.): Handbuch Medizinrecht, Bonn 2008

Rehmann, Wolfgang A./ Wagner, Susanne A.: Medizinproduktegesetz Kommentar, 2. Auflage, München 2010

Rehmann-Sutter, Christoph/Gudat, Heike/Ohnsorge, Kathrin: The Patient's Wish to Die: Research, Ethics, and Palliative Care, Oxford 2015

Reuter, Birgit: Die gesetzliche Regelung der aktiven ärztlichen Sterbehilfe des Königsreichs der Niederlande – ein Modell für die Bundesrepublik Deutschland?, Diss. Göttingen, Recht& Medizin Band 46, Frankfurt am Main 2001

Rolfs, Christian u.a. (Hrsg.): BeckOK Sozialrecht, 45. Edition, München 2017

Rosenau, Henning/ Sorge, Igor: Gewerbsmäßige Suizidförderung als strafwürdiges Unrecht? Kritische Anmerkungen zum Regierungsentwurf über die Strafbarkeit der gewerbsmäßigen Förderung der Selbsttötung (§ 217 StGB-E), in: NK 2013, 108–119

Rosenbach, Manfred (Hrsg.): L. Annaeus Seneca an Lucilius Briefe 70–124, in: Philosophische Schriften Band 4, 2. Auflage, Darmstadt 1999

Rothärmel, Sonja: Juristischer Kommentar, Ethik in der Medizin 2004/3, 349

Roxin, Claus: An der Grenze von Begehung und Unterlassung, in: Festschrift für Karl Engisch zum 70. Geburtstag, Frankfurt am Main 1969, 380–405

Ders., Die geschäftsmäßige Förderung einer Selbsttötung als Straftatbestand und der Vorschlag einer Alternative, in: NStZ 2016, 185–192

Salomon, Fred: Seinen Tod verschlafen? Sedierung am Lebensende im Spannungsfeld zwischen Abschiednehmen und Verdrängen, in: Journal für Neurologie, Neurochirurgie und Psychiatrie 2007, 8(2), 19–22

Saliger, Frank: Selbstbestimmung bis zuletzt: Rechtsgutachten zum Verbot organisierter Sterbehilfe, StHD-Schriftenreihe Band 8, Norderstedt 2015

Schell, Werner: Die Bundesärztekammer hat ihre „Grundsätze zur ärztlichen Sterbebegleitung" neu gefasst und am 4. Mai 2004 der Öffentlichkeit vorgestellt, in: Intensiv 2004, 192–194

Sickor, Jens Andreas: Normenhierarchie im Arztrecht, Diss. Coburg, Berlin/ Heidelberg 2005

Schildmann, Jan/ Dahmen, Birte/ Vollmann, Jochen: Ärztliche Handlungspraxis am Lebensende Ergebnisse einer Querschnittsumfrage unter Ärzten in Deutschland, in: DMW 2015, 140 (01): e1 – e6

Schmidt-Recla, Adrian: Kontraindikation und Kindeswohl. Die „zulässige" Knochenmarkspende durch Kinder, in: GesR 2009, 566–572

Schöch, Heinz/ Verrel, Torsten: Alternativ-Entwurf Sterbebegleitung (AE-StB), in: GA 152, 2005, 553–586

Schönke, Adolf/ Schröder, Horst: Kommentar zum Strafgesetzbuch, 29. Auflage, München 2014

Schoppe, Christoph: Der Strafgrund der Tötung auf Verlangen (§ 216 StGB), in: BLJ 2012, 107–113

Schork, Vanessa: Ärztliche Sterbehilfe und die Bedeutung des Patientenwillens, Diss. Heidelberg, Europäische Hochschulschriften Reihe II Rechtswissenschaft Band 4794, Frankfurt am Main 2008

Schröder, Birgit: Das Recht auf ein menschenwürdiges Sterben: Überlegungen zu Voraussetzungen und Grenzen der Sterbehilfe, Diss. Kiel, Berlin 2003

Schroth, Ulrich: Sterbehilfe als strafrechtliches Problem, in: GA 153, 2006, 549–572

Schulze, Reiner u.a.: Bürgerliches Gesetzbuch Handkommentar, 9. Auflage, Baden-Baden 2017

Schwedler, Anna-Kathrin: Ärztliche Therapiebegrenzung lebenserhaltender Maßnahmen auf Wunsch des Patienten, Diss. Kiel, Schriftenreihe zum deutschen und internationalen Erbrecht Band 2, Frankfurt am Main 2010

Seibel, Jan: Straf- und zivilrechtliche Probleme des „beratenen" Schwangerschaftsabbruchs nach § 218a Absatz 1 StGB, Diss. München, Schriftenreihe Strafrecht in Forschung und Praxis Band 84, Hamburg 2007

Sliwka, Marcin/ Galeska-Sliwka, Anita: Regulating end of life decisions in Poland: legal dilemmas, in: Advances in Palliative Medicine 2011, 49–55

Sophokles, Elektra, Ditzingen 1998

Speer, Christian P./ Gahr, Manfred (Hrsg.): Pädiatrie, 4. Auflage, Berlin 2013

Spickhoff, Andreas: Autonomie und Heteronomie im Alter, in: AcP 208, 2008, 345–415

Ders., Rechtssicherheit kraft Gesetzes durch sog. Patientenverfügungen?, in: FamRZ 2009, 1949–1957

Ders., Medizinrecht, Beck'scher Kurzkommentar, 2. Auflage, München 2014

Staudinger, Julius von (Begr.): Kommentar zum Bürgerlichen Gesetzbuch Buch 4: Familienrecht, §§ 1869–1921, Berlin 2006

Sternberg-Lieben, Detlev: Gesetzliche Anerkennung der Patientenverfügung: offene Fragen im Strafrecht, insbesondere bei Verstoß gegen die prozeduralen Vorschriften der §§ 1901a ff. BGB, in: Festschrift für Claus Roxin zum 80. Geburtstag, Berlin 2011, 537–556

Sternberg-Lieben, Detlev/ Reichmann, Philipp C.: Die gesetzliche Regelung der Patientenverfügung und das medizinische Selbstbestimmungsrecht Minderjähriger, in: NJW 2012, 257–262

Stocker, Ursina: Sterbehilfe – Assistierter Suizid, Rechtliche, politische und moralisch-ethische Aspekte, Online Ressource, Kanton Solothurn 2015

Streit, Jenny: Patientenverfügungen Minderjähriger nach dem Dritten Betreuungsrechtsänderungsgesetz, Diss. Köln, Schriftenreihe Studien zur Rechtswissenschaft Band 350, Hamburg 2015

Taupitz, Jochen: Die Standesordnungen der freien Berufe, Berlin 1991

Tavalaro, Julia/ Tayson, Richard: Bis auf den Grund des Ozeans – „Sechs Jahre galt ich als hirntot. Aber ich bekam alles mit", Freiburg im Breisgau 2000

Thienpont, Lieve/ Verhofstadt, Monica/ Van Loon, Tony/ Distelmans, Wim/ Audenaert, Kurt/ De Deyn, Peter: Euthanasia requests, procedures and outcomes for 100 Belgian patients suffering from psychiatric disorders: a retrospective, descriptive study, in: BMJ Open 2015, 5: e007454, 1–9

Thöns, Matthias/ Sitte, Thomas (Hrsg.): Repetitorium Palliativmedizin, Berlin/ Heidelberg 2013

Thornstedt, Hans: Euthanasia and Related Problems in Swedish Law, in: Zeitschrift für Rechtsmedizin 1972, 32–35

Uhl, Martin: Richtlinien der Bundesärztekammer – Ein verfassungsrechtlicher Beitrag zur exekutiven Rechtsnormsetzung, Diss. Freiburg, Schriftenreihe Medizinrecht in Forschung und Praxis Band 16, Hamburg 2008

Ulsenheimer, Klaus: Therapieabbruch beim schwerstgeschädigten Neugeborenen, in: MedR 1994, 425–428

Verrel, Torsten: Richter über Leben und Tod?, in: JR 1999, 5–8

Ders., Mehr Fragen als Antworten – Besprechung der Entscheidung des XII. Zivilsenats des BGH vom 17.3.2003 über die Einstellung lebenserhaltender Maßnahmen bei einwilligungsunfähigen Patienten, in: NStZ 2003, 449–453

Ders., Ein Grundsatzurteil? – Jedenfalls bitter nötig! Besprechung der Sterbehilfeentscheidung des BGH vom 25.6.2010 – 2 StR 454/09 (Fall Fulda), in: NStZ 2010, 671–676

Voss, Ingrid: Schutz der Grundrechte in Medizin und Biologie durch die Charta der Grundrechte der Europäischen Union, Diss. Regensburg, Münster 2011

Vollmert, Daniel: Richter über Leben und Tod? Die Rolle des Richters bei der Realisierung von Patientenautonomie am Lebensende, Diss. Köln, Hamburg 2005

Weber, Martina: 100 Fragen zu Patientenverfügungen und Sterbehilfe, Hannover 2010

Welsh, Caroline u.a. (Hrsg.): Autonomie und Menschenrechte am Lebensende – Grundlagen, Erfahrungen, Reflexionen aus der Praxis, Bielefeld 2016

Wessels, Johannes/ Beulke, Werner: Strafrecht Allgemeiner Teil, 41. Auflage, Heidelberg 2011

Wessels, Johannes/ Hettinger, Michael: Strafrecht Besonderer Teil I, 35. Auflage, Heidelberg 2011

Widmaier, Gunter (Hrsg.): Münchener Anwaltshandbuch Strafverteidigung, München 2006

Wölk, Florian: Der minderjährige Patient in der ärztlichen Behandlung, in: MedR 2001, 80–89

Zenz, Julia/ Rissing-van Saan, Ruth/ Zenz, Michael: Ärztlich assistierter Suizid – Umfrage zu § 217 StGB, in: Deutsche Medizinische Wochenschrift 2017, Heft 142, e28 – e33

Zernikow, Boris: Palliativversorgung von Kindern, Jugendlichen und jungen Erwachsenen, 2. Auflage, Berlin 2013

Zernikow, Boris/ Nauck, Friedemann, Pädiatrische Palliativmedizin: Kindern ein „gutes Sterben" ermöglichen, in: Deutsches Ärzteblatt 2008, 105 (25), A 1376 – A 1380

Zimmermann-Acklin, Markus: Euthanasie – Eine theologische Untersuchung, Studien zur theologischen Ethik Band 79, Freiburg/ Schweiz 1997

Internetquellen und weitere Quellen

[Fn. 5, 53, 61] Jox, Ralf J., „Sterbehilfe:
http://www.bpb.de/gesellschaft/umwelt/bioethik/160275/sterbehilfe (abgerufen am 01.08.2016)

[Fn. 10, 400] Deutscher Hospiz- und Palliativverband e.V., Grundsätze der Kinder- und Jugendhospizarbeit, abrufbar unter:
http://www.dhpv.de/tl_files/public/Service/Gesetze%20und%20Verordnungen/Grundsaetze%20Kinder-%20und%20Jugendhospizarbeit.pdf (abgerufen am 1.08.2016)

[Fn. 15] „Loi Leonetti":
http://www.legifrance.gouv.fr/affichTexte.do?cidTexte=JORFTEXT000000446240&categorieLien=id (abgerufen am 07.08.2016)

[Fn. 27] Institut für Demoskopie Allensbach, Deutliche Mehrheit der Bevölkerung für aktive Sterbehilfe, Allensbacher Kurzbericht v. 6. Oktober 2014

[Fn. 28, 74, 490] Institut für Demoskopie Allensbach im Auftrag und veröffentlich in Roland Rechtsreport 2016

[Fn. 29] IfD-Umfrage der DAK im Jahr 2016 abrufbar unter:
https://de.statista.com/statistik/daten/studie/631678/umfrage/umfrage-zur-einstellung-gegenueber-aktiver-und-passiver-sterbehilfe-in-deutschland/ (abgerufen am 28.08.2017)

[Fn. 30, 33, 54, 75, 82, 260] Institut für Demoskopie Allensbach, Ärztlich begleiteter Suizid und aktive Sterbehilfe aus Sicht der deutschen Ärzteschaft, Ergebnisse einer Repräsentativbefragung von Krankenhaus- und niedergelassenen Ärzten, Allensbach 2010

[Fn. 31, 186, 279, 307, 310, 313, 341, 342, 344, 463] Grundsätze der Bundesärztekammer zur ärztlichen Sterbebegleitung, in: Deutsches Ärzteblatt 2011, 108 (7), A 346 – A 348

[Fn. 35] Online-Befragung von Ärzten, veröffentlich in: Stellungnahme der Deutschen Gesellschaft für Palliativmedizin für die Anhörung zum Thema Sterbebegleitung am 23. September 2015

[Fn. 52, 188] (Muster-)Berufsordnung für die in Deutschland tätigen Ärztinnen und Ärzte: http://www.bundesaerztekammer.de/fileadmin/user_upload/downloads/pdf-Ordner/MBO/MBO_02.07.2015.pdf (abgerufen am 16.01.2017)

[Fn. 58] Hippokratischer Eid: https://www.aerztekammer-bw.de/10aerzte/40merkblaetter/20recht/10gesetze/hippoeid.pdf (abgerufen am 16.01.2017)

[Fn. 77] Studie der Harvard University zum Krankheitsbild „Bronchialkarzinom" veröffentlicht im New England Journal of Medicine: www.nejm.org/doi/full/10.1056/nejoma1000678#t=article (abgerufen am 17.11.2016).

[Fn. 84] Rede von Bundespräsident Horst Köhler bei der Fachtagung der Bundesarbeitsgemeinschaft Hospiz am 8. Oktober 2005 in Würzburg: http://www.bundespraesident.de/SharedDocs/Reden/DE/Horst-Koehler/Reden/2005/10/20051008_Rede.html (abgerufen am 31.08.2016)

[Fn. 89 und 100] Cicely Saunders Biographie und Hospizbewegung: http://cicelysaundersinternational.org/dame-cicely-saunders/st-christophers-hospice (abgerufen am 02.12.2017); http://www.cicelysaundersfoundation.org/about-us/dame-cicely-biography (abgerufen am 11.08.2016)

[Fn. 94] Definition der World Health Organization für die palliative Pflege: http://www.who.int/cancer/palliative/definition/en/ (abgerufen am 04.12.2016)

[Fn. 95] Broschüre „Ärztlich assistierter Suizid" der Deutschen Gesellschaft für Palliativmedizin e.V.: http://www.dgpalliativmedizin.de/startseite/aerztlich-assistierter-suizid-reflexionen-der-deutschen-gesellschaft-fuer-palliativmedizin.html (abgerufen am 11.08.2016)

[Fn. 96] Kassenärztliche Bundesvereinigung, Stand 2018: https://www.dhpv.de/service_zahlen-fakten.html (abgerufen am 14.01.2019).

[Fn. 98] Übersetzung der WHO zu „lebensbedrohenden Erkrankungen":
https://www.dgpalliativmedizin.de/images/stories/WHO_Definition_2002_Palliative_Care_englisch-deutsch.pdf.

[Fn. 101] Hospiz Kieler Förde:
http://www.hospiz-kiel.de/ (abgerufen am 17.11.2016).

[Fn. 104, 109] Regierungsbericht zum Thema „Hospize und palliativmedizinische Versorgung in Schleswig-Holstein":
https://www.landtag.ltsh.de/plenumonline/archiv/wp18/30/debatten/top_21.html (abgerufen am 17.11.2016).

[Fn. 106] Das Ehrenamt – die Stütze der Hospizbewegung:
http://www.dhpv.de/themen_hospiz-palliativ_ehrenamt.html (abgerufen am 17.11.2016)

[Fn. 107] Graf, et al. Ehrenamt in der Hospizarbeit, Zehn Bausteine zur Erarbeitung eines Leitbildes:
http://www.dhpv.de/tl_files/public/Service/Broschueren/Zehn%20Bausteine.pdf

[Fn. 111] Müller-Busch, Hans-Christof, Palliative Sedierung am Lebensende:
https://www.palliativnetz-brv.de/app/download/7417212/terminale+sedierung.pdf (abgerufen am 17.11.2016)

[Fn. 115] Ethik-Komitee der Kath. St.-Johannes-Gesellschaft, Ethische Orientierungshilfe zum Umgang mit der Palliativen Sedierung:
http://www.joho-dortmund.de/unsere-qualitaet.html?file=files/kath-st-johannes-gesellschaft/dokumente-kath-st-johannes-gesellschaft/allgemeine_informationen/ethik/Ethik_Palliative_Sedierung.pdf (abgerufen am 03.11.2016)

[Fn. 118] O.V., Niederlande: Terminale Sedierung als Alternative zur Sterbehilfe, in: Deutsches Ärzteblatt v. 25.03.2008

[Fn. 119] „Leitlinie für den Einsatz sedierender Maßnahmen in der Palliativversorgung" von der European Association for Palliative Care:
abrufbar unter: http://www.eapcnet.eu/LinkClick.aspx?fileticket=VmOI43nqYRA%3D (abgerufen am 25.06.2016)

[Fn. 120] Maeda, Isseki u.a., „Effect of continuous deep sedation on survival in patients with advanced cancer (J-Proval): a propensity score-weighted analysis of a prospective cohort study" – Studie der Universität Osaka:
http://www.thelancet.com/journals/lanonc/article/PIIS1470-2045(15)00401-5/abstract (abgerufen am 17.11.2016)

[Fn. 122] O.V., Palliativwegweiser – AOK startet Angebot für Menschen in letzter Lebensphase, in: Deutsches Ärzteblatt 2016, 113(42), A-1876

[Fn. 123] „Richtlinie über die Verordnung von häuslicher Krankenpflege" des Gemeinsamen Bundesausschusses über die Verordnung von häuslicher Krankenpflege:
https://www.g-ba.de/informationen/richtlinien/11 (abgerufen am 10.09.2016)

[Fn. 124] Stellungnahme der KBV zum Hospiz- und Palliativgesetz:
http://www.kbv.de/media/sp/2015_04_08_KBV_Stellungnahme_Hospiz__und_Palliativgesetz.pdf Seite 11 (abgerufen am 10.09.2016)

[Fn. 142, 146] Institut für Betreuungsrecht – Kester-Haeusler-Forschungsinstitut, „Die systematische Verortung einer gesetzlichen Regelung der Patientenverfügung":
http://www.betreuungsrecht.de/betreuer/die-systematische-verortung-einer-gesetzlichen-regelung-der-patientenverfugung.html (abgerufen am 23.11.2016).

[Fn. 163] Website DIGNITAS Deutschland:
http://www.dignitas.de/ (abgerufen am 10.11.2016)

[Fn. 164] Stellungnahme deutscher Strafrechtslehrerinnen und Strafrechtslehrer zur geplanten Ausweitung der Strafbarkeit der Sterbehilfe, § 217 StGB:
https://idw-online.de/de/attachmentdata43853.pdf (abgerufen am 10.11.2016)

[Fn. 174] Fischer, Thomas, Im Zweifel gegen die Freiheit in: ZEIT Online v. 28.04.2015:
http://www.zeit.de/gesellschaft/zeitgeschehen/2015-04/sterbehilfe-selbstbestimmung-bundestag (abgerufen am 10.12.2016)

[Fn. 180] Infratest Dimap bundesweite Umfrage 2014 „Vier Fünftel der Deutschen für ärztliche Sterbe-Unterstützung" im Auftrag hart aber fair, abrufbar unter:
https://www.infratest-dimap.de/de/umfragen-analysen/bundesweit/umfragen/aktuell/vier-fuenftel-der-deutschen-fuer-aerztliche-sterbe-unterstuetzung/ (abgerufen am 12.08.2016)

[Fn. 189] Berufsordnung der Ärztekammer Schleswig-Holstein:
https://www.aeksh.de/aerzte/recht/berufsrecht (abgerufen am 21.12.2016)

[Fn. 190] Berufsordnung der Ärztekammer Bayern:
http://www.blaek.de/pdf_rechtliches/haupt/Berufsordnung_5_2016_2.pdf (abgerufen am 21.12.2016)

[Fn. 191] Mitternacht, Kerstin, Die neue Berufsordnung: Das kommt auf Ärzte zu in: Ärzte Zeitung v. 12.07.2017:
http://www.aerztezeitung.de/praxis_wirtschaft/recht/article/661935/neue-berufsordnung-kommt-aerzte.html (abgerufen am 05.01.2017)

[Fn. 196] Remarks of Poland to the General Comment No. 36 on article 6 of the International Covenant on Civil and Political Rights, on the right to life from July 2017, abrufbar unter:

http://www.ohchr.org/EN/HRBodies/CCPR/Pages/GC36-Article6Righttolife.aspx (abgerufen am 13.03.2018)

[Fn. 196, 198, 199] Polnische Rechtslage zur Sterbehilfe:
http://www.zeit.de/politik/ausland/2016-10/polnisches-parlament-lehnt-abtreibungsverbot-ab (abgerufen am 18.01.2017);
http://www.welt.de/politik/ausland/article128585553/Wenn-Aerzte-Gottesrecht-ueber-Patientenrecht-stellen.html (abgerufen am 18.01.2017);
http://www.thenews.pl/1/9/Artykul/123716,Majority-of-Poles-support-euthanasia (abgerufen am 18.01.2017)

[Fn. 200, 204] Regelungen zur Sterbehilfe in Europa:
http://www.cdl-rlp.de/Unsere_Arbeit/Sterbehilfe-in-Europa (abgerufen am 07.08.2016)

[Fn. 209] Forschungsgruppe Weltanschauung in Deutschland (FOWID) „Sterbehilfe und Organisationen in der Schweiz":
https://fowid.de/meldung/sterbehilfe-und-organisationen-schweiz (abgerufen am 07.01.2017)

[Fn. 210] BFS CH Todesursachenstatistik 2014, Assistierter Suizid (Sterbehilfe) und Suizid in der Schweiz:
https://www.bfs.admin.ch/bfs/de/home/statistiken/gesundheit.assetdetail.1023131.html (abgerufen am 18.01.2017)

[Fn. 211] „Loi sur l'euthanasie et l'assistance au suicide" Gesetz abrufbar unter:
http://www.legilux.public.lu/leg/a/archives/2009/0046/a046.pdf (abgerufen am 18.01.2017)

[Fn. 212] Luxemburgische Rechtslage zur Sterbehilfe:
http://www.sante.public.lu/fr/publications/e/euthanasie-assistance-suicide-questions-reponses-fr-de-pt-en/index.html (abgerufen am 12.01.2017)

[Fn. 214, 421] Deutsche Übersetzung „Gesetz über die Kontrolle der Lebensbeendigung auf Verlangen und der Hilfe bei Selbsttötung":
http://www.dgpalliativmedizin.de/images/stories/pdf/euthanasie.pdf (abgerufen am 12.01.2017)

[Fn. 222] Regionale Toetsingscommissies Euthanasie Jaarverslag 2016 abrufbar unter:
http://www.livinganddyingwell.org.uk/sites/default/files/LDW%20-%20Overseas%20-%20Netherlands%20-%202016%20Report%20NL.pdf (abgerufen am 28.08.2017)

[Fn. 223] Schweighöfer, Kerstin, „Niederlande Kein Sterbe-Tourismus" im FOCUS Magazin Online v. 04.12.2000:
http://www.focus.de/politik/ausland/niederlande-kein-sterbe-tourismus_aid_187170.html (abgerufen am 18.01.2017)

[Fn. 224] „Loi relative à l'euthanasie":
http://www.palliabru.be/DOC/loi_sur_l'euthanasie.pdf (abgerufen am 12.01.2017)

[Fn. 225 und 438] „Loi relative à l'euthanasie" in deutscher Fassung veröffentlicht im Belgischen Staatsblatt, 2. Ausg. vom 12. 06.2003, S. 31821:
https://www.health.belgium.be/sites/default/files/uploads/fields/fpshealth_theme_file/loi20020528mb_de.pdf (abgerufen am 08.06.2017);

[Fn. 229] Pressemitteilung der Sächsischen Landesärztekammer v. 17.02.2014, „Aktive Sterbehilfe für Kinder in Belgien":
http://www.slaek.de/de/04/pressemitteilungen/2014/010-sterbehilfe.php (abgerufen am 17.01.2017)

[Fn. 230 und 438] „Loi modifiant la loi du 28 mai 2002 relative à l'euthanasie, en vue d'étendre l'euthanasie aux mineurs" – Belgische Gesetzesänderung 2014 veröffentlicht im Belgischen Staatsblatt v. 12.03.2014, S. 21053:
http://www.ejustice.just.fgov.be/mopdf/2014/03/12_1.pdf#Page67 (abgerufen am 12.01.2017) oder http://www.dekamer.be/FLWB/PDF/53/3245/53K3245001.pdf (abgerufen am 08.06.2017)

[Fn. 231 und 233] Deutsche Stiftung Patientenschutz Übersicht Strafbarkeit der Sterbehilfe in Europa:
https://www.stiftung-patientenschutz.de/uploads/Sterbehilfe_Europa_Uebersicht_20131025.pdf (abgerufen am 19.01.2017)

[Fn. 232 und 235] Französische Rechtslage zur Sterbehilfe:
http://www.ambafrance-de.org/Sterbehilfe-Frankreich-erlaubt (abgerufen am 19.01.2017)

[Fn. 236] O.V., Französisches Bürgergremium plädiert für teilweise Legalisierung von Sterbehilfe, in: Deutsches Ärzteblatt v. 17.12.2013

[Fn. 237] Leclair, Agnès, L'amendement «euthanasie» écarté du texte sur la fin de vie, in: Le Figaro Online v. 12.03.2015:
http://www.lefigaro.fr/actualite-france/2015/03/11/01016-20150311ARTFIG00441-l-amendement-euthanasie-ecarte-du-texte-sur-la-fin-de-vie.php (abgerufen am 23.01.2017)

[Fn. 238] „LOI n° 2016–87 du 2 février 2016 créant de nouveaux droits en faveur des malades et des personnes en fin de vie" – Französische Gesetzesänderung 2015:
https://www.legifrance.gouv.fr/affichTexte.do?cidTexte=JORFTEXT000031970253&categorieLien=id (abgerufen am 23.01.2017)

[Fn. 239] Wiegel, Michaela, Sterbehilfe in Frankreich – Schlafen vor dem Tod in: FAZ v. 19.03.2015:
http://www.faz.net/aktuell/politik/ausland/europa/frankreich-erlaesst-sterbehilfegesetz-zu-tode-sedieren-13491646.html (abgerufen am 20.01.2017)

[Fn. 240] Volltext des EGMR Urteils zu Vincent Lambert: http://hudoc.echr.coe.int/eng#{%22itemid%22:[%22001-155352%22]} (abgerufen am 23.01.2017)

[Fn. 241] Umfrageergebnis Ifop im Auftrag Adrea „Étude sur la fin de vie Ifop-Fondation Adréa" 2016 abrufbar unter: https://www.adrea.fr/assets/documents/CP-FONDATIONADREA-ETUDE-FIN-DE-VIE.PDF (abgerufen am 24.01.2017)

[Fn. 242] Einstellung der Ermittlungen gegen Marie Humbert: http://www.commissiononassisteddying.co.uk/case-of-vincent-humbert/ (abgerufen am 29.10.2017); http://www.maitremontreuil.ca/euthanasie/eutha-r-humbert.pdf (abgerufen am 29.10.2017); O.V., Frankreich: Ermittlungen nach Sterbehilfe für 22-Jährigen eingestellt, in: Deutsches Ärzteblatt v. 28.02.2006

[Fn. 245] Pressemitteilung der EKD v. 24.10.2005: „Sterben à la carte: Patientenverfügungen – Fluch oder Segen?": http://www.ekd.de/presse/pm210_2005_tacheles_patientenverfuegung.html (abgerufen am 23.01.2017)

[Fn. 246] O.V., Mehr Fälle von Sterbehilfe in der Schweiz, in: Deutsches Ärzteblatt v. 11.10.2016; O.V., Starker Anstieg von Suizidbeihilfe in der Schweiz, in: Deutsches Ärzteblatt v. 05.12.2016

[Fn. 247] Trimborn, Marion, Sterbehilfe – Kettenreaktion durch Sterbehilfe? Patientenschützer warnen in NOZ v. 12.05.2016: http://www.noz.de/deutschland-welt/politik/artikel/712398/kettenreaktion-durch-sterbehilfe-patientenschutzer-warnen-1# (abgerufen am 18.01.2017)

[Fn. 249] Bericht zum Krebsgeschehen in Deutschland 2016 des Robert Koch Instituts: http://www.krebsdaten.de/Krebs/DE/Content/Publikationen/Krebsgeschehen/Krebsgeschehen_download.pdf;jsessionid=2C5303B29CFA404C4E97D8D0D6501D9D.1_cid381?__blob=publicationFile (abgerufen am 18.01.2017)

[Fn. 250] Statistik „Selbstmordrate in Deutschland nach Altersgruppe in den Jahren 2011 bis 2015", v. Statista: https://de.statista.com/statistik/daten/studie/318224/umfrage/selbstmordrate-in-deutschland-nach-altersgruppe/ (abgerufen am 18.01.2017)

[Fn. 251] Statistik „Anzahl der Sterbefälle durch vorsätzliche Selbstbeschädigung (Suizide) in Deutschland in den Jahren von 1980 bis 2015" v. Statista: https://de.statista.com/statistik/daten/studie/583/umfrage/sterbefaelle-durch-vorsaetzliche-selbstbeschaedigung/ (abgerufen am 18.01.2017)

[Fn. 252] Statistik „Anzahl der Suizide in Deutschland im Vergleich zu ausgewählten Todesursachen in den Jahren 2013 bis 2015" v. Statista: https://de.statista.com/statistik/daten/studie/318378/umfrage/anzahl-der-suizide-in-deutschland-im-vergleich-zu-ausgewaehlten-todesursachen/ (abgerufen am 18.01.2017)

[Fn. 253] Emanuel, Ezekiel J. u.a., „Attitudes and Practices of Euthanasia and Physician-Assisted Suicide in the United States, Canada, and Europe": http://jamanetwork.com/journals/jama/article-abstract/2532018 (abgerufen am 19.01.2017); O.V., Tötung auf Verlangen und ärztlich assistierter Suizid: Trotz zunehmender Legalisierung eher selten, in: Deutsches Ärzteblatt v. 07.07.2016

[Fn. 254] O.V., Schon ein Dutzend Verfassungsbeschwerden zur Suizidbeihilfe, in: Deutsches Ärzteblatt v. 19.12.2016

[Fn. 255] O.V., Erste Verfassungsbeschwerde gegen Sterbehilfeverbot abgewiesen, in: Deutsches Ärzteblatt v. 28.07.2017

[Fn. 256] Deutsches Betäubungsmittelgesetz: http://www.gesetze-im-internet.de/btmg_1981/BJNR106810981.html (abgerufen am 18.01.2017)

[Fn. 263] MLP Gesundheitsreport 2014: https://mlp-ag.de/presse/gesundheitsreport-archiv/gesundheitsreport-2014/ (abgerufen am 10.01.2017)

[Fn. 264] Laschet, Helmut, Krankenhaus – Ärzte und Pfleger unter Stress, in: Ärzte Zeitung Online v. 04.04.2014: http://www.aerztezeitung.de/praxis_wirtschaft/klinikmanagement/article/858346/krankenhaus-aerzte-pfleger-stress.html (abgerufen am 10.01.2017)

[Fn. 265] Goddar, Jeanette, Krankenschwestern – Viereinhalb Minuten pro Patient, in: Süddeutsche Zeitung Online v. 21.05.2010: http://www.sueddeutsche.de/karriere/krankenschwestern-viereinhalb-minuten-pro-patient-1.828134 (abgerufen am 10.01.2017)

[Fn. 266] Dowideit, Anette, Die wenigsten Pfleger bleiben bis zur Rente, in: WELT Online v. 05.07.2011: http://www.welt.de/wirtschaft/article13469304/Die-wenigsten-Altenpfleger-bleiben-bis-zur-Rente.html (abgerufen am 10.01.2017)

[Fn. 280, 282, 418] Schmidt, Lucla, Palliativmedizin bei Kindern – Heißt das, ich muss sterben?, in: FAZ v. 05.03.2014: http://www.faz.net/aktuell/gesellschaft/gesundheit/palliativmedizin-bei-kindern-heisst-das-ich-muss-sterben-12827512.html (abgerufen am 27.02.2017)

[Fn. 284] Bublitz, Nina, Todkranke 13-Jährige – Dürfte Hannah auch bei uns sterben?, in: Stern v. 13.11.2008:
http://www.stern.de/gesundheit/todkranke-13-jaehrige-duerfte-hannah-auch-bei-uns-sterben-645547.html (abgerufen am 27.02.2017)

[Fn. 287] Bedarfsübersicht des Bundesverbands Kinderhospiz:
http://www.bundesverband-kinderhospiz.de/bedarf (abgerufen am 27.02.2017)

[Fn. 288] Todesursachenstatistik Deutschland 2015:
https://www-genesis.destatis.de/genesis/online/link/tabelleErgebnis/23211-0004 (abgerufen am 27.02.2017)

[Fn. 289] Krebs bei Kindern – Statistik 2015:
http://www.gbe-bund.de/gbe10/ergebnisse.prc_tab?fid=25120&suchstring=&query_id=&sprache=D&fund_typ=TXT&methode=&vt=&verwandte=1&page_ret=0&seite=1&p_lfd_nr=1&p_news=&p_sprachkz=D&p_uid=gastd&p_aid=91828222&hlp_nr=2&p_janein=J (abgerufen am 27.02.2017)

[Fn. 292] Kurzinformation zu ALL:
https://www.kinderkrebsinfo.de/erkrankungen/leukaemien/pohpatinfoall120060414/pohpatinfoallkurz/index_ger.html (abgerufen am 08.03.2017)

[Fn. 293] Kurzinformation zu NHL:
https://www.kinderkrebsinfo.de/erkrankungen/lymphome/pohpatinfonhl120061026/pohpatinfonhlkurz/index_ger.html (abgerufen am 08.03.2017)

[Fn. 295] Kurzinformation zu niedriggradigen malignen Gliomen:
https://www.kinderkrebsinfo.de/erkrankungen/zns_tumoren/pohpatinfong120070725/pohpatinfongkurz120070627/index_ger.html (abgerufen am 08.03.2017)

[Fn. 296] Kurzinformation zu hochmalignen Gliomen:
https://www.kinderkrebsinfo.de/erkrankungen/zns_tumoren/pohpatinfohg120070625/pohhm_gliomepatinfokurz120141217/index_ger.html (abgerufen am 08.03.2017)

[Fn. 297] Kurzinformation zu CF:
http://www.htchirurgie.uniklinikum-jena.de/Thoraxchirurgie/Mukoviszidose.html (abgerufen am 08.03.2017)

[Fn. 302] Die Kinderdemenz NCL:
http://www.ncl-stiftung.de/main/pages/index/p/289 (abgerufen am 08.03.2017)

[Fn. 303] Betzholz, Dennis, Gemeinsam gegen die Kinderdemenz, in Die Welt v. 04.08.2017, abrufbar unter:
https://www.welt.de/print/die_welt/hamburg/article167368375/Gemeinsam-gegen-die-Kinderdemenz.html (abgerufen am 08.03.2017)

[Fn. 304] Claras Geschichte:
https://www.welt.de/vermischtes/article2568465/Eine-Siebenjaehrige-nimmt-Abschied-von-der-Welt.html;
http://www.morgenpost.de/vermischtes/article105117433/Clara-litt-und-starb-an-einer-seltenen-Krankheit.html und
http://www.claradyck.de/index_story.htm (abgerufen am 10.03.2017)

[Fn. 305] Tims Geschichte:
http://www.zeit.de/2015/20/seltene-krankheiten-forschung-stiftung-ncl;
http://www.ncl-stiftung.de/main/pages/index/p/439 (abgerufen am 10.03.2017)

[Fn. 306] Hannahs Geschichte:
http://www.stern.de/tv/kinderdemenz-ncl-2--warum-die-neunjaehrige-hannah-sich-langsam-selbst-vergisst-6313580.html (abgerufen am 10.03.2017)

[Fn. 308 und 311] Bundesministerium für Gesundheit und Bundesministerium der Justiz, Patientenrechte in Deutschland:
https://www.allmak.de/includes/media/pdf/3015.pdf (abgerufen am 14.03.2017)

[Fn. 315, 319, 325, 327] Heinrichs, Bert, DRZE zur Medizinischen Forschung mit Minderjährigen 2010:
http://www.drze.de/im-blickpunkt/pdfs/pdf-medizinische-forschung-mit-minderjaehrigen/at_download/file (abgerufen am 03.04.2017)

[Fn. 315 und 326] Stellungnahme Zentrale Ethikkommission zur Forschung mit Minderjährigen 2004:
http://www.zentrale-ethikkommission.de/downloads/minderjaehrige.pdf (abgerufen am 03.04.2017)

[Fn. 322 und 325] Shirkey, Harry in: Pediatrics 104 (3), 583 f.:
http://pediatrics.aappublications.org/content/pediatrics/104/Supplement_3/583.full.pdf

[Fn. 346, 349, 351, 353] Frommel, Monika, Schwangerschaftsabbruch bei Minderjährigen, Gutachten für pro familia 1999:
https://www.profamilia.de//fileadmin/info/1953.pdf (abgerufen am 15.04.2017)

[Fn. 381] Empfehlung der BÄK zum Umgang mit Vorsorgevollmacht, in: Deutsches Ärzteblatt 2013, 110 (33–34), A 1580–1585

[Fn. 384] Deutscher Kinderhospizverein:
https://www.deutscher-kinderhospizverein.de/frag-den-dkhvde/frage7 (abgerufen am 26.04.2017)

[Fn. 392] Liste der stationären Kinderhospize:
http://www.wegweiser-hospiz-palliativmedizin.de/angebote/filter (abgerufen am 27.04.2017)

[Fn. 395, 396, 397] Rahmenvereinbarung nach § 39a Abs. 1 S. 4 SGB V über stationäre Hospizversorgung:
http://www.dhpv.de/tl_files/public/Service/Gesetze%20und%20Verordnungen/2009-07-23_RV-stationaer.pdf (abgerufen am 26.04.2017)

[Fn. 398] Rahmenvereinbarung nach § 39a Abs. 2 S. 8 SGB V über ambulante Hospizversorgung:
http://www.dhpv.de/tl_files/public/Service/Gesetze%20und%20Verordnungen/Rahmenvereinbarung_%C2%A7_39a_Abs%20_2_Satz_8_SGB%20V_2016_03_14_.pdf (abgerufen am 26.04.2017)

[Fn. 402] SAPV Teams für Kinder und Jugendliche:
http://www.wegweiser-hospiz-palliativmedizin.de/institutions/category/9/sapv_teams_fuer_kinder_und_jugen (abgerufen am 03.05.2017)

[Fn. 403] Palliativstationen für Kinder:
http://www.wegweiser-hospiz-palliativmedizin.de/angebote/erwachsene/4-kinder_palliativstationen (abgerufen am 03.05.2017)

[Fn. 404] Palliativmediziner für Kinder:
http://www.wegweiser-hospiz-palliativmedizin.de/angebote/erwachsene/10-palliativmedizinerinnen_fuer_kin (abgerufen am 03.05.2017)

[Fn. 422] DRZE Sterbehilfe für Minderjährige:
http://www.drze.de/im-blickpunkt/sterbehilfe/module/sterbehilfe-fuer-minderjaehrige (abgerufen am 08.06.2017)

[Fn. 423, 425, 426, 427, 435, 436, 448] Wöretshofer, Jürgen, Die strafrechtliche Situation der Sterbehilfe in den Niederlanden, für die Konrad-Adenauer-Stiftung:
http://www.kas.de/upload/Publikationen/2003/klinische_sterbehilfe_und_menschenwuerde/klinische_sterbehilfe_und_menschenwuerde_woeretshofer.pdf (abgerufen am 08.06.2017)

[Fn. 427] Tweede Kamer 1999–2000, 26691, Nr. 6:
https://zoek.officielebekendmakingen.nl/dossier/26691/kst-26691-6?resultIndex=70&sorttype=1&sortorder=4 (abgerufen am 08.06.2017)

[Fn. 428] DRZE Sterbehilfe – Rechtliche Regelungen:
http://www.drze.de/im-blickpunkt/sterbehilfe/rechtliche-regelungen (abgerufen am 08.06.2017).

[Fn. 429, 430] Groningen Protokoll und Verhagen, Ewold/ Sauer, Pieter J.J. in: N Engl J Med 2005; 352:959–962:
http://www.nejm.org/doi/full/10.1056/NEJMp058026 (abgerufen am 08.06.2017)

[Fn. 431] Kailitz, Susanne, Bens Botschaft in Zeit Online v. 19.01.2014:
http://www.zeit.de/gesellschaft/2014-01/sterbehilfe-kinder-behinderung/seite-2 (abgerufen am 07.06.2017)

[Fn. 434] Regionale Toetsingscommissies *Euthanasie,* Jaarverslag 2013:
https://www.euthanasiecommissie.nl/binaries/euthanasiecommissie/
documenten/jaarverslagen/2013/nl-en-du-fr/nl-en-du-fr/jaarverslag-2013/
jaarverslag2013du-def-tcm52-50.pdf (abgerufen am 08.06.2017)

[Fn. 437, 456, 458] Regionale Toetsingscommissies *Euthanasie,* Jaarverslag 2015:
http://www.ieb-eib.org/en/pdf/20160427-rapport-euthanasie-pays-bas.pdf
(abgerufen am 08.06.2017);
Regionale Toetsingscommissies Euthanasie, Jaarverslag 2016:
https://www.euthanasiecommissie.nl/uitspraken/jaarverslagen/2016/april/12/
jaarverslag-2016 (abgerufen am 08.06.2017)

[Fn. 439] Haal levenseinde voor minderjarigen uit het duister in: De Morgen
v. 06.11.2013:
http://www.demorgen.be/dm/nl/2461/Opinie/article/detail/1735733/2013/
11/06/Haal-levenseinde-voor-minderjarigen-uit-het-duister.dhtml (abge
rufen am 10.06.2017)

[Fn. 440] O.V., Zweiter Fall von Sterbehilfe für Minderjährigen in Belgien, in:
Deutsches Ärzteblatt v. 08.02.2017

[Fn. 441] O.V., Erstmals Sterbehilfe für todkranken Minderjährigen in Belgien,
in: Deutsches Ärzteblatt v. 19.09.2016

[Fn. 442] Commission fédérale de Contrôle et d'Évaluation de l'Euthanasie Huitième rapport aux Chambres législatives années 2016–2017:
https://organesdeconcertation.sante.belgique.be/sites/default/files/
documents/8_rapport-euthanasie_2016-2017-fr.pdf (abgerufen am 14.01.2019)

[Fn. 452] Aktion psychisch Kranke e.V., Patientenverfügung und Behandlungsvereinbarung bei psychischen Erkrankungen:
http://www.apk-ev.de/fileadmin/downloads/Patientenverfuegung.pdf

[Fn. 453] Paukner, Pascal, Ein Land verhandelt über Leben und Tod, in:
Süddeutsche Zeitung Online v. 02.10.2013:
http://www.sueddeutsche.de/leben/sterbehilfe-in-belgien-toetung-als-letzterausweg-1.1785556 (abgerufen am 06.07.2017)

[Fn. 454] Jakat, Lena, Belgien diskutiert über Sterbehilfe für depressive
24-Jährige, in: Süddeutsche Zeitung v. 02.07.2015:
http://www.sueddeutsche.de/leben/debatte-um-sterbehilfe-wie-belgien-dentod-diskutiert-1.2548900 (abgerufen am 06.07.2017)

[Fn. 455] Entscheidungen der Regionale Toetsingscommissies Euthanasie der Niederlande, die traumatisierten Patienten Sterbehilfe gewährten: (Oordeel 2015-17, Oordeel 2015-64, Oordeel 2015-51, Oordeel 2016-109, Oordeel 2014-82):
https://www.euthanasiecommissie.nl/uitspraken?trefwoord=misbruik&periode-van=&periode-tot=&uitspraak-uitleg=Alle+uitspraken+%26+uitleg&type=Alle+uitspraken (abgerufen am 20.03.2018);

Jacobs, Philipp, Niederlande – Missbrauchte Frau erhielt Sterbehilfe in: RP Online v. 14.05.2016:
http://www.rp-online.de/panorama/ausland/missbrauchte-frau-erhielt-ster behilfe-aid-1.5976478 (abgerufen am 06.07.2017).

[Fn. 459] O.V., Zunahme der aktiven Sterbehilfe in Belgien, in: Deutsches Ärzteblatt v. 19.03.2015

[Fn. 468] KNA, Sterbehilfe – Die Büchse der Pandora geöffnet, in: Süddeutsche Zeitung Online v. 03.03.2017:
http://www.sueddeutsche.de/politik/sterbehilfe-die-buechse-der-pandora-geoeffnet-1.3403674 (abgerufen am 15.08.2017)

[Fn. 469] Die Deutschen Bischöfe, Das Lebensrecht des Menschen und die Euthanasie 1975:
http://www.dbk.de/fileadmin/redaktion/veroeffentlichungen/deutsche-bischoefe/DB04.pdf (abgerufen am 16.08.2017)

[Fn. 470] Erzbistum Köln, Broschüre zur Entscheidung am Lebensende:
http://erzbistum-koeln.de/seelsorge_und_glaube/krankheit_und_pflege/sterbebegleitung_und_sterbehilfe/ (abgerufen am 16.08.2017);
Deutsche Bischofskonferenz, Flyer zum Thema „Sterben in Würde – worum geht es eigentlich?":
http://www.dbk-shop.de/media/files_public/yojsmybkn/DBK_Sterben-in-Wuerde-2014.pdf (abgerufen am 16.08.2017)

[Fn. 471] EKD, Sterbebegleitung statt aktiver Sterbehilfe – Eine Textsammlung kirchlicher Erklärungen:
http://www.ev-medizinethik.de/meta_downloads/89128/ekd_und_dbk_-_sterbebegleitung_statt_aktiver_sterbehilfe__2003.pdf (abgerufen am 16.08.2017)

[Fn. 472, 475] Kirche Mecklenburg-Vorpommern, „Kirchliche Sammlung" der Nordkirche kritisiert aktive Sterbehilfe für Kinder, Pressemitteilung v. 15.02.2014:
www.kirche-mv.de/Kirchliche-Sammlung-kritisiert-aktive-Sterbehilf.2513.0.html (abgerufen am 17.08.2017)

[Fn. 474] Interview zur Sterbehilfe für Minderjährige mit Thomas Sitte – „Kinder hängen viel mehr am Leben" in: Tagesschau Online v. 13.02.2014:
https://www.tagesschau.de/sterbehilfe-kinder100.html (abgerufen am 20.08.2017)

[Fn. 476] MMR, Besuch bei todkranken Kindern – Der Alltag ist lustig, in: Ärzte Zeitung Online v. 09.02.2017:
https://www.aerztezeitung.de/politik_gesellschaft/sterbehilfe_begleitung/article/929189/todkranke-kinderder-alltag-lustig.html (abgerufen am 18.08.2017)

[Fn. 477] HPV Schleswig-Holstein, Stellungnahme zum Bedarf an stationären Hospizen 2015: https://www.hpvsh.de/wp-content/uploads/2015/04/Stellungnahme-stat.-Hospize.pdf (abgerufen am 18.08.2017)

[Fn. 494] Viciano, Astrid, Wachkoma – Wenn das Bewusstsein aufflackert, in: Spiegel Online v. 22.11.2012: http://www.spiegel.de/gesundheit/diagnose/wachkoma-wie-ein-patient-per-hirnscan-mit-seinem-arzt-kommunizierte-a-868523.html (abgerufen am 20.09.2017)

[Fn. 496] Forschungsgruppe Weltanschauung in Deutschland (FOWID) Ärztebefragung zur Sterbehilfe 2008–2011 abrufbar unter: https://www.dghs.de/fileadmin/user_upload/Dateien/PDF/Sterbehilfe_Aerzte.pdf (abgerufen am 02.10.2017)

Urteilsregister

BGH Beschl. v. 10.03.1954 – GSSt 4/53, Hilfeleistung nach Selbstmordversuch, in: NJW 1954, 1049–1050

BGH Urteil v. 05.12.1958 – VI ZR 266/57, Operation, Einwilligung eines Minderjährigen, in: NJW 1959, 811

BGH Urteil v. 04.07.1984 – 3 StR 96/84, Strafbarkeit des Arztes bei Nichtbehandlung eines Sterbenden in: NJW 1984, 2639–2642

BGH Urteil v. 13.09.1994 – 1 StR 357/94, Zulässigkeit des Abbruchs einer ärztlichen Behandlung bei mutmaßlichem Einverständnis, in: NJW 1995, 204–207

BGH Urteil v. 07.02.2001 – 5 StR 474/00, Überlassen eines Betäubungsmittels zum freien Suizid an unheilbar Schwerstkranke, in: NJW 2001, 1802–1805 und NStZ 2001, 324–327

BGH Beschl. v. 17.03.2003 – XII ZB 2/03, Vormundschaftsgerichtliche Zustimmung bei Abbruch lebensverlängernder Maßnahmen, in: NJW 2003, 1588–1594

BGH Beschl. v. 8.06. 2005 – XII ZR 177/03, Verlangen des Abbruchs der künstlichen Ernährung im Pflegeheim, in: NJW 2005, 2385–2386

BGH Urteil v. 10.10.2006 – VI ZR 74/05, Umfang ärztlicher Aufklärung bei mehreren Operationsrisiken – Vetorecht minderjähriger Patienten gegen Einwilligung der gesetzlichen Vertreter, in: NJW 2007, 217–220

BGH Beschl. v. 10.11.2010 – 2 StR 320/10, Voraussetzungen eines rechtfertigenden Behandlungsabbruchs, in: NJW 2011, 161–163

BGH Urteil v. 25.6.2010 – 2 StR 454/09, Abbruch lebenserhaltender Behandlung auf Grundlage des Patientenwillens, in: NJW 2010, 2963–2968

BGH Beschl. v. 07.08. 2013 – XII ZB 559/11, Kein Genehmigungserfordernis bei nächtlicher Fixierung eines Kindes in offener Einrichtung, in: NJW 2013, 2969–2971

BGH Beschl. v. 06.07.2016 – XII ZB 61/16, Patientenverfügung mit Entscheidungsbefugnis über lebensverlängernde Maßnahmen, in: NJW 2016, 3297–3303

BGH Beschl. v. 08.02.2017 – XII ZB 604/15, Bindungswirkung einer Patientenverfügung und Ermittlung des Patientenwillens, in: NJW 2017, 1737–1741

BVerwG Urteil v. 02.03.2017 – 3 C 19.15, Erlaubnis zum Erwerb einer tödlichen Dosis eines Betäubungsmittels zur Selbsttötung, in: NJW 2017, 2215–2221

OLG Brandenburg Beschl. v. 17.02.2000 – 10 UF 45/99, Abbruch lebenserhaltender Maßnahmen bei einem Kind, in: NJW 2000, 2361–2363

LG Essen Beschl. v. 12.03.1993 – 7 T 148/93, Zur Genehmigungsbedürftigkeit freiheitsentziehender Maßnahmen (regelmäßige nächtliche Fixierung) bei Minderjährigen, in: FamRZ 1993, 1347–1349

LG München I Beschl. v. 18.02.1999 – 13 T 478/99, Keine vormundschaftsgerichtliche Genehmigung für lebensbeende Maßnahmen, in: NJW 1999, 1788–1789

LG Augsburg Beschl. v. 04.08.1999 – 5 T 2780/99, Abbruch lebensverlängernder Maßnahmen nicht genehmigungspflichtig, in: NJW 2000, 2363–2364

LG Gießen Beschl. v. 28.6.2012 – 7 Qs 63/12, Suizid eines Patienten – Verantwortung des Arztes, in: NStZ 2013, 43–45

LG Deggendorf Beschl. v. 13.9.2013 – 1 Ks 4 Js 7438/11, Arztpflichten bei freiverantwortlichem Suizid, in: GesR 2014, 487–488

VG Berlin Urteil v. 30.03.2012 – VG 9 K 63.09, in: BeckRS 2012, 51943

AG Hamburg-Barmbek Beschl. v. 24.06.2008 – 887 F 49/06, in: FamRZ 2009, 792

Register der angeführten Bundestag Drucksachen und des Bundesgesetzblattes

Allgemeine gesetzliche Regelung zum „ärztliche assistierten Suizid" Mögliche Standorte für eine Regelung, in: BT WD 7-3000-225/14

Antwort der Bundesregierung auf die kleine Anfrage zur Finanzierung von Kinderhospizen, in: BT-Drucksache 15/2125

Gesetzentwurf – Entwurf eines Dritten Gesetzes zur Änderung des Betreuungsrechts, in: BT- Drucksache 16/8442

Antrag – Gesetzliche Überregulierung der Patientenverfügung vermeiden, in: BT-Drucksache 16/13262

Gesetzentwurf der Bundesregierung – Entwurf eines Gesetzes zur Verbesserung der Rechte von Patientinnen und Patienten, in: BT-Drucksache 17/10488

Gesetzentwurf der Bundesregierung – Entwurf eines Gesetzes zur Strafbarkeit der gewerbsmäßigen Förderung der Selbsttötung, in: BT-Drucksache 17/11126

Gesetzentwurf – Entwurf eines Gesetzes zur Strafbarkeit der geschäftsmäßigen Förderung der Selbsttötung, in: BT-Drucksache 18/5373

Bekanntmachung der Neufassung des Strafgesetzbuches, in: BGBl 1998 I Nr. 75 vom 13.11.1998

Drittes Gesetz zur Änderung des Betreuungsrechts, in: BGBl 2009 I Nr. 48 vom 31.07.2009

Gesetz zur Verbesserung der Rechte von Patientinnen und Patienten, in: BGBl 2013 I Nr. 9 vom 25.02.2013

Gesetz zur Verbesserung der Hospiz- und Palliativversorgung in Deutschland (Hospiz- und Palliativgesetz – HPG), in: BGBl 2015 I Nr. 48 vom 07.12.2015

Gesetz zur effektiveren und praxistauglicheren Ausgestaltung des Strafverfahrens, in: BGBl 2017 I Nr. 58 vom 23.08.2017

Gesetz zur Änderung der materiellen Zulässigkeitsvoraussetzungen von ärztlichen Zwangsmaßnahmen und Stärkung des Selbstbestimmungsrechts von Betreuten, in: BGBl 2017 I Nr. 48 vom 21.07.2017

Recht und Medizin

Herausgegeben von den Professoren
Dr. Erwin Deutsch (†), Dr. Bernd-Rüdiger Kern, Dr. Thorsten Kingreen,
Dr. Adolf Laufs (†), Dr. Hans Lilie, Dr. Hans-Ludwig Schreiber,
Dr. Andreas Spickhoff

Bd./Vol. 133

*Zur Qualitätssicherung und Peer
Review der vorliegenden Publikation*

Die Qualität der in dieser Reihe
erscheinenden Arbeiten wird
vor der Publikation durch
Herausgeber der Reihe geprüft.

*Notes on the quality assurance
and peer review of this publication*

Prior to publication,
the quality of the work
published in this series
is reviewed by editors of the series

Die rechtlichen Rahmenbedingungen der Sterbehilfe unter besonderer Berücksichtigung der Sterbehilfe bei Minderjährigen